Über den Verfasser

Toshihiko Izutsu, geboren 1914 in Tokyo; Studium der Philosophie, Religionswissenschaft und Literatur; 1950 Assistant Professor für Linguistik, 1954–1968 Professor für Sprachphilosophie und Philosophie des Islam an der Keiō-Universität in Tokyo; 1969–1975 Professor für Philosophie des Islam an der McGill-Universität in Montreal; ab 1975 Professor für Vergleichende Orientalische Philosophie an der Imperial Iranian Academy of Philosophy in Teheran.

Wichtigste Veröffentlichungen
A History of Arabic Philosophy (jap.), Tokyo 1941 / Philosophy of Mysticism (jap.), Tokyo 1949, 2. ed. Kyoto 1978 / The Concept of Man in the Nineteeth Century in Russia (jap.), Tokyo 1953, 2. ed. Tokyo 1978 / Language and Magic, Tokyo 1956 / The Structure of the Ethical Terms in the Koran, Tokyo 1959 / God and Man in the Koran. A Semantic Analysis of the Koranic Weltanschauung, Tokyo 1964 / The Concept of Belief in Islamic Theology, Tokyo 1965 / Ethico-Religious Concepts in the Qur'ān, Montreal 1966 / The Key Philosophical Concepts in Sufism and Taoism, 2 vols., Tokyo 1966–67 / (ed.) Sabzawari: *Sharḥ-i Manẓūmah* (Arabic Text with Commentary in Arabic and English), with M. Mohagbegh, Teheran 1969 / The Concept and Reality of Existence. Collected Papers in Islamic Metaphysics, Tokyo 1971 / A History of Islamic Thought (jap.), Tokyo 1975 / Toward a Philosophy of Zen, Teheran 1977.

Toshihiko Izutsu

Philosophie des Zen-Buddhismus

Aus dem Englischen übersetzt
von D. Rosenstein

rororo

rowohlts enzyklopädie

rowohlts enzyklopädie

Herausgegeben von Burghard König

12.–15. Tausend Mai 1986

Veröffentlicht im Rowohlt Taschenbuch Verlag GmbH,
Reinbek bei Hamburg, Mai 1986
Der vorliegende Band ist die unveränderte Neuausgabe
des 1979 in der Reihe «rowohlts deutsche enzyklopädie»
erschienenen gleichlautenden Titels

Die Originalausgabe erschien 1977 unter dem Titel
«Toward a Philosophy of Zen Buddhism»

Gesamtherstellung Clausen & Bosse, Leck
Printed in Germany
1080-ISBN 3 499 55428 3

Inhaltsverzeichnis

Vorwort

Diejenigen, die mit dem Zen-Buddhismus in der einen oder anderen Form schon vertraut sind, werden den Titel dieses Buches wahrscheinlich als einen Selbstwiderspruch empfinden: Philosophie des Zen-Buddhismus. Denn Zen ist sowohl als praktisches Handeln als auch als Theorie schlechterdings unphilosophisch, ja, positiv und ohne Umschweife ausgedrückt, sogar antiphilosophisch. Und in der Tat gibt es unter den Zen-Buddhisten – und hat es immer gegeben – eine starke Abneigung gegen Begrifflichkeit, methodisches Vorgehen, rationalistisches Denken und Verbalisierung.

In den Augen der Mehrzahl der Zen-Meister würde eine philosophische Deutung des Zen als grundsätzlicher Bruch mit dem Wesen und dem Geist von Zen erscheinen.

Diese negative Einstellung des Zen gegenüber rationalistischem Denken, Verbalisierung und besonders gegenüber einer philosophischen Interpretation kann einfach aus zwei prinzipiellen Gründen erklärt werden, einem historischen und einem praktischen. Zen erwuchs, historisch gesehen, im China des 6. Jahrhunderts n. Chr. als heftige Revolte gegen die damals vorherrschende philosophische Richtung des Mahayana-Buddhismus. Es sei daran erinnert, daß der Mahayana-Buddhismus zu dieser Zeit in allen seinen Schulrichtungen großartige und sorgfältig ausgearbeitete philosophische Systeme entwickelt hatte. Buddhistische Denker ergingen sich in äußerst komplizierten, verwickelten und oft haarspalterisch abstrakten Erörterungen über die sogenannte Buddha-Natur, die Struktur des Bewußtseins, das Nirwana, das Nichts, die Leere usw., so, als ob sie vergessen hätten, den sehr essentiellen Kern der Lehren Buddhas selbst, nämlich die Bestimmung der Existenz, besonders der menschlichen Existenz, zu verwirklichen. Zen, obwohl selbst ein Zweig des Mahayana-Buddhismus, entstand gegen diese für die Mahayana-Schulen so charakteristische intellektualistische oder rationalistische Richtung.

Zen vertrat den Standpunkt, daß die diskriminierende Tätigkeit des abstrakten, diskursiven Denkens nichts anderes war als eine Verunreinigung der absoluten Reinheit im «ursprünglichen Gesicht» der Wirklichkeit. Man sollte statt dessen – und das mit großem Nachdruck – alle oberflächlichen «Verwicklungen» des diskriminierenden Intellekts vollständig preisgeben, um eine frische und direkte Erfahrung der Wirklichkeit in ihrer ursprünglichen Nichtdifferenzierung zu gewinnen, also bevor sie durch die differenzierende Funktion des Geistes verunstaltet wird. Die Praxis dieses Nicht-Denkens war in den Augen des Zen in diesem Sinn der erste Schritt, der getan werden mußte, um wieder zu der fundamentalsten, persönlichen Wirklichkeitserfahrung Buddhas selbst zurückzugelangen.

In diesem Licht betrachtet, ist die dem Zen innewohnende Abneigung gegen rationales Denken ganz verständlich. Dies sollte jedoch nicht so verstanden werden, als entbehre Zen in seiner Struktur und Natur überhaupt einer philosophischen Energie. Das Gegenteil ist der Fall: In gewissem Sinn besitzt Zen ein bestürzend großes Maß an philosophischen Potentialen.

Was eben als das primäre Ziel des Zen als eines Weges der spirituellen Disziplin angedeutet worden ist, ist die Fähigkeit des Menschen, zu einem unmittelbaren Kontakt mit der Wirklichkeit als einem ursprünglichen Zustand absoluter Nicht-Artikulation zu gelangen, den wir begrifflich auch als «das Nichts» kennen. Mit der Verwirklichung eines Bewußtseins vom metaphysischen Nichts schreitet der Mensch natürlich auch in eine Welt des Schweigens. Dieses so aktualisierte Schweigen geht jedoch mit Worten schwanger, die nicht anders können, als sich auszudrücken. Aus den Tiefen des ursprünglichen Schweigens heraus entspringt und ergießt sich Sprache. Das heißt, die ursprüngliche Nicht-Artikulation der Wirklichkeit artikuliert sich selbst natürlicherweise und notwendig in eine Welt der empirischen Aktualität. Dieser Prozeß der Selbst-Artikulation des Nicht-Artikulierten ist in sich selbst ein metaphysisch-ontologisches Ereignis, insofern er die fundamentale Struktur der Wirklichkeit als Ganzes enthüllt, die vom *Urgrund** aller Dinge bis hinunter zur empirischen Dimension des Seienden reicht, in dem sich Myriaden von Dingen in so viel verschiedenen Farben und Formen ausbreiten, wie es «Phänomene» des metaphysischen Einen gibt. Es wird sich so ein eigenständiger Typus von Philosophie formen – zwar prinzipiell unterschieden von den vorangehenden Stadien der Mahayana-Philosophie in ihren verschiedenen Systemen, aber zu sehen als ebenso einheitliche Entwicklung aus den inneren Potentialen vorangegangener Systeme –, wenn die Wirklichkeitserfahrung des Zen in intellektueller Analyse reflektiert wird als eine besondere Weise des Selbst-Philosophierens, als philosophische Deutung der Wirklichkeitsvision des Zen aus ihm selbst heraus. Das vorliegende Buch ist ein Versuch, Zen in diesem Sinn sich selbst philosophisch interpretieren und ausdrücken zu lassen. Dies ist, wie ich glaube, die einzige Form von Philosophie, die aus der Sicht des Zen-Buddhismus zu rechtfertigen ist.

Zen[1] ist ein Zweig des Mahayana-Buddhismus,[2] der sich in China im

---

* Im Original dt.

1 Das Wort *Zen* ist die japanische Wiedergabe des chinesischen Wortes *Ch'an*, der Abkürzung von *Ch'an-na*, das den Laut des Sanskritwortes *Dhyâna* darstellen soll. *Dhyâna* bedeutet die buddhistische Meditation, die Beruhigung aller Unruhe des Denkens, und ist die Vorstufe zur eigentlichen «Erleuchtung».

frühen 6. Jahrhundert ausbildete. Es begründete seine Geltung als unabhängige und eigenständige Schule des Buddhismus in der Gestalt von Hui Nêng (jap.: E Nō, 638–713), dem sechsten Patriarchen des Zen. Seither schritt diese Schule in schnellem Wachstum voran, bis sie ihren Höhepunkt in der zweiten Hälfte der T'ang-Dynastie (618–907) erreichte. In großer Zahl zweigten sich Unterschulen ab, die alle im kulturellen Glanz dieser Ruhmesepoche der chinesischen Geschichte zur Blüte gelangten. Viele hervorragende Zen-Meister traten in Erscheinung, von denen jeder seine eigenständigen Ideen und besonderen Methoden der Schülerunterweisung entwickelte. Als die vier größten Gestalten, die besondere philosophische Bedeutung hatten, können wir nennen: Chao Chou (jap.: Jōshū, 778–879), Lin Chi (jap.: Rinzai, gest. 867), Tung Shan (jap.: Tō Zan, 807–869) und Yün Mên (jap.: Um Mon, gest. 949).

In der Sung-Dynastie (960–1279), in der Zen einen weiteren Höhepunkt seiner historischen Entwicklung erreichte, gelangte es nach Japan. In eigentlichem Sinn eingeführt wurde Zen zuallererst durch den japanischen Mönch Eisai (1141–1215), der nach China gegangen war, um Zen zu studieren, und die Lehren der Lin-Chi-Schule zurückbrachte. 1223 ging ein anderer Mönch, Dōgen (1200–1253), nach China und kehrte mit den Lehren der Tung-Shan-Schule nach Japan zurück. Die von Eisai, bekannt als Rinzai-Schule, und die von Dōgen, bekannt als Sōtō-Schule, begründeten Schulen gelangten in Japan Seite an Seite zur Blüte. Beide Schulen, die unzählige Meister hervorgebracht haben, haben sich bis ins heutige Japan kontinuierlich und aktiv fortgesetzt.

Worte und Werke der führenden chinesischen wie japanischen Zen-Meister, die aufgezeichnet und uns mit peinlichster Sorgfalt überliefert worden sind, bilden nicht nur ein unschätzbar wertvolles Dokument für die Erforschung der Geschichte des Zen in China und Japan, sondern verschaffen uns auch wichtiges Material, aufgrund dessen eine «Philosophie des Zen-Buddhismus» entwickelt werden kann, verstanden als Selbst-Philosophieren der Wirklichkeitserfahrung des Zen. Aber hierzu mehr zu sagen wäre überflüssig, weil jeder Abschnitt des vorliegenden Bandes ein konkretes Beispiel für die Vorgehensweise der Zen-Philosophie sein möchte.

Ich möchte abschließend meinem Freund, Professor Ernesto Grassi, meinen aufrichtigen Dank aussprechen, der alles unternommen hat, um die deutsche Ausgabe dieses Buches zu ermöglichen.

Teheran, 17. November 1978 Toshihiko Izutsu

---

2 *Mahayana*(sanskr.: großes Fahrzeug)-Buddhismus, neben dem *Hinayana*-(sanskr.: kleines Fahrzeug)-Buddhismus Hauptströmung des Buddhismus, entstand um die Zeitwende und wandelte die ursprüngliche streng asketische Lehre des Stifters Buddha zu einer Versöhnungs- und Heilslehre um, die bis zum 6. und 7. Jahrhundert eine komplexe Metaphysik und Ethik entwickelte.

I. Der Wahre Mensch ohne Rang
Das Problem der Feldwahrnehmung im Zen*

1. Zen und das Problem des Menschen

Es kann behauptet werden, daß der Buddhismus von Anfang an mit dem Problem des Menschen, und mit diesem ausschließlich, beschäftigt war. Den Ausgangspunkt von Buddhas Suche nach der Wahrheit bildeten die beunruhigenden Nöte des menschlichen Daseins, die er in seiner Umgebung beobachten konnte. Und die Lehren, die er nach dem Erreichen der Erleuchtung entwickelte, waren durch und durch menschlich, menschenfreundlich und humanitär. Die buddhistische Philosophie, die kurz nach seinem Tode sich zu entwickeln begann, war auch «menschlich», insofern sie sich mit dem Begriff des «Nicht-Ichs», als einem ihrer grundlegendsten Probleme, beschäftigte. Hier beobachten wir, wie der Mensch zum Objekt philosophischer Erwägungen unter der besonderen Form des problematischen «Ichs» gemacht wird.

Diese anthropozentrische Tendenz des Buddhismus wurde verstärkt durch die Entstehung und Entwicklung der Zen-Sekte. Indem die wirkliche Erfahrung der Erleuchtung zur Kernfrage der Weltanschauung erhoben wurde, erhob oder formulierte Zen das traditionelle Problem des Menschen als Problem der absoluten Selbstheit. Wir müssen jedoch dazu bemerken, daß Zen die Frage in einer ihm sehr eigenen Weise stellt. Anstatt die Frage über den Menschen in aristotelischer Form zu stellen: «Was ist der Mensch?», beginnt der Zen-Buddhist direkt mit: «Wer bin ich?»[1] Die Frage bezieht sich nicht etwa auf das klassische Problem der allgemeinen Natur des «Menschen, sondern auf ein viel persönlicheres und innigeres, nämlich, *wer*

---

* Eranos-Vortrag, gehalten 1969 in Ascona, Schweiz, publiziert im Eranos-Jahrbuch 38, 1969, Verlag E. J. Brill, Leiden.

1 Es ist sehr bedeutsam in diesem Zusammenhang, daß einer der führenden Zen-Meister der heutigen Zeit, Mumon Yamanda, ein Buch mit dem Titel «Wer bin ich?» geschrieben hat (*Watashi-wa Dare-ka?*, Tokyo 1966). Das Buch ist eine moderne Interpretation des Ersten Teils der «Sprüche und Handlungen des Lin Chi». In dem Werk behandelt der Autor in dieser persönlichen Formulierung das Problem des Menschen als eines der drängendsten Probleme, denen sich der Mensch in der heutigen Zeit konfrontiert sieht.

dieses menschliche Ich sei, das – so wie es hier und jetzt in einem Raum-Zeit-System existiert – die Frage über sich selbst stellt. Natürlich ist das Bild des Menschen, das aufgrund einer solchen Haltung gewonnen wird, völlig verschieden von dem Bild des Menschen, das sich in dem Geist eines objektiven Beobachters bildet, der das Problem angeht, indem er zuallererst fragt: «Was ist der Mensch?»

Jeder von uns hat als Mensch Selbst-Bewußtsein und ist sich der anderen, ihn umgebenden Menschen bewußt. Daher ergibt es sich von selbst, daß wir alle auf der Ebene der gewöhnlichen Existenz eine mehr oder weniger bestimmte Idee davon haben, was für ein Ding der Mensch sei. Die klassische westliche Philosophie, ausgehend von Aristoteles, arbeitet dieses vom gesunden Menschenverstand entworfene Bild des Menschen aus und definiert es als «animal rationale» (vernünftiges Lebewesen).

Das dem Zen-Buddhismus eigene Bild des Menschen taucht gerade dann auf, wenn dieses allgemeinverständliche Bild des Menschen, sei es nun vorphilosophisch oder philosophisch, zertrümmert wird. Das gewöhnliche Bild des Menschen, auf das sich unser tägliches Leben stützt und das unser soziales Leben leitet, stellt für das typische Zen-Verständnis nicht die wahre Wirklichkeit des Menschen dar. Denn der Mensch, auf diese Weise dargestellt, ist nichts anderes als ein «Ding», in dem Sinne, daß er nichts anderes als ein objektivierter Mensch, das heißt ein Mensch als Objekt ist. Dies kann niemals ein wahres Bild sein, denn für Zen ist der Mensch in seiner wahren Wirklichkeit eine absolute Selbstheit.

Ohne auf der Ebene des gesunden Menschenverstandes oder des empirischen Denkens zu verweilen, wo die unmittelbare Erfahrung der Wirklichkeit, das absolute Ich in seiner reinen «Ist-heit»[2] einbeschlossen, notwendigerweise in objektivierte Teile aufgelöst wird, schlägt Zen vor, den Menschen unmittelbar als absolute Selbstheit zu verstehen, bevor sein Sein als «Ding» versachlicht wird. Zen behauptet, daß wir erst dann hoffen können, ein wahres Bild des Menschen zu erhalten, das ihn so darstellt, wie er wirklich ist, das heißt in seiner wirklichen, unmittelbaren «Ist-heit».

Das dem Zen eigene Bild des Menschen wird somit aus einer Dimension gewonnen, die die für den menschlichen Verstand so typische Zweiteilung in Subjekt und Objekt völlig transzendiert. Es kann leicht eingesehen werden, daß ein solches Bild vom Menschen niemals erreicht werden kann, solange der Frage in Form des «Was ist der Mensch?» nachgegangen wird. Die Frage muß notwendigerweise und zwangsläufig die Form des «Wer bin ich?» annehmen. Mit anderen Worten, der Mensch muß in seiner innigsten Subjektivität erfaßt werden. Denn das Selbst wird immer objektiviert, egal wie weit wir nach unserem Selbst auf der Ebene der verstandesgemäßen Analyse suchen mögen. Wie weit wir auch diese Richtung verfolgen, wir werden doch immer als Ergebnis das Bild unseres «Selbst» als Objekt

2 Oder «Sosein» (*tathatā*), wie die Buddhisten es nennen würden.

erhalten. Das «Selbst» selbst verbleibt jenseits unserer Reichweite, sich für immer unserem Griff entziehend. Die reine Subjektivität wird erst dann erreicht, wenn der Mensch den Bereich der dichotomischen Aktivität des Verstandes verläßt, aufhört, sein eigenes «Selbst» von außen als Objekt zu betrachten, und unmittelbar sein eigenes «Selbst» wird. Das *zazen*, «mit übergeschlagenen Beinen in Meditation sitzen», ist ein Weg, der speziell dafür ersonnen wurde, dem Subjekt die Möglichkeit zu geben, sein eigenes Inneres immer tiefer zu ergründen, so daß das entzweite «Selbst» – das «Selbst» als dichotomisches Subjekt-«Selbst» und Objekt-«Selbst» – seine ursprüngliche Einheit wiedergewinnen kann. Wenn der Mensch an der äußersten Grenze einer solchen Einheit wirklich er selbst geworden ist und sich in die absolute Selbstheit verwandelt, wenn – mit anderen Worten – es keine Unterscheidung mehr gibt zwischen dem «Selbst» *qua* Subjekt und dem «Selbst» *qua* Objekt, dann wird ein epistemologischer Zustand erreicht, in dem das «Selbst» sich so vollkommen mit sich selbst identifiziert und so vollkommen eins mit sich selbst geworden ist, daß es das «Selbst»-Sein transzendiert hat. Der genaue Punkt der absoluten Einswerdung des «Selbst» mit sich selbst ist besser bekannt, in der technischen Terminologie des Dōgen,[3] als «den Geist und Körper loslassen» (*shin jin datsu raku*). Dies wird sofort von dem nächsten Stadium abgelöst – genauer gesagt: dies ist ein Zustand, der sich gleichzeitig mit der Verwirklichung des ersten verwirklicht –, dem Zustand des «losgelassenen Geistes und Körpers» (*datsu raku shin jin*). Diese zweite Stufe bezieht sich auf die erfahrungsgemäße Tatsache, daß in dem Moment des Falls von Geist-und-Körper, das heißt des «Selbst», in das Nichts der gleiche Geist-und-Körper aus dem Nichts wiederaufersteht; es ist das alte «Selbst», jetzt völlig verwandelt in ein absolutes Selbst. Dieses so vom Tode zu sich selbst auferstandene «Selbst» trägt äußerlich den gleichen Geist-und-Körper, ist jedoch ein Geist-und-Körper, der «losgelassen» hat, das heißt, der sich für immer transzendiert hat. Das Bild des Menschen im Zen-Buddhismus ist das Bild eines Menschen, der schon diese absolute Verwandlung seiner selbst durchlaufen hat, es ist der «wahre Mensch ohne Rang», wie ihn Lin Chi[4] nennt.

---

3 Dōgen (1200–1253) ist einer der größten Zen-Meister Japans. Sein wichtigstes Werk, das *Shōbōgenzō*, ist die Aufzeichnung tiefer Reflexion der Dinge, die den Menschen und die Welt vom Zen-Gesichtspunkt aus angehen. Außerdem ist es vielleicht das philosophischste Werk, das je von einem Zen-Meister geschrieben wurde, sei es in China oder in Japan.

4 Lin Chi I Hsüan (jap.: Rinzai Gigen, gest. 867). Als Schüler des berühmten Huang Po (jap.: Ōbaku, gest. 850) und Begründer der sogenannten Fünf Häuser des Zen-Buddhismus (der Lin-Chi-Schule), war Lin Chi einer der größten Zen-Meister nicht nur der T'ang-Dynastie, sondern aller Zeiten. Seine grundlegende theoretische und praktische Lehre ist in dem Buch mit dem Titel «Die Sprüche und Handlungen von Lin Chi» (*Lin Chi Lu*, jap.: *Rinzai Roku*) festgehalten; dieses Werk wurde von

Verständlicherweise hat ein solches Bild vom Menschen, wie es gerade erwähnt wurde, in der Geschichte des ganzen Zen-Buddhismus einen Platz von grundlegender Wichtigkeit eingenommen. Dies ist insofern verständlich, als Zen sich von Anfang an auf die radikale und drastische Verwandlung des Menschen von einer relativen zu einer absoluten Selbstheit konzentrierte. Das besondere Bild des Menschen war nur ein natürliches Produkt der speziellen Bewertung, die Zen der Erfahrung der Erleuchtung beimaß.

Ausdrücklich jedoch, in bezug auf die Geschichte des *Denkens*, nahm der Begriff oder das Bild des Menschen die Schlüsselstellung im Zen-Buddhismus erst nach dem Erscheinen von Lin Chi ein. Vor ihm war der Mensch stets im Hintergrund geblieben. Das Bild war schon immer stillschweigend vorhanden, jedoch nicht ausdrücklich. Der «Mensch» hatte vor Lin Chi niemals die Rolle eines Schlüsselbegriffs im Zen-Denken gespielt. Wirkliche Schlüsselbegriffe waren eher Worte wie Geist, Natur, (transzendentale) Weisheit, Wirklichkeit (oder Absolutes – *dharma*) und ähnliche, die alle mehr oder weniger indischen Ursprungs waren und denen deswegen unvermeidlich ein starker Geschmack indischer Metaphysik anhaftete.

Mit dem Erscheinen von Lin Chi erhält das ganze Bild einen völlig anderen, beispiellosen Aspekt. Denn Lin Chi ging daran, den Menschen in den Mittelpunkt des Zen-Denkens zu setzen und um diesen Mittelpunkt eine äußerst kraftvolle und dynamische Weltanschauung zu errichten. Das Bild des Menschen als absolute Selbstheit – das, wie wir sahen, schon immer stillschweigend vorhanden war, sozusagen hinter den Kulissen – wurde plötzlich von Lin Chi in das blendende Licht der Bühne geholt. Gleichzeitig wohnen wir der Geburt eines *Gedankens*[5] bei, der wirklich seinen Ursprung und seine Heimat auf chinesischem Boden hat.

Lin Chis Gedanke ist typisch chinesisch, insofern er den Menschen zum Mittelpunkt einer ganzen Weltanschauung macht und darüber hinaus dieser Begriff vom Menschen äußerst realistisch und beinahe pragmatisch ist. Er ist in dem Sinne pragmatisch, als er den Menschen jeweils als das konkreteste Individuum vorstellt, welches an diesem bestimmten Ort und zu dieser bestimmten Zeit lebt, ißt, trinkt, sitzt und herumläuft oder selbst «seinen natürlichen Bedürfnissen nachkommt». «O Brüder auf dem Weg», sagt er in einer seiner Reden, «ihr müßt wissen, daß ihr in der Wirklichkeit des Buddhismus keine außerordentliche Aufgabe zu verrichten habt. Laßt die

---

seinen Schülern nach seinem Tode zusammengestellt. In diesem Essay wurden alle Zitate der modernen Ausgabe von Seizan Yanagida, Kyoto 1961, entnommen.

5 Wir würden gerne den Nachdruck auf das Wort «Gedanke» legen, denn hinsichtlich der persönlichen Erfahrung der Erleuchtung können wir keinen wirklichen Unterschied finden zwischen den repräsentativen Zen-Meistern. Lin Chis Lehrer Huang Po war zum Beispiel ein genauso großer Meister wie Lin Chi selbst. Aber der *Gedanke*, den Huang Po in seinem Werk *The Transmission of the Mind* entwickelt, ist ein Gemeinplatz, der keine eigene Originalität aufweist.

Nichtwissenden über mich lachen. Die Weisen werden wissen, was ich meine.»[6]

Der pragmatische Mensch ist jedoch kein gewöhnlicher «Mensch», wie wir ihn uns auf der Ebene des gesunden Menschenverstandes vorstellen, denn er ist ein Mensch, der aus der Dimension der absoluten Wirklichkeit in diese Welt der Phänomene zurückgekehrt ist. Er hat eine zweidimensionale Persönlichkeit. Als konkretes Individuum, das unter konkret existierenden Dingen verweilt, verkörpert er etwas Überindividuelles. Er ist ein Individuum, das überindividuell ist – zwei Personen in der vollkommenen Einheit einer einzelnen Person vereint. «Möchtet ihr wissen, wer unser (geistiger) Vorfahr Buddha (das heißt das Absolute) ist? Er ist niemand anders als ihr selbst, die ihr mir hier und jetzt zuhört!« (Lin Chi).[7] Die Weltanschauung, die von Lin Chi vorgestellt wird, ist die besondere Anschauung der Welt eines solchen zweidimensionalen Menschen. Um ein wirkliches Verständnis dieser Weltanschauung zu erhalten, müssen wir jedoch zu unserem Ausgangspunkt zurückkehren und versuchen, das ganze Problem auf theoretische Weise zu analysieren. Dabei legen wir den Schwerpunkt auf zwei Hauptprobleme: 1. die erkenntnistheoretische Struktur des Prozesses, die das Entstehen einer solchen doppelwesigen Person ermöglicht, und 2. die metaphysische Struktur der Welt, wie sie sie mit ihren Augen sieht.

2. Die funktionelle Beziehung zwischen Subjekt und Objekt

Die grundlegendste Aussage, die Zen am Anfang macht, ist, daß es eine funktionelle Beziehung zwischen dem Subjekt und dem Objekt, zwischen dem Wissenden und dem Gewußten, gibt. Zen beginnt mit der Anerkennung einer engen Korrelation zwischen dem Bewußtseinszustand des Subjekts und dem Zustand der objektiven Welt, die das Subjekt wahrnimmt. Diese Korrelation zwischen Subjekt und Objekt hat eine äußerst feine, delikate und dynamische Natur, so daß die kleinste Bewegung von seiten des Subjekts notwendigerweise eine Veränderung auf der Seite des Objekts, wie klein auch immer diese sein mag, zur Folge hat.

Diese Bemerkung, wie banal sie auf den ersten Blick auch erscheinen mag, ist von ausschlaggebender Wichtigkeit für ein richtiges Verständnis des Zen-Buddhismus, sei es nun in praktischer oder in philosophischer Sicht. Denn sowohl die Praxis des Zen als Ganzes wie auch die philosophische Ausarbeitung hängen von einer solchen Beziehung zwischen Subjekt und Objekt ab. Es ist nicht weniger wichtig, hier zu bemerken, daß in dieser

6 *Lin Chi Lu*, 36, S. 60.
7 Ebenda, 28, S. 40.

Korrelation zwischen Subjekt und Objekt, oder dem Ich und der Welt, Zen – und gleichsam der Buddhismus ganz allgemein – immer das erstere, das heißt das Subjekt oder das Ich, als den bestimmenden Faktor anerkennt. Der besondere Zustand, in dem sich das wahrnehmende Subjekt befindet, bestimmt den Zustand oder die Natur des wahrgenommenen Objekts. Eine besondere existentielle Weise des Subjekts verwirklicht die ganze Welt in einer besonderen, diesem entsprechenden Form. Die phänomenale Welt erhebt sich vor den Augen des Beobachters in Übereinstimmung mit seiner inneren Seinsweise. Kurzum, die Struktur des Subjekts bestimmt die Struktur der Welt der objektiven Dinge.

Folglich müssen wir etwas an der Struktur unseres Bewußtseins ändern, wenn wir das vage oder bestimmte Gefühl haben, die Welt, so wie wir sie beobachten, sei nicht die wirkliche Welt, die phänomenalen Dinge, die wir sehen, würden nicht in ihrer wahren Wirklichkeit gesehen werden. Und dies ist genau das, was der Zen-Buddhismus uns zu tun vorschlägt.

Ein berühmter Zen-Meister der T'ang-Dynastie, Nan Ch'üan[8] (jap.: Nan Sen), soll, während er mit dem Finger auf eine Blume zeigte, die im Innenhof blühte, bemerkt haben: «Gewöhnliche Leute sehen diese Blume wie in einem Traum.» Wenn die Blume, die wir wirklich im Garten sehen, mit der Blume, wie sie im Traum gesehen wird, verglichen wird, dann müssen wir nur von dem Traum aufwachen, um die Blume so zu sehen, wie sie *wirklich* ist. Und dies bedeutet einfach, daß eine völlige persönliche Verwandlung von seiten des Subjekts notwendig ist, falls es die Wirklichkeit der Dinge sehen will. Was für eine Verwandlung? Und wie wird die Wirklichkeit der Dinge sein, die wir nach einer solchen Verwandlung sehen?

Was Nan Ch'üan selbst mit seiner Aussage übermitteln will, ist klar. Er meint, daß eine Blume, so wie sie von gewöhnlichen Leuten unter normalen Bedingungen gesehen wird, ein *Objekt* ist, welches vor dem wahrnehmenden *Subjekt* steht. Das ist genau, was Ch'üan mit dem Ausdruck: «Blume, wie sie im Traum gesehen wird», meint. Hier wird die Blume als etwas von dem Menschen, der sie ansieht, Verschiedenes angesehen. Die Blume in ihrer wahren Wirklichkeit ist jedoch, laut Nan Ch'üan, eine Blume, die nicht unterschieden, die nicht unterscheidbar ist von dem Menschen, dem Subjekt, der sie sieht. Was hier in Frage steht, ist ein Zustand, der weder subjektiv noch objektiv, sondern zugleich subjektiv und objektiv ist – ein Zustand, in dem Subjekt und Objekt, der Mensch und die Blume, in einer unbeschreiblich subtilen Art und Weise zu einer absoluten Einheit verschmolzen werden.

Um jedoch etwas näher an den Kern des Problems heranzukommen, mit dem wir uns hier beschäftigen, müssen wir Nan Ch'üans Worte in den originalen Kontext zurückverlegen. Sie befinden sich in dem berühmten

8 Nan Ch'üan P'u Yüan (jap.: Nan Sen Fu Gen, 748–853).

Lehrbuch des Zen-Buddhismus, *Pi Yen Lu*,[9] und lauten:

Der hohe Amtsträger Lu Kêng (jap.: Riku Kô)[10] unterhielt sich einmal mit Nan Ch'üan und bemerkte: «Sêng Chao[11] sagte einmal: ‹Der Himmel und die Erde (das heißt das ganze Universum) kommen aus ein und derselben Wurzel wie mein eigenes Selbst, und alle Dinge sind eins mit mir›. Dies ist sehr schwer zu verstehen.» Woraufhin Nan Ch'üan mit dem Finger auf eine Blume zeigte, die im Hof blühte, Lus Aufmerksamkeit darauf lenkte und bemerkte: «Gewöhnliche Leute sehen diese Blume wie in einem Traum!»

Der ganze Kontext erklärt Nan Ch'üans Intention. Es ist, als hätte er gesagt: «Schau diese Blume an, die im Hof blüht. Die Blume selbst drückt mit ihrer eigenen Existenz die Tatsache aus, daß alle Dinge völlig eins sind mit uns selbst in der grundlegenden Einheit der endgültigen Wirklichkeit. Die Wahrheit ist völlig enthüllt, ganz offenbar. Und dies zu jeder Zeit und in jedem Ding, sich so klar und offen aufdeckend. Leider besitzen jedoch gewöhnliche Menschen nicht die Augen, um die nackte Wirklichkeit zu sehen. Sie sehen alles durch einen Schleier.»

Da dementsprechend die gewöhnlichen Leute alles nur durch die Schleier ihres eigenen relativen und bestimmten Ichs sehen, sehen Sie, was immer sie auch sehen, auf traumhafte Art und Weise. Sie sind jedoch fest davon überzeugt, daß die Blume, so wie sie sie wirklich in der Außenwelt sehen, die Wirklichkeit *ist*. Um anzuerkennen, daß die Vision der Blume sich so von der wahren Wirklichkeit entfernt, daß sie beinahe ein Traum ist, muß sich ihr empirisches Ich in etwas anderes verwandeln. Erst dann werden sie in völligem Vertrauen zusammen mit dem Mönch Chao behaupten können, daß das Objekt und das Subjekt auf unbeschreiblich subtile und delikate Art und Weise in eins verschmolzen und endlich zu dem ursprünglichen Grund des Nichts reduziert werden.

Die mysteriöse Verschmelzung von Subjekt und Objekt, über die der Mönch Chao spricht, bedarf noch eines großen Maßes an Erklärung, bevor

---

9 Jap.: *Hekigan Roku* («Niederschrift des blauen Felsen»), ein Werk des 11. Jahrhunderts (Sung-Dynastie), *Kōan* Nr. 40.

10 Lu Kêng (764–834) war ein hoher Beamter der T'ang-Dynastie, der einen sehr wichtigen Posten in der Verwaltung der zentralen Regierung innehatte. Im Zen-Buddhismus war er ein Schüler Nan Ch'üans.

11 Sêng Chao (jap.: Sō Jō, 374–414), als «der Mönch Chao» bekannt. Zuerst Taoist, wandte er sich später dem Mahayana-Buddhismus zu, unter der Leitung des berühmten Kumarājīva (344–413), der im Jahre 401 von Zentralasien nach China kam und viele buddhistische Sūtras und theoretische Werke über den Buddhismus aus dem Sanskrit in das Chinesische übersetzte. Der Mönch Chao zählt zu den größten Schülern Kumarājīvas. Obwohl Chao im Alter von 31 Jahren starb, hinterließ er eine beachtliche Anzahl wichtiger Bücher über die buddhistische Philosophie. Seine Interpretation des Begriffes des Nichts oder der «Leere», die im gewissen Sinne taoistisch ist, übte einen außerordentlichen Einfluß auf die Entwicklung des Zen in China aus. Er wird zu Recht als einer der Vorläufer des Zen-Buddhismus angesehen.

sich uns ihre wahre Bedeutung erschließen wird. Dies soll alsbald im einzelnen ausgeführt werden. Jetzt soll es uns jedoch genügen, allein darauf hinzuweisen, daß selbst eine Blume im Garten anders erscheinen wird, in Übereinstimmung mit den verschiedenen Zuständen, in denen sich der Geist des Beobachters gerade befindet. Um in einer einzelnen Blume die Offenbarung der metaphysischen Einheit aller Dinge – nicht nur der sogenannten Objekte, sondern einschließlich des beobachtenden Subjekts – zu sehen, muß das Ich eine vollkommene Verwandlung durchlaufen haben, eine vollständige Ver-Nichtung seiner selbst – den Tod seines eigenen «Selbst» und dessen Wiedergeburt auf einer völlig verschiedenen Bewußtseinsebene erlebt haben. Denn solange ein durch-sich-selbst-existierendes «Subjekt», welches die Objekte von außen beobachtet, erhalten bleibt, ist die Verwirklichung einer solchen metaphysischen Einheit absolut undenkbar. Wie sonst könnte eine Blume, obwohl sie immer eine konkrete individuelle Blume hier und jetzt bleibt, das eigene Selbst oder schließlich wie alles andere sein? Um auf unsere einfachere frühere Aussage zurückzukommen: Die Welt erschließt sich vor unseren Augen in Übereinstimmung mit unserem jeweiligen Bewußtseinszustand.

Selbst ohne bis zur äußersten Grenze geistiger Erfahrung, wie die, die in Zusammenhang mit Nan Ch'üans Bemerkung über die Blume im Hof genannt wurde, gehen zu wollen, kann dieselbe Art von Korrelation zwischen Subjekt und Objekt ganz einfach auf der Ebene unseres Alltagslebens beobachtet werden. Dies wollen wir mit einer alltäglichen Beobachtung belegen. Es gehört zu den gewöhnlichen Erfahrungen, daß die Welt, oder irgend etwas in der Welt, verschiedenen Personen verschieden erscheint in Übereinstimmung mit den verschiedenen Perspektiven und den verschiedenen Interessen, die sie in bezug auf die Dinge gerade haben. Diese Tatsache entbehrt nicht der philosophischen Bedeutung.

Bertrand Russell machte zum Beispiel eine solche Beobachtung zum Ausgangspunkt der Auslegung seiner philosophischen Gedankengänge in seinem Buch *The Problems of Philosophy*.[12] Im Alltagsleben sprechen wir oft von *der* Farbe eines Tisches, in der Annahme, es sei überall und für jeden eine bestimmte Farbe. Bei näherer Betrachtung finden wir jedoch heraus, daß dies überhaupt nicht der Fall ist. Es gibt, argumentiert er, keine bestimmte Farbe, die *die* Farbe des Tisches sei. Weil er offenbar von verschiedenen Gesichtspunkten aus verschiedenfarbig erscheint. Und zwei Personen können das Ding niemals von dem gleichen Gesichtspunkt aus betrachten. Darüber hinaus: «Selbst von dem gleichen Gesichtspunkt aus wird die Farbe bei künstlichem Licht, von einem Farbenblinden oder einer Person, die eine Brille mit blauen Gläsern trägt, verschieden wahrgenommen, während in der Dunkelheit überhaupt keine Farbe zu erkennen ist.»

---

12 Bertrand Russell, *The Problems of Philosophy*, Oxford 1954, S. 8–9.

Was uns der Zen-Buddhismus auf dieser allerersten Stufe näherbringen will, scheint sich strukturell von dieser alltäglichen Erfahrung überhaupt nicht zu unterscheiden. Es gibt jedoch einen grundsätzlichen Unterschied zwischen den beiden Positionen. Der Zen-Buddhist interessiert sich nicht für die verschiebbaren Gesichtspunkte, von denen aus ein Gegenstand betrachtet werden kann, während das «Subjekt» sich immer auf derselben Ebene der alltäglichen Erfahrung befindet. Er denkt eher an zwei völlig verschiedene Bewußtseinsdimensionen, das heißt, er interessiert sich vielmehr für einen plötzlichen, abrupten Sprung des wahrnehmenden Subjekts von der Dimension des Alltagsbewußtseins zu der des Über-Bewußtseins.

Die Tatsache, daß ein und dasselbe Ding von verschiedenen Gesichtspunkten aus – auf der Ebene des täglichen Bewußtseins – verschieden erscheint, ist für den Zen-Buddhisten kein wichtiges Anliegen. Sein Problem liegt woanders oder ist von einer anderen Größenordnung. Denn er befaßt sich mit der Gültigkeit oder Ungültigkeit des Identitätsgesetzes «A ist A», das die hauptsächliche Grundlage des menschlichen Lebens auf der empirischen Ebene der Existenz konstituiert. Der Zen-Buddhist stellt die Gültigkeit der Aussage «Ein Apfel ist ein Apfel» in Frage.

Für einen Zen-Buddhisten sind die persönlichen und individuellen Unterschiede und Abweichungen der Sinneswahrnehmung der Dinge nur Geschehnisse ein und derselben epistemologischen Ebene, der alltäglichen oder normalen geistigen Aktivität. Und diese Dimension erlaubt unserem Geist oder unserer Vernunft die einfache Ausübung der natürlichen Aufgaben: Identifikation, Differenzierung und Kombination. Das Grundprinzip, das unsere ganze geistige Aktivität auf dieser Ebene beherrscht, ist die «Diskriminierung». Der Buddhismus nennt diese grundlegende Aufgabe des menschlichen Geistes *vikalpa*, die «diskriminierende Erkenntnis», in Unterscheidung zu *prajñā*, der «transzendentalen oder nichtdiskriminierenden Erkenntnis».

Ein und derselbe Apfel kann verschiedenen Personen wohl verschieden erscheinen. Der Apfel bleibt jedoch trotzdem ein Apfel. Ein Apfel *ist* ein Apfel, in Übereinstimmung mit dem Identitätsgesetz («A *ist* A»). Und er kann nichts anderes als ein Apfel sein, das heißt nicht ein *nicht*-Apfel, in Übereinstimmung mit dem Satz vom *nicht*-Widerspruch («A ist nicht nicht-A»). Wie groß auch immer die persönlichen Unterschiede der sinnlichen Wahrnehmung eines Dinges sein mögen, das Ding überschreitet niemals seinen umgrenzten Bereich. Falls bei Betrachtung eines Dinges eine Person das Bild eines Apfels und die andere das Bild einer Katze «sieht», so muß einer von beiden halluzinieren.

Dieser allererste Schritt, der von der *vikalpa* in der Ausübung ihrer natürlichen Funktion unternommen wird, ist die Identifizierung oder Erkenntnis eines Dinges als es selbst (die Erkenntnis von *A* als *A*) durch die Diskriminierung oder Unterscheidung des Dinges von allen anderen Dingen (allen nicht-*A*). Ein Apfel muß als Apfel erkannt und gesetzt werden. Diese

Identifizierung, die auf Diskriminierung beruht, ist der Ausgangspunkt aller folgenden geistigen Aktivitäten. Ohne diese Grundlage würde die ganze Welt unserer normalen empirischen Erfahrung zusammenfallen, und die Dinge würden unabwendbar in höchste Unordnung geraten.

Wie wir oben bemerkten, beginnt der Zen-Buddhismus gerade mit dem Hinweis auf die Fragwürdigkeit des Satzes der Identität. Den Apfel als Apfel anzusehen bedeutet, das Ding von Anfang an in dem Zustand einer besonderen Begrenzung zu sehen. Das *A* als *A* zu sehen, begrenzt es auf *A*-heit und weist es einem festgelegten, unveränderlichen Zustand der Identität zu, so daß es nichts anderes als *A* sein kann. So ist die normale empirische Stellungnahme zur Welt nichts anderes – um scholastisch zu sprechen – als ein ausgesprochener «Essentialismus», indem als die grundlegendste und offensichtlichste Tatsache erkannt wird, daß *A A* ist wegen seiner *A*-heit, das heißt seines «Wesens», *A* zu sein.

Die A-heit oder das sogenannte «Wesen» von *A* war, so verstanden, das heißt als fester ontologischer Kern, der unveränderlich die wesentlichen Grenzen des Dinges bestimmt, im Buddhismus allgemein als *svabhāva*, «Selbst-Wesen» oder «Selbst-Natur» bekannt. Alle Schulen des Buddhismus, angefangen mit der frühesten Zeit seiner philosophischen Entwicklung, haben diese Art der Annäherung an die Welt bekämpft und es als *loka-vyavahāra*, «weltliche Angewohnheit», verschrien.[13] Ein Spruch, der schon im primitiven Buddhismus als einer der drei grundlegenden Pfeiler von Buddhas Lehre anerkannt wurde, sagt (in Pali): *Sabbe dhammā anattā*, das heißt: «Alle Dinge sind Ich-los», was bedeutet, daß keines der existierenden Dinge ein *svabhāva*, das heißt ein durch-sich-selbst-existierendes und dauernd festgelegtes Wesen hat.

Aber auch hier anerkennt der Zen-Buddhismus das Primat des Geisteszustandes und sieht in der besonderen Struktur des wahrnehmenden Subjekts den bestimmenden Faktor. Jedes Ding dieser Welt, sei es äußerlich oder innerlich, wird mit einem gründlich festgelegten Wesen versehen, weil der Geist es so sieht, weil er es «verwesentlicht». Wesen werden überall wahrgenommen, nicht weil sie objektiv da wären, sondern weil der Geist von Natur aus Wesen produziert. Der Geist allein versieht dieses oder jenes Ding mit einem Wesen. Selbst in dem Bereich der alltäglichen Erfahrung gewahren wir manchmal, daß wir ein und dasselbe Ding mit verschiedenen «Wesen» versehen. Ein Apfel wird nicht notwendigerweise immer als «Apfel» gesehen. Manchmal wird er in der Tat als «Frucht» gesehen, manchmal als besondere «Form» oder «Farbmasse»; manchmal behandeln wir einen Apfel einfach als «Ding».

---

13 Einen ähnlichen Widerstand gegen den philosophischen «Essentialismus» kann man in der Beziehung des Tao zum Konfuzianismus beobachten. Siehe meinen Eranos-Vortrag über *The Absolute and the Perfect Man in Taoism* (Eranos-Jahrbuch 36, 1967), bes. S. 384–411.

Zen macht da noch nicht halt. Denn wie viele Wesen ein Ding für uns auch annehmen mag, es wird doch immer noch in dem Bereich der Wesenserkenntnis verbleiben. Dem Zen genügt es nicht, daß ein Apfel nicht *als* ein Apfel gesehen wird – er sollte nicht *als* irgend etwas gesehen werden. Bejahend ausgedrückt, ein Apfel sollte ohne jede Begrenzung gesehen werden; er muß in seiner Unbegrenztheit gesehen werden. Um den Apfel jedoch auf diese Weise sehen zu können, müssen wir als Erkenntnissubjekte den Apfel mit *wu hsin* (ein chinesischer terminus technicus, der wörtlich nicht-Geist bedeutet) sehen. Erst wenn wir uns allem mit dem nicht-Geist annähern, enthüllt das Ding unseren Augen die ursprüngliche Wirklichkeit. An der äußersten Grenze jeder Negation, das heißt der Negation aller möglichen vorstellbaren Wesenheiten des Apfels, bricht plötzlich die außerordentliche Wirklichkeit des Apfels in unser Denken ein. Dies ist, was im Buddhismus als das Auftauchen des *prajñā* bekannt ist, das Erscheinen des transzendentalen oder nichtdiskriminierenden Bewußtseins. Und in dieser Erfahrung und durch sie manifestiert sich der Apfel selbst wieder *als* Apfel in der vollkommensten Fülle seiner Existenz, in der «ursprünglichen Frische der ersten Schöpfung von Himmel und Erde».

All dies wird erst dann und nur dann verwirklicht, wenn wir den Zustand vom «nicht-Geist» verwirklicht haben. Die Verwirklichung des «nicht-Geistes» ist der Wendepunkt des ganzen Systems. Im nächsten Kapitel werden wir dieses Problem aufgreifen und ausführen.

3. Bewußtsein und Über-Bewußtsein

Am Ende des letzten Kapitels erwähnten wir den «nicht-Geist» als subjektive Quelle oder Grundlage für eine nichtverwesentlichende Weltanschauung. Der «nicht-Geist», *wu hsin* (jap.: *mu-shin*), der, um verständlicher zu werden, auch mit «Geist, der kein Geist ist», «Geist, der als nichtexistierender Geist existiert» oder «Geist, der sich in dem Zustand des Nichts befindet» übersetzt werden kann, kann und soll nicht nur negativ verstanden werden, als Geist in dem Zustand der Dämmerung und Trägheit oder puren Ekstase.[14] Ganz im Gegenteil: Der «nicht-Geist» ist ein psychologischer Zustand, in dem der Geist sich auf dem höchsten Punkt der Anspannung befindet, ein Zustand, in dem der Geist mit der größten Klarheit und Intensität arbeitet. Wie ein sehr gebräuchlicher Zen-Spruch sagt: Das Bewußtsein beleuchtet sich selbst in dem vollen Schein seines eigenen Lichtes. In diesem Zustand kennt der Geist das Objekt so vollkommen, daß überhaupt kein Bewußtsein

---

14 Dieser letztere psychologische Zustand wird vom Zen «in der Teufelshöhe unter dem Berg der Dunkelheit Wohnen» genannt. Zen wird niemals müde, uns daran zu erinnern zu vermeiden, unbewußt in eine solche Höhle zu fallen.

von dem Objekt übrigbleibt: Der Geist ist sich des Kennens des Objekts nicht einmal bewußt.

Der «nicht-Geist» spielte in der Tat eine äußerst wichtige Rolle in der kulturellen Entwicklung Chinas und Japans. In Japan befinden sich die schönen Künste wie Poetik, Malerei, Kalligraphie usw. mehr oder weniger unter dem Einfluß der Gewinnung des «nicht-Geistes». Viele wirkliche und erfundene Anekdoten sind uns überliefert worden: z. B. von den Malern der Schwarzweißzeichnungen, deren Pinsel sich eigenwillig auf der Oberfläche des Papiers bewegen, ohne daß sich der Künstler der Bewegung des Pinsels bewußt wäre; oder von Harfenspielern, die, wenn sie die Harfe spielen, den Eindruck haben, nicht sie selbst spielten, sondern die Musik spielte sich selbst.

Das Beispiel des Harfenspielers, der in sein Spiel versunken ist, wird bestimmt ausreichen, um wenigstens einen Einblick zu gewähren in das, was der Zen-Buddhismus meint, wenn er von dem «nicht-Geist» spricht.

Der Musiker ist so vollkommen versunken in die Handlung des Spielens, er ist so völlig eins mit der Harfe und der Musik, daß er von den individuellen Bewegungen seiner Finger, von dem Instrument, das er spielt, oder selbst von der Tatsache des eigentlichen Spielens überhaupt kein Bewußtsein mehr hat. In bezug auf eine solche Situation würde niemand sagen, höchstens in einem lockeren und bildlichen Sinne, der Musiker sei «unbewußt». Denn er *ist* bewußt. Vielmehr befindet sich sein Bewußtsein an der äußersten Grenze der Selbsterleuchtung. Die ästhetische Spannung seines Geistes ist in seinem ganzen Körper so groß, daß er die Musik selbst ist, die er spielt. Paradoxerweise ist er sich so völlig seiner selbst als mit der Musik identisch bewußt, daß er von der Handlung des Spielens selbst im allgemeinen Sinn des Wortes kein «Bewußtsein» hat. Um diesen Bewußtseinszustand von dem, was jeweils unter «Bewußtsein» und «Unbewußtsein» verstanden wird, zu unterscheiden, wollen wir das Wort «Über-Bewußtsein» verwenden.

Diese und ähnliche Fälle «kreativer» Handlungen, die nicht nur im Fernen Osten, sondern in beinahe jeder anderen Kultur der Welt bekannt sind, sind Beispiele der Verwirklichung des «nicht-Geistes» auf der Ebene des Alltagslebens. Auf dieser Ebene bleibt die Verwirklichung des «nicht-Geistes» jedoch ein nur seltenes und unübliches Phänomen. Zen beabsichtigt, den Menschen dahin zu führen, den Zustand des «nicht-Geistes» so systematisch zu kultivieren, daß er der *normale* Bewußtseinszustand wird, damit der Mensch vielleicht alles, die ganze Seinswelt, von diesem günstigen Aussichtspunkt aus zu sehen beginnt.

Auf dieses Über-Bewußtsein – so verstanden und nicht nur in seiner begrenzten Anwendung auf die ästhetische Erfahrung, sondern als normaler Zustand der absoluten Selbstheit – beziehen sich die Worte des Diamanten-Sūtra:[15]

---

15 *Vajracchedika Prajñāpāramitā Sūtra.* Dieses Sūtra, zuerst von Kumarājīva aus

Evam aprasthitam cittam utpādayitavyam
Yanna kvacit prasthitam cittam utpādayitavyam

(Man sollte niemals einen festhaltenden Geist auftauchen lassen;
Einen nicht-festhaltenden Geist sollte man auftauchen lassen.)

Der *prasthitam cittam*, «festhaltende Geist», bedeutet einen Geist, der an etwas festhält, das heißt an den «Objekten» hängenbleibt. Anstatt ein solches «verwesentlichendes» Bewußtsein auftauchen zu lassen – sagt das Sūtra –, sollte man einen Geist auftauchen lassen, der nicht an den Objekten, in ihrer wesentlichen Begrenzung hängenbleibt. Das bedeutet, daß die Unterdrückung oder Ver-Nichtung des versachlichenden Bewußtseins nicht genügt; wir sollten vielmehr eine besondere Art von Bewußtsein auftauchen lassen – Bewußtsein, das, obwohl sich seiner selbst und der äußeren Dinge völlig bewußt, kein selbst-ständiges oder durch-sich-selbst-existierendes Wesen in diesen erkennt. Und dies ist nichts anderes als der «nicht-Geist», über den wir zu Anfang dieses Kapitels sprachen.

Die vorangehende Erklärung wird vielleicht dazu beigetragen haben, einen ganz allgemeinen Einblick in das zu gewähren, was die Natur des Über-Bewußtseins sein könnte. Sie konnte natürlich weder die philosophische Struktur noch den psychologischen Prozeß, durch den man diesen geistigen Zustand erreicht, erklären. So wollen wir denn zurückkehren zu der täglichen Ebene der ontologischen Erfahrung und die Erkenntnisstruktur, die dieser Ebene eigen ist, untersuchen, in Hinblick auf ein Verständnis der metaphysisch-epistemologischen Konstitution dieses Über-Bewußtseins, das sich auf diese Analyse stützt.

4. Die Struktur des empirischen Ichs

Vom zen-buddhistischen Gesichtspunkt aus ist die «verwesentlichende» Tendenz des empirischen Ichs nicht akzeptabel, und dies nicht nur, weil es überall «Objekte» als substantielle Wesen setzt, sondern besonders, weil sich das empirische Ich selbst als eine Ich-Substanz setzt. Es bleibt nicht nur an den äußeren «Objekten» hängen oder hält an diesen fest, als wären es nicht reduzierbare Wirklichkeiten, sondern es hält an seinem eigenen Selbst fest als der unreduzierbarsten, selbst-ständigsten Wirklichkeit. Dies haben wir als «festhaltenden Geist» *(prasthitam cittam)* kennengelernt. Eine ganze Weltanschauung gründet auf dem scharfen Gegensatz zwischen dem «fest-

---

dem Sanskrit in das Chinesische übersetzt – vgl. oben, Fußn. 11 – übte einen ungeheuren Einfluß auf die philosophische Ausarbeitung des Zen-Buddhismus aus, besonders seit der Zeit des sechsten Patriarchen des Zen, Hui Nêng (jap.: E Nō, 638–713). Das Sūtra behandelt das Nichts und die «Ichlosigkeit» aller Dinge.

haltenden Geist», das heißt dem «Subjekt», und seinen «Objekten». Diese Dichotomie der Wirklichkeit in Subjekt und Objekt, Mensch und Außenwelt ist die Grundlage unserer empirischen Erfahrungen. Natürlich würde sogar der gesunde Menschenverstand anerkennen müssen, daß die phänomenologische Welt – die äußeren Dinge und das persönliche Ich einbeschlossen – ständig fließt. Er tendiert jedoch dazu, in oder hinter der Vergänglichkeit der Dinge einige Elemente zu finden, die immer unveränderlich und substantiell bleiben. So wird ein Bild der Seinswelt als eines Bereichs selbstidentischer Objekte geschaffen, und die sogenannten «Subjekte» sind bei genauer Betrachtung in einer solchen Weltanschauung nur «Objekte». Und dies ist genau die Art von Weltanschauung, die der Zen-Buddhismus ein für allemal zerstören möchte, um sie durch eine andere Ontologie, die auf einer völlig verschiedenen Erkenntnistheorie begründet ist, zu ersetzen.

Um die Weltanschauung, die dem Über-Bewußtsein eigen ist, besser zu verstehen, möchten wir zuerst die gewöhnliche Weltanschauung, die dem menschlichen Bewußtsein natürlicher und geistesverwandter ist, aufgreifen und deren innere Struktur auf der philosophischen Ebene untersuchen.

Innerhalb der Grenzen einer solchen Weltanschauung kann man zwei Stadien oder Formen unterscheiden. Das erste Stadium wird angemessen dargestellt durch den Cartesianischen Dualismus, der auf der grundlegenden Dichotomie von *res cogitans* und *res extensa* gründet. Diese Philosophie könnte man als ein ontologisches System beschreiben, das sich auf die dualistische Spannung zwischen zwei «Substanzen», die nicht aufeinander zurückführbar sind, stützt. Es kann auch als eine Weltanschauung beschrieben werden, in der der Mensch, das heißt das Ich, die Dinge von außen betrachtet und sich selbst in der Rolle eines Zuschauers befindet. Er ist subjektiv nicht in das Geschehen der Dinge vor seinen Augen verwickelt. Der Mensch ist hier ein distanzierter Zuschauer, der Welt der *äußeren* Dinge konfrontiert. Vor seinen Augen entfaltet sich ein ganzes ontologisches Bühnenbild, und als unabhängiges persönliches «Subjekt» erfreut er sich lediglich des farbenfrohen Anblicks der Weltbühne. Dies ist eine Betrachtungsweise, die am weitesten von der Wirklichkeit der Dinge, wie sie sich den Augen des Über-Bewußtseins offenbart, entfernt ist.

Die zweite Phase könnte angemessenerweise durch die Heideggersche Idee des «Seins-in-der-Welt» besonders in dem Zustand der ontologischen *Verfallenheit** veranschaulicht werden. Anders als in der Situation, die wir gerade in bezug auf die erste Phase der dichotomischen Welt-Sicht betrachtet haben, ist der Mensch hier subjektiv grundsätzlich verwickelt mit dem Schicksal der Dinge, die ihn umgeben. Statt eines objektiven Zuschauers, der die Welt von außen als etwas von ihm Unabhängiges betrachtet, ist der Mensch, das Ich, in den Mittelpunkt der Welt gestellt; er beeinflußt sie, und

* Im Original dt.

sie beeinflußt ihn. Er ist nicht mehr ein Außenseiter, der mit einem hohen Maß an Selbstgefälligkeit die Geschehnisse auf der Bühne betrachtet. Er *befindet* sich selbst auf der Bühne, er *existiert* in der Welt, aktiv teilnehmend an dem Theaterstück, und erlebt die existentielle Angst, die die natürliche Folge einer solchen Position ist.

Die Weltanschauung des gesunden Menschenverstandes auf der zweiten Stufe steht dem Zen näher als die erste. Bei genauerem Hinblick sieht man jedoch, daß die empirische Weltanschauung, sei es die der ersten oder der zweiten Stufe, von der Zen-Weltanschauung strukturell verschieden ist. Denn die empirische Weltanschauung wird von einem Intellekt ausgearbeitet, der nur dort funktioniert, wo die Unterscheidung zwischen dem *Ich* und dem *Anderen* getroffen worden ist. Der ganze Mechanismus gründet sich explizit oder implizit auf die Überzeugung der unabhängigen Existenz einer Ich-Substanz, die sich den äußeren substantiellen Objekten entgegensetzt. Ob das Subjekt als außerhalb oder inmitten der Welt der Objekte befindlich dargestellt wird, ist belanglos, denn dieser grundlegende Cartesianische Gegensatz muß, so Zen, zerstört werden, bevor der Mensch die Wirklichkeit seiner selbst und der sogenannten äußeren Objekte überhaupt sehen kann.

Inmitten dieser empirischen Sicht der Dinge befindet sich jedoch ganz versteckt etwas, das wie ein metaphysisches Prinzip trotz seiner Unsichtbarkeit immer wirksam ist und zu jeder Zeit vom menschlichen Geist aktiviert werden kann, um die normale Sicht der Welt augenblicklich in etwas davon völlig Verschiedenes zu verwandeln. Dieses versteckte Prinzip der metaphysisch-epistemischen Verwandlung wird im Buddhismus *tathâgata-garbha*, «der Schoß der absoluten Wirklichkeit», genannt. Um jedoch die ganze Struktur von diesem besonderen Gesichtspunkt aus sehen zu können, müssen wir sie einer ausführlicheren und theoretischeren Analyse unterziehen.[16]

Die epistemische Beziehung zwischen dem Ich und den Objekten in der gewöhnlichen empirischen Weltanschauung kann mit der Formel: $s \rightarrow o$, das heißt: *ich sehe dies*, dargestellt werden.[17] So stellt das grammatische Subjekt *s* das Ich-Bewußtsein des Menschen auf der Stufe der empirischen

---

16 In der folgenden Untersuchung werden wir gewisse Formeln benutzen – mit einigen Veränderungen –, die von Professor Tsūji Satō ausgedacht wurden mit der Absicht, die grundlegende Struktur der Wirklichkeit, wie sie dem Auge der Erleuchtung erscheint, zu erklären. Siehe sein *Bukkō Tetsuri*, «Philosophical Principles of Buddhism», Tokyo 1968.

17 In dieser und den folgenden Formeln beziehen sich die Worte in kursiven Kleinbuchstaben (wie: *ich, sehe, dies*) auf Dinge und Geschehnisse aus der Dimension des gewöhnlichen Bewußtseins, während die in kursiven Großbuchstaben (wie: *ICH, SEHE, DIES*) sich auf die Dimension des Über-Bewußtseins beziehen. Und das Wort *SEHEN* soll die wörtliche Übersetzung des chinesischen Wortes *chien* sein, wie es in dem berühmten Satz *chien hsing*, «in seine eigene Natur sehen», erscheint.

Erfahrung dar. Es bezieht sich auf die Wahrnehmung der Selbstheit als *Da-sein** im wörtlichen Sinne, als Subjekt vor oder inmitten der objektiven Welt. Das *Ich* ist hier eine unabhängige, durch-sich-selbst-existierende Ich-Substanz. Solange das empirische Ich in der empirischen Dimension verweilt, wird es seiner selbst nur als Mittelpunkt seiner eigenen Wahrnehmung, seines Denkens und seiner körperlichen Handlungen gewahr. Es besitzt keine Wahrnehmung davon, daß es viel mehr als dieser sein könnte.

Vom Standpunkt des Zen aus, der überall und in allem die Wirkung des *tathâgata-garbha*, des «Schoßes der absoluten Wirklichkeit», erfaßt, kann hinter jedem individuellen *ich* etwas wahrgenommen werden, dessen Wirkung durch die Formeln ($S \rightarrow$) oder (*ICH SEHE*) dargestellt werden kann – die Klammern weisen darauf hin, daß die Wirkung auf der Stufe der empirischen Selbst-Bewußtheit noch versteckt ist. So kann die Struktur des empirischen Ichs, *s*, in Wirklichkeit, das heißt mit den Augen des Zen gesehen, durch folgende Formel dargestellt werden:

$$(S \rightarrow)\ s$$

oder: (*ICH SEHE*) *mich-selbst*

Wie wir später noch ausführlicher sehen werden, kann das empirische Ich, *s*, Mittelpunkt all seiner Handlungen sein, nur weil das versteckte Prinzip ($S \rightarrow$) fortwährend durch *s* wirkt. Das empirische Ich kann nur deshalb Selbstheit sein, weil es mit jeder Bewegung hier und jetzt die Verwirklichung von etwas ist, das die wirkliche Selbstheit *ist*. Die Natur der Wirkung des (*ICH SEHE*) kann am besten im Vergleich mit der islamischen Parallele verstanden werden, die von der *irfanischen* Philosophie vorgestellt wird und in den Worten Gottes im Koran, bezogen auf die gleiche Situation, Ausdruck findet: «Nicht du warst es, der geworfen hat, als du warfst: (in Wirklichkeit) war es Gott, der warf.»[18] Es ist wichtig, hier festzustellen, daß dieser Tatbestand sich auf dieser Stufe dem empirischen Ich noch völlig entzieht und von diesem nicht bemerkt wird. Letzteres sieht nur sich selbst; es wird des Teils zwischen den Klammern ($S \rightarrow$) nicht gewahr.

Genau das gleiche gilt für die «objektive» Seite der epistemischen Beziehung (das *o* in der oberen Formel). Wiederum hat das empirische Ich das Bewußtsein der Gegenwärtigkeit der «Dinge». Diese erscheinen dem Ich als selbständige Wesen, die unabhängig von ihm selbst existieren. Sie erscheinen als Substanzen, die durch verschiedene Eigenschaften qualifiziert sind,

---

* Im Original dt.

18 Koran, VIII, 17. Diese Stelle drückt genau dieselbe Idee der berühmten Tradition aus, wo Gott selbst der Sprecher ist, und lautet folgendermaßen: «Ich bin seine Ohren, seine Sicht, seine Zunge, seine Hände und Füße. So ist es durch Mich, daß er hört; durch Mich, daß er spricht; durch Mich, daß er greifen kann; und durch Mich, daß er läuft.» Für eine «*irfanische*» Besprechung dieser Ausdrücke siehe Ibn 'Arabī, *Fuṣūṣ at Hikam* (ed. Afifi, Kairo 1946), S. 185.

und als solche setzen sie sich dem Subjekt, welches sie von außen betrachtet, entgegen. Vom Standpunkt des obengenannten *prajñā*, der «transzendentalen Erkenntnis», aus kommt ein Gegenstand als dies oder jenes in das Blickfeld des empirischen Ichs nur dank der Aktivität desselben Etwas, ($S \rightarrow$), welches, wie wir sahen, das Ich als Ich konstituiert. Ein Ding, *o*, wird als Ding, *o*, gesetzt als die konkrete Aktualisierung dieses Etwas. Genauer muß es als die sich selbst manifestierende Form desselben *tathâgata-garbha*, des «Schoßes der absoluten Wirklichkeit», der immer und dauernd durch alle phänomenalen Formen der Dinge wirksam ist, verstanden werden.[19]

So muß die Formel, die die innere Struktur von *o* darstellt, eine analytischere Form annehmen:

$$(S \rightarrow)\ o$$

oder: (ICH SEHE) *dies*

Diese Formel soll zeigen, daß auch hier *o* nur das äußerlich manifeste Ding ist, daß jedoch hinter dieser phänomenalen Form die Aktivität von ($S \rightarrow$), die dem empirischen Ich entgeht, versteckt liegt.

So muß die sogenannte Subjekt-Objekt-Beziehung oder der ganze epistemische Prozeß, durch den eine (vermeintlich) selbständige Ich-Substanz eine (vermeintlich) selbständige Objekt-Substanz wahrnimmt – was wir vorher mit der Formel $s \rightarrow o$ wiedergaben –, in der entwickelteren Form etwa folgendermaßen dargestellt werden:

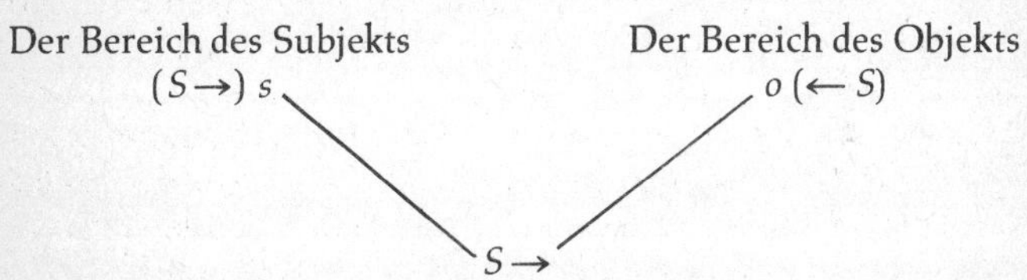

In dieser letzten Formulierung wird das *s* oder empirische Ich, welches nichts als eine besondere Aktualisierung von ($S \rightarrow$) ist, in eine spezielle aktiv-passive Beziehung zu dem «Objekt» oder *o*, welches auch eine besondere Aktualisierung desselben ($S \rightarrow$) ist, gesetzt. Und der ganze Prozeß muß als die konkrete Aktualisierung des *ICH SEHE* oder $S \rightarrow$ – ohne Klammern – verstanden werden. Aber selbst an dem *ICH SEHE* bleibt noch eine verwischte Spur von Ich-Bewußtheit kleben. Zen fordert ausdrücklich, daß selbst dieser Anteil von Ich-Bewußtheit aus dem Geist gewischt werden soll, so daß das Ganze endlich zu dem einfachen und puren *SEHEN* reduziert wird. Das Wort «nicht-Geist», auf das hingewiesen wurde, bezieht sich

19 An diesem Punkt mag diese Behauptung sehr willkürlich erscheinen. Wir werden deren Validität erst am Ende unserer Analyse des ganzen Prozesses ermessen können. Hier muß die Aussage, so wie sie dasteht, angenommen werden als einfache phänomenologische Analyse der Zen-Psychologie.

genau auf den reinen Akt des *SEHENS* in dem Zustand einer unmittelbaren und direkten Aktualisierung, das ist das ewige Verb *SEHEN* ohne Klammern.

Wir beginnen nun zu erkennen, daß die Wirklichkeit dessen, was wir mit der Formel: *«ich sehe dies»* ausdrückten, eine sehr schwierige Struktur hat, wenigstens wenn sie von dem Standpunkt des empirischen Ichs aus analytisch beschrieben wird. Die metaphysisch-epistemische Situation, die verdeckt und implizit durch die Formel $s \rightarrow o$ bezeichnet wird, stellt sich plötzlich als etwas ganz anderes dar als das, was man normalerweise anhand der äußeren grammatischen Struktur des Satzes verstehen kann. Und es ist die vorrangige und elementare Aufgabe des Zen-Buddhismus, diejenigen, die in dem magischen Kreis der ontologischen Dichotomie eingeschlossen sind und nicht unter die durch die syntaktische Struktur («Subjekt» → «Akt» → «Objekt») nahegelegte, oberflächliche Bedeutung von $s \rightarrow o$ oder *ich sehe dies* sehen können, von der Verwünschung des Dualismus zu befreien und diese von ihrem Geiste zu entfernen, so daß sie unmittelbar von Angesicht zu Angesicht mit dem konfrontiert werden können, was wir symbolisch mit dem Verb *SEHEN* bezeichnet haben.

An diesem Punkt angelangt, sollten wir daran erinnern, daß der Buddhismus ganz allgemein auf dem Begriff des *pratītyasamutpāda* (jap.: *engi*) aufgebaut ist, das heißt auf der Idee, daß alles entsteht und als das existiert, was es ist, dank der unendlichen Anzahl von Beziehungen, die es mit anderem verbindet; all diese «anderen Dinge» erhalten ihrerseits ihre vermeintlich selbst-ständige Existenz von anderen Dingen. So gesehen, ist der Buddhismus ein ontologisches System, das auf der Kategorie der *relatio* gründet, im Gegensatz zum Beispiel zum platonisch-aristotelischen System, das auf die Kategorie der *substantia* gegründet ist.

Ein philosophisches System, das auf der Kategorie der *substantia* ruht und in den Substanzen die grundlegendsten ontologischen Elemente sieht, tendiert beinahe unvermeidbar dazu, die Form des Essentialismus anzunehmen.

Was unter Essentialismus verstanden wird, wurde oben kurz angedeutet. Um den Kern des essentialistischen Arguments nochmals zusammenzufassen und im Gegensatz dazu die Natur der Position, die vom Zen-Buddhismus eingenommen wird, zu erklären, können wir bemerken, daß die essentialistische Position auf der «subjektiven» wie auch auf der «objektiven» Seite der $s \rightarrow o$-Situation selbst-erhaltende Substanzen annimmt, deren Grenzen unabänderlich festgelegt und durch ihre «Wesen» bestimmt sind. Hier ist *o*, zum Beispiel ein Apfel, eine durch-sich-selbst-existierende Substanz mit einem mehr oder weniger streng begrenzten ontologischen Bereich; die Begrenzung wird durch das eigene «Wesen», das heißt die «Apfelheit» bestimmt. In gleichem Maße ist das Subjekt, welches den Apfel sieht, eine selbst-ständige Substanz, die mit einem «Wesen», in diesem Falle der «Ich-heit» versehen ist. Zen-Buddhismus faßt die essentialistische

Ansicht mit dem kurzen Spruch zusammen: «Berg ist Berg, und Fluß ist Fluß.»

Die Position des *pratītyasamutpāda* stellt sich entschlossen gegen diese Ansicht. Solch eine Ansicht würde nichts anderes tun, behauptet der Buddhismus, als die phänomenologische Oberfläche der Wirklichkeit widerzuspiegeln. Für die buddhistische Auffassung gibt es in der Außenwelt keine Substanz mit einer gewissen Anzahl von Eigenschaften, die «Apfel» genannt wird. Es ist vielmehr so, daß dem Subjekt etwas Phänomenales als «Apfel» erscheint. Die phänomenale Erscheinung des «Apfels» als «Apfel» hängt von einer gewissen positiven Haltung des Subjekts ab. Umgekehrt jedoch setzt die alleinige Tatsache, daß der «Apfel» als solcher von ihm gesehen wird, den Menschen als wahrnehmendes Ich, als Subjekt der Erkenntnis. Zen beschreibt diese gegenseitige Beziehung oder Bestimmung zwischen dem Subjekt und dem Objekt mit den Worten: «Der Mensch sieht den Berg: der Berg sieht den Menschen.»

Die Wirklichkeit im eigentlichen Sinne ist daher etwas, das sowohl hinter dem Subjekt als auch hinter dem Objekt liegt und beide in deren besonderer Form auftauchen läßt, dies als Subjekt, jenes als Objekt. Das Grundprinzip, das diese ganze Struktur beherrscht, ist etwas, das durch die Subjekt-Objekt-Beziehung läuft und die Verwirklichung derselben Beziehung erst ermöglicht. Es ist dieses ganz-erfüllende, aktive Prinzip, das wir mit der Formel $S \rightarrow$ oder vielmehr mit deren Grundform, dem Verb *SEHEN*, bezeichnen wollen.

Wiederum soll das Wort «etwas» oder «Grundprinzip» nicht dazu verleiten zu denken, daß hinter den Schleiern der Phänomene eine metaphysische, über-sinnliche Substanz existiere, die den Mechanismus der phänomenalen Welt beherrscht. Denn für Zen gibt es in Wirklichkeit nichts hinter der oder anderes als die phänomenale Welt. Zen läßt die Existenz einer transzendentalen, über-sinnlichen Ordnung der Dinge, die getrennt von der sinnlich wahrnehmbaren Welt existieren würde, nicht zu.[20] Der Zen-Buddhismus behauptet diesbezüglich nur, daß die phänomenale Welt nicht nur die sinnliche Anordnung der Dinge sei, so wie sie dem gewöhnlichen empirischen Ich erscheint; vielmehr ist die phänomenale Welt, wie sie sich dem Zen-Bewußtsein erschließt, mit einer gewissen dynamischen Kraft, die treffend mit dem Verb *SEHEN* bezeichnet werden kann, versehen.

So ist das, was mit *SEHEN* gemeint ist, kein transzendentales Wesen, welches etwas ist, das sich im Hintergrund verhält und völlig abgesondert von den phänomenalen Dingen verbleibt. Im Zen-Buddhismus wird damit viel eher ein dynamisches Kräftefeld in seiner Vollständigkeit und Ganzheit gemeint, ein vollständiges Feld, das weder ausschließlich subjektiv noch objektiv ist, sondern sowohl das Subjekt als auch das Objekt in dem besonde-

---

20 Wie die berühmte Stelle des *Prajñāpāramitā* Sūtra behauptet: «Das Sinnliche ist Nichts. Nichts ist genau das Sinnliche.»

ren Zustand vor der Trennung in diese beiden Termini zusammenfaßt. Die verbale Form von *SEHEN* kann vielleicht eine ungefähre Ahnung davon vermitteln, daß es, anstatt ein Ding zu sein, sei es ein «absolutes» Ding oder eine transzendentale Substanz, ein *actus* ist, der ein ganzes Feld mit seiner dynamischen Energie lädt.

Unter Verwendung der Termini der vorangehenden Formeln können wir sagen, daß der ganze Prozeß dieses *ich sehe dies* selbst das Feld der Handlung des *SEHENS* ist. Die wirkliche Bedeutung dieser Aussage wird jedoch erst durch die ausführlichere Analyse der inneren Struktur des dynamischen Feldes klarwerden. Dies soll unsere Aufgabe auf den folgenden Seiten sein.

5. «Die ganze Welt ist ein einziger Geist»

Oben haben wir beobachtet, daß die grundlegende Formel $s \rightarrow o$ oder *ich sehe dies*, die dazu dient, schematisch die epistemische Beziehung zwischen dem wahrnehmenden Subjekt und dem wahrgenommenen Objekt zu beschreiben, einen Mechanismus birgt, der in Wirklichkeit viel komplizierter ist, als es auf den ersten Blick hin erscheint. Denn im Sinne der typisch buddhistischen Analyse verbirgt sich hinter dem s ($S \rightarrow$), und hinter o steht auch ($S \rightarrow$). Und das Ganze kann endgültig auf den sehr einfachen, alles durchdringenden und alles umfassenden Akt des *SEHENS* reduziert werden.

Es geschieht sehr oft, daß dieses *SEHEN*, das im Zen-Verständnis nichts anderes ist als die absolute und letzte Wirklichkeit, sich im Geist eines Menschen bemerkbar macht, der in der Existenz-Dimension lebt. Das erste Symptom dafür, daß die letzte Wirklichkeit langsam in die empirische Dimension einbricht, kann darin gesehen werden, daß der Mensch in dieser Situation beginnt, durch die Natur der Wirklichkeit, wie er sie sieht, beunruhigt zu werden.

Obwohl er noch in der dichotomischen Weltanschauung befangen ist, hat er doch das ahnungsvolle Gefühl, daß die wahre Wirklichkeit sowohl seiner selbst als auch der äußeren Dinge völlig verschieden sein muß. Er bemerkt nun auch, daß er alle Leiden und Nöte der menschlichen Existenz nur deshalb durchläuft, weil er die Wirklichkeit nicht so sieht, wie er sollte. Dieses Phänomen, das sowohl religiös als auch philosophisch von großer Wichtigkeit ist, wird im chinesischen Buddhismus *fa hsin* (jap.: *hosh-shin*) genannt, was wörtlich Aufrichten des Geistes bedeutet, das heißt ein tiefes und starkes Sehnen nach der Erleuchtung des Buddha. Philosophisch ist es als erste Selbst-Offenbarung des metaphysischen $S \rightarrow$ zu verstehen.

Wenn diese Anfangsstufe einmal erreicht ist, verliert das *Dasein** in

* Im Original dt.

seiner natürlichen Gegebenheit – sowohl subjektiv als auch objektiv – seine vermeintliche Festigkeit. Es entsteht das Gefühl, daß das *Dasein** in seiner empirischen Form nicht die wirkliche Form des Seins, sondern nur eine Pseudowirklichkeit ist. Getrieben von dem unwiderstehlichen Drang, von der Pseudowirklichkeit wegzukommen und zu dem, was er als Wirklichkeit versteht, wie immer und wo immer diese sein mag, zu gelangen, wandelt der Mensch auf allen möglichen Heilswegen. Zen schlägt dafür «mit übergeschlagenen Beinen in Meditation sitzen» vor, als den besten Weg, um ein besonderes Auge dafür zu entwickeln, die Wirklichkeit als Wirklichkeit in ihrem ursprünglichen So-sein zu sehen.

«Mit übergeschlagenen Beinen in Meditation sitzen» ist eine somato-psychische Haltung, durch die die natürliche zentrifugale Tendenz des Geistes gebogen werden und in die gegensätzliche, das heißt zentripetale Richtung gewendet werden kann, bis das Pseudo-Ich endlich in der Verwirklichung der wahren Selbst-heit, die wir mit der Formel $S \rightarrow$ bezeichnet haben, aufgeht.

Zen behauptet, daß diese somato-psychische Haltung unbedingt notwendig ist für die Verwirklichung der wahren Selbst-heit, das heißt des Zustandes der absoluten Subjektivität; denn das wahre «Selbst» kann niemals durch einen rein gedanklichen Prozeß, sei es durch Vorstellung, Einbildung oder Denken, erlangt werden. Es ist nicht nur eine Angelegenheit der Erkenntnis. Denn es geht nicht darum, sein eigenes wahres Selbst zu «wissen» oder zu «kennen», sondern vielmehr darum, es zu «werden». Wenn jemand nicht sein eigenes Selbst «wird», so wird das Selbst, egal wie weit er sich auf den aufeinanderfolgenden Stufen der Selbst-Erkenntnis fortbewegt, niemals eine absolute Selbst-heit werden. Denn das wahre Selbst wird sich immer weiter entziehen; es wird für immer ein «Objekt» bleiben, ein Objekt, das erkannt oder zu erkennen ist.

Als erkanntes Objekt kann das Selbst von Natur aus, wie hoch die Stufe der Erkenntnis auch sei, keine reine Subjektivität sein. Um das Selbst in einem Zustand der reinen und absoluten Subjektivität zu verwirklichen, muß man es «werden», anstatt es nur zu «erkennen». Um dies jedoch zu erreichen, muß die ganze «Geist-Körper»-Einheit – wie oben durch den Ausdruck Dōgens angedeutet – «losgelassen werden». «Mit übergeschlagenen Beinen in Meditation sitzen» ist für Zen der beste, wenn nicht der einzige Weg, um erst diese «Geist-Körper»-Einheit und dann die Einheit des «Loslassens» zu erreichen.

Der Ausdruck «mit übergeschlagenen Beinen in Meditation sitzen» bedeutet in der traditionelleren buddhistischen Terminologie die eigene Erfahrung des totalen Befindens im epistemisch-metaphysischen Zustand des Nichts (Sanskrit: *śūnyatā*, chin.: *k'ung*, jap.: *ku*). Das Wort «Nichts», so wie es im Zen-Buddhismus benutzt wird, muß in einem besonderen Sinn verstanden werden.

Zuallererst bezieht sich das «Nichts» in diesem Kontext auf die letzte und endgültige Stufe der Aktualisierung des Zen-Bewußtseins, auf der das Selbst sich selbst nicht mehr als «Objekt» vorstellt, sondern das Selbst selbst «wird», und dies so vollkommen, daß es selbst sein eigenes Selbst *nicht mehr ist.* Einer der wichtigsten philosophischen Grundsätze des Zen-Buddhismus behauptet nämlich, daß, wenn ein Ding – irgendein Ding – durch und durch und vollständig bis zu dem höchstmöglichen Ausmaß es selbst wird, es am Ende seine eigenen Grenzen durchbrechen und seine Bestimmung übersteigen wird. Auf dieser Stufe ist *A* nicht mehr *A*; *A* ist nicht-*A*. Oder, um die Terminologie des Zen zu benutzen, «ein Berg ist nicht-Berg». Dieser Aussage fügt Zen jedoch hinzu – und dies ist der entscheidende Punkt –, daß, wenn ein Ding so durch und durch sein eigenes Selbst wird und durch seine Grenzen und Bestimmungen bricht, es paradoxerweise erst dann sein eigenes Selbst im wirklichsten und absolutesten Sinne ist.

Dieser Prozeß kann mit der traditionellen logischen Sprache auf folgende Weise umschrieben werden.[21] Die Logik des Zen weist, wie man sehen kann, eine bemerkenswerte Originalität auf, mit der man die charakteristischen Formen des Denkens im Zen weitgehend erklären kann. In dem Fall der traditionellen aristotelischen Logik wird der Ausgangspunkt durch den Satz der Identität geliefert, «*A* ist *A*», der, wie wir oben sahen, die logische Grundlage der metaphysischen Wesensphilosophie konstituiert. Der Satz der Identität bedeutet auch für den Zen-Buddhismus, daß ein Ding, was immer es auch sei, mit sich selbst identisch ist. Um diese empirische Wahrheit auszudrücken, sagt Zen: «Berg ist Berg.»

Rein äußerlich gibt es hier also keinen Unterschied zwischen dem aristotelischen Logiksystem und der Zen-Logik. Aber schon auf dieser Anfangsstufe nimmt Zen einen anderen Standpunkt ein, der sich bedeutend von der aristotelischen Position unterscheidet. Denn in dem Satz der Identität (A ist A) erkennt Zen die Selbst-Gefälligkeit des normalen *bon sens.* Für Zen ist die Formel «*A* ist *A*» nicht etwa die Beschreibung einer gut begründeten Beobachtung der Wirklichkeitsstruktur, sondern eine logische Darstellung der illusionsreichen Sicht der Wirklichkeit durch den Schleier der *Māyā*, das natürliche Resultat der Tatsache, daß der Mensch alle Dinge der Welt mit der einengenden Belichtung des diskriminierenden Intellekts mißt.

Der grundlegende Unterschied zwischen der gewöhnlichen Logik und der Zen-Logik tritt mit unbestreitbarer Klarheit bei der nächsten Stufe hervor. Denn erstere entwickelt natürlich den Satz der Identität in den Satz vom Widerspruch (*A* ist nicht nicht-*A*) weiter, während letztere ihn in einem offenkundigen Widerspruch entwickelt, der behauptet: «*A* ist nicht-*A*.» Zen

21 Vgl. Hideo Masuda, *Bukkyō Shisō-no Gudō-teki Kenkyū*, «Studies in Buddhist Thought as a Search after the Way», Tokyo 1966, S. 219–221. Für eine noch ausführlichere philosophische Behandlung desselben Aspektes des Buddhismus vgl. Keiji Nishatani, *Sukyo towa Nani-ka*, «What is Religion?» I, Tokyo, S. 135–187.

bezieht sich auf diese widerspruchsvolle Stufe mit dem Spruch: «Der Berg ist nicht-Berg.» Es muß jedoch immer bedacht werden, daß, wenn Zen so etwas behauptet, es dies nicht in der gleichen epistemischen Dimension des «*A* ist *A*» tut. Solange man auf der Stufe des «*A* ist *A*», der Ebene der empirischen Erfahrung, bleibt, ist man unfähig, gleichzeitig zu sagen «*A* ist nicht-*A*», es sei denn, man sei verrückt. Diese Tatsache wird dann klarer werden, wenn man eine noch befremdendere Aussage betrachtet: «Die Brücke fließt weiter; der Fluß fließt nicht.»[22] Mit anderen Worten: Die Tatsache, daß eine solche Aussage gemacht werden kann, setzt bei dem aussagenden Menschen eine völlige Bewußtseinsveränderung voraus, dergestalt, daß er fähig ist wahrzunehmen, wenn *A* in einem solchen Ausmaß *A* «wird», daß es durch seine eigene *A*-heit bricht und ihm den formlosen, wesenlosen und «aspekt«-losen Aspekt langsam enthüllt.

So verstanden muß die Formel «*A* ist nicht-*A*» analytisch folgendermaßen paraphrasiert werden: «*A* ist so durch und durch *A*, daß es nicht mehr *A* ist.» Metaphysisch ist dies die Stufe des *chên k'ung* (jap.: *shin kū*), des «wirklichen Nichts». *A* ist hier nicht-*A* im positiven Sinne, indem es so absolut jenseits der Bestimmung und Begrenzung der *A*-heit ist, daß es viel mehr ist als nur *A* allein.

Die dritte Stufe, die gleich darauf folgt – oder wir sollten eher sagen: die sich gleichzeitig wie die Stufe des «*A* ist nicht-*A*» konstituiert –, ist wieder «*A* ist *A*». Dies bedeutet, daß wir auf der letzten Stufe wieder zu der Anfangsstufe zurückkehren. «Der Berg ist (wieder) Berg.» Oder, wie ein berühmterer Zen-Spruch sagt: «Die Blume ist rot, und die Weide ist grün.» Trotz der formalen Identität ist die innere Struktur von «*A* ist *A*» in beiden Fällen völlig verschieden. Denn auf der letzten Stufe ist «*A* ist *A*» nur die abgekürzte Form für den Ausdruck «*A* ist nicht-*A*; deswegen ist es *A*». Das Diamanten-Sūtra, auf das wir uns schon bezogen haben, beschreibt diese Situation mit den folgenden Worten: «Die Welt ist keine Welt; deshalb muß sie *Welt* genannt werden.» «Ein Ding, welches auch immer, ist kein Ding; deshalb muß es *Ding* genannt werden.» Diese Stufe ist im Mahayana-Buddhismus das *miao yu* (jap.: *myō u*), «außergewöhnliches Sein». Das chinesische Wort *miao*, das wörtlich «subtil», «außerordentlich», «wundersam gut» bedeutet, soll darauf hindeuten, daß in diesem Fall die Wirklichkeit als ungewöhnlich erhobene Dimension erlebt wird, daß es nicht die Seins-Welt ist, wie sie von der diskriminierenden Aktivität des relativen Intellekts ergriffen wird, obwohl sie rein äußerlich, mit den Augen eines gewöhnlichen Menschen gesehen, der in dem begrenzten Umkreis der empirischen Erfahrung eingeschlossen ist, immer noch die gute alte Welt von immer ist, der nichts Außergewöhnliches zukommt. Denn es ist die gewöhnliche Welt,

---

22 Berühmter Spruch des Fu Ta-Shih (jap.: Fu Dai-shi, 497–569), dessen Verständnis von den Zen-Meistern oft als Maß für die Tiefe des Zen-Bewußtseins der Schüler angesehen wurde.

die sich selbst in dem Abgrund des Nichts verloren hat und die dann wieder in ihrer phänomenalen Form aufgetaucht ist.

Was sich wirklich im menschlichen Bewußtsein ereignet zwischen der Stufe des «*A* ist nicht-*A*» und der nächsten Stufe, der des «*A* ist (wieder) *A*», bestimmt ausschlaggebend die Natur des Zen-Buddhismus. Das Ganze bewegt sich um den Mittelpunkt der völligen Vernichtung aller individuellen Dinge im Nichts und der Wiedergeburt aus dem Tiefpunkt des Nichts in den Bereich der empirischen Wirklichkeit als konkrete Individuen, deren innere Struktur völlig verwandelt ist. Das Emporsteigen dieses Bewußtseins in einem konkreten individuellen menschlichen Geist ist das, was im Buddhismus unter *prajñā* bekannt ist und mit «transzendentale Erkenntnis», «nicht-diskriminierende Erkenntnis» oder «höchstes Wissen» übersetzt werden könnte. Wir sehen dabei auch, daß, wie immer die Übersetzungen vorgenommen werden, sie in einem Fall wie diesem nur Notbehelfe sind. Denn «nicht-diskriminierend» ist nur ein Aspekt dieser Erkenntnis; auch wird «transzendental» der Wirklichkeit kaum gerecht, denn letztere ist in der endgültigen Form, wie wir sahen, Bestandteil der konkretesten und empirischsten Erfahrung, die in der Dimenson des alltäglichen Lebens verwirklicht wird.

Das Wichtigste am Auftauchen des *prajñā* ist, daß sich dabei eine vollkommene, totale Verwandlung der Ich-Struktur des Subjekts vollzieht. Als («*A* ist *A*» → «*A* ist nicht-*A*» → «*A* ist *A*») formuliert, könnte es so aussehen, als würde sich der ganze Prozeß nur auf die objektive Struktur der Welt beziehen. In Wahrheit bezieht er sich vorerst und wenigstens unmittelbar auf den subjektiven Aspekt der Wirklichkeit. Die drei logischen Stufen spiegeln die drei Grundstufen des Prozesses der Geburt und Konstituierung der Prajñā-Erkenntnis wider, obwohl gewiß jede dieser drei subjektiven Stufen die Vorhandenheit einer entsprechenden ontologischen Dimension impliziert.

So bezieht sich das Schlüsselwort Nichts in diesem Kontext zuallererst und hauptsächlich auf die Vernichtung der Selbstheit, des Ichs, als durch-sich-selbst-existierendes Wesen begriffen und dargestellt. Der Kern des Ichs, welcher sich bis jetzt von allen anderen unterschieden hat, wird nun zerbrochen und vernichtet. Die Vernichtung des empirischen Ichs, so wie es im Zen-Buddhismus verstanden wird, kann nicht erreicht werden durch die völlige Annihilation des Bewußtseins. Das epistemische Nichts, über das Zen spricht, kann und soll nicht mit bloßer Unbewußtheit verwechselt werden.

Das Bewußtsein *meiner selbst*, so wie es in der obengenannten Formel (*ICH SEHE*) *mich selbst* erscheint, ist freilich nicht mehr vorhanden. In diesem Sinne, und nur in diesem, ist der epistemische Bereich des Nichts der Bereich des Unbewußten. An Stelle des Bewußtseins des empirischen Ichs finden wir hier jedoch die Aktualisierung der absoluten Bewußtheit, die oben mit der Formel: *S* → oder *SEHEN* wiedergegeben und in dem Bereich des empirischen Ichs nicht aktualisiert wurde. Zen nennt es oft eine «immer klare Bewußtheit» – *liao liao ch'ang chih*, eine Aussage, die dem zweiten Patriarchen des Zen-Buddhismus, Hui K'o (jap.: E Ka, 487–593) zugeschrieben wird. Genau gesprochen gibt es in der absoluten Bewußtheit keine Spur eines *Ichs*, so daß die Formel *S* →, oder *ICH SEHE*, wie wir vorher sahen, auf das einfache *SEHEN* reduziert werden muß. Fern davon, «Nichts» im negativen Sinne des Wortes zu sein, ist es ein äußerst intensives Bewußtsein, fürwahr so intensiv, daß es das «Bewußt-Sein» übersteigt.[23]

In exakter Entsprechung zu der totalen Verwandlung des Subjekts ereignet sich auch auf der Seite des «Objekts» eine drastische Wandlung, denn wenn es kein «Subjekt» mehr gibt, das dem «Objekt» gegenübersteht, so kann es auch kein «Objekt» mehr geben. An dieser Stelle verlieren alle Dinge ihre wesentliche Begrenzung. Und da sie nicht mehr durch die ontologische Grenze zurückgehalten werden, fließen alle Dinge ineinander, einander widerspiegelnd und voneinander widergespiegelt in dem grenzenlos ausgedehnten Feld des Nichts.[24] Der Berg ist hier kein Berg mehr, der Fluß kein Fluß mehr, denn auf der entsprechenden subjektiven Seite bin «ich» nicht mehr «ich».

Es gibt kein Ich mehr, das die Dinge als «etwas» sieht und erkennt. Denn das «Objekt», was es auch immer sei, ist kein Objekt mehr, da es seine Begrenzungen eingebüßt hat. Das ganze Sein hat sich auf dieser Stufe in einen ausgedehnten grenzenlosen Raum der Leere verwandelt, in dem nichts als etwas Bestimmtes begriffen werden kann. Der Mensch erfährt in dieser Situation unmittelbar die ganze Welt des Seins als Nichts.

Diese Beschreibung des Nichts erklärt deutlich, daß das so erfahrene Nichts keinesfalls «nichts» ist, wie es durch die negative Bedeutung des Wortes nahegelegt werden könnte. Auf der «subjektiven» Seite – wenn wir noch die Subjekt-Objekt-Unterscheidung beibehalten wollen – bedeutet das Erfahren des Nichts nicht etwa, daß das Bewußtsein unbesetzt und leer wird. Ganz im Gegenteil, das Bewußtsein «ist» durch sich selbst in der unverdorbenen Reinheit, reines Licht oder einfache Erleuchtung, durch sich selbst erleuchtet und sich selbst erleuchtend. Es ist das *SEHEN*, das wir schon so oft erwähnten.

Diese Erleuchtung erleuchtet mit ihrer Selbsterleuchtung zugleich die ganze Welt des Seins. Das bedeutet, daß auch auf der «objektiven» Seite die Dinge nicht nur auf ein «Nichts» im negativen Sinne des Wortes reduziert

---

23 Dieser Punkt muß besonders hervorgehoben werden, weil das Wort Nirwāna, welches dasselbe bedeutet wie subjektives Nichts, oft mißverständlich als die totale Vernichtung allen Bewußtseins verstanden wurde.

24 Das so begriffene Feld des Nichts kann mit dem metaphysischen *Chaos* des Taoisten Chuang Tzu verglichen werden (vgl. meinen Vortrag über Taoismus, Eranos-Jahrbuch 36, 1967, S. 389–411).

werden. Zwar gibt es auf dieser Stufe kein selbständig Seiendes mehr; dies ist jedoch nicht gleichbedeutend mit der Aussage, die Dinge seien gleich Null. Ganz im Gegenteil, sie sind als konkrete Individuen da und gleichzeitig entsprechend viele Aktualisierungen des grenzenlosen, «aspekt»-losen und immer-aktiven, immer-schöpferischen Aktes. Dieser Akt ist für das Zen-Bewußtsein nichts anderes als die Erleuchtung des *SEHENS* selbst, welche wir gerade als die «subjektive» Seite der Erfahrung des Nichts festgelegt hatten.

Anstatt das *SEHEN* als Licht oder Erleuchtung zu beschreiben, bezieht sich Zen sehr oft auf das einfache Verb *SEHEN* mit dem Wort *hsin*, Geist. Und es spricht oft von allen Dingen als Produkten des Geistes. Es wird nunmehr verständlich sein, daß diese und andere ähnliche Aussagen nicht auf einer idealistischen Ansicht beruhen, die alles auf «Gedanken» und «Ideen» zurückführt. Denn der Geist des Zen ist nicht der Geist der individuellen Personen. Zen versteht den Geist als die Wirklichkeit, bevor sie in den sogenannten «Geist» und das «Ding» aufgesplittert wird; es ist der Zustand vor der grundlegenden Dichotomie in «Subjekt» und «Objekt». Dabei ist es interessant zu bemerken, daß das Wort *hsin* («Geist») in diesem Kontext genau das Synonym des Wortes *wu-hsin* («nicht-Geist») ist, dem wir schon in einem früheren Kontext begegnet sind. Der so verstandene Geist wird oft *hsin fa* (jap.: *shin bō*), die Geist-Wirklichkeit, genannt.

Wie noch später eingehender erklärt werden soll, ist der «Geist» im gewöhnlichen Sinne für Zen nur eine Abstraktion, das heißt die «subjektive» Seite der Geist-Wirklichkeit, die als unabhängiger Faktor erfaßt und als Individuum, als selbständiges psychologisches Prinzip gesetzt wird. Wenn Zen also behauptet, «alle Dinge sind ein einziger Geist», dann meint es damit nicht, daß der im gewöhnlichen Sinn verstandene Geist alle Dinge aus sich selbst produziert oder schafft. Es möchte einzig und allein darauf hinweisen, daß dasjenige, was wir gewöhnlich als Subjekt und Objekt erkennen, aus der Geist-Wirklichkeit herrührt. Der im gewöhnlichen Sinne verstandene «Geist» ist hier nur ein ununterscheidbares Element, welches mit seinem «objektiven» Gegenteil zur Ganzheit in der Einheit der Geist-Wirklichkeit verschmolzen ist.

In der Geschichte des Buddhismus kam es jedoch immer wieder vor, daß die Geist-Wirklichkeit mit dem «Geist» verwechselt wurde. Um ein konkretes Beispiel dieses Irrtums anzuführen, wollen wir die berühmte Anekdote des großen Zen-Meisters Fa Yen Wên I (jap.: Hō Gen Mon Eki, 885–958) untersuchen, des Gründers der Fa-Yen-Schule, eines bemerkenswerten philosophischen Denkers, der vor seiner Erleuchtung dafür berühmt war, daß er die idealistische Position, die allgemein als «Nur-Geist»-Theorie bekannt war, vertrat. Der Kern der Theorie behauptet nichts anderes, als daß die ganze Welt des Seins nur eine erhabene Manifestation eines einzigen «Geistes» sei und daß all das, was existiert, nichts anderes sei als so viele Produkte eines einzigen «Erkenntnis»-Aktes.[25]

Die Wahrheit suchend, befand er sich einst mit zwei Begleitern auf Reisen, als sie in der Einsiedelei eines großen Zen-Meisters der damaligen Zeit, Ti Tsang Kuei Ch'ên (jap.: Ji Zō Kei Jin, 867–928), Schutz vor dem Regen suchten, ohne jedoch zu wissen, wer er war. Vor dem Hintergrund des peitschenden Regens diskutierten die drei Männer voller Enthusiasmus, Eigendünkel und Selbstzufriedenheit die Probleme, die durch den Spruch des Mönchs Chao hervorgerufen werden: «Himmel und Erde (das heißt das ganze Universum) haben die gleiche Wurzel wie mein eigenes Selbst, und alle Dinge sind eins mit mir»,[26] während ihnen Ti Tsang stumm zuhörte. Dann fragte er plötzlich: «Sind die Berge, Flüsse und die Erde ein und dasselbe wie das Selbst oder davon verschieden?» «Ein und dasselbe», antwortete Fa Yen. Daraufhin hielt der bejahrte Zen-Meister zwei Finger hoch, starrte sie an und zog sich in sein Zimmer zurück.

Als der Regen aufhörte, waren die drei jungen Männer schon im Begriff aufzubrechen. Da zeigte der Meister Ti Tsang plötzlich auf einen Stein im Hof und sagte zu Fa Yen: «Wenn ich dich richtig verstehe, bist du der Ansicht, daß die ganze Welt ein einziger Geist sei. Ist dann dieser Stein in dem Geist oder außerhalb davon?» «Natürlich in dem Geist», antwortete Fa Yen. Daraufhin bemerkte Ti Tsang: «Was für eine platzraubende Last du doch in deinem Geist hast. Welchem Geflecht von Ursachen verdankst du es, daß du in deinem Geist einen so schweren Stein herumschleppen mußt?» Fa Yen, der keine Antwort darauf fand, beschloß zu bleiben und sich unter die geistige Führung von Ti Tsang zu stellen. Dort lernte Fa Yen, daß all die philosophischen Ideen und Theorien, die er gelernt hatte, ohne Nutzen waren für die endgültig letzte Antwort auf die existentielle Grundfrage. Ein Monat war vergangen, als er eines Tages, durch seinen Meister in eine logische *Sackgasse* getrieben, endlich beichtete: «O Meister! Ich befinde mich nun in der Situation, in der Sprache zum Schweigen gezwungen wird und das Denken keinem Weg mehr folgen kann!» Darauf hörte er den Meister sagen: «Falls du noch über die letzte Wirklichkeit sprechen mußt, sieh, wie sie sich völlig enthüllt in allem und in jedem Geschehnis offenbar ist!» Es wird behauptet, daß Fa Yen daraufhin die Erleuchtung erlebte.

Die letzte Bemerkung Ti Tsangs enthüllt das Zen-Verständnis der These, «die ganze Welt des Seins ist nur ein einziger Geist». So verstanden, bedeutet die These zuallererst, daß das Selbst – welches auf dieser Stufe eher SELBST geschrieben werden sollte – direkt und unmittelbar sich selbst in allen Dingen widergespiegelt sieht als «zwei gegenübergestellte Spiegel, zwischen denen nicht einmal der Schatten eines Dinges steht».

---

25 Chinesisch: *San chieh wei hsin, wan fa wei shih,* wörtlich: «Die drei Bereiche (der Welt des Werdens) sind nur ein einziger Geist, und die zehntausend Wesen sind nur eine einzige Erkenntnis.»

26 Oben zitiert, vgl. Fußn. 11.

So bezieht sich für einen Meister wie Ti Tsang der Spruch «Alle Dinge sind ein einziger Geist» einzig und allein auf einen eigenartigen Bewußtseinszustand, in dem das sogenannte «Objekt», zum Beispiel ein Berg, und das sogenannte «Subjekt», das heißt ein Mensch, einander gegenüberstehen wie zwei Spiegel, die einander reflektieren, ohne daß irgend etwas zwischen beiden steht. Da beide klare, sich gegenüberstehende Spiegel sind, könnte man nicht sagen, welcher aktiv und welcher passiv ist. Tatsächlich sind beide zugleich sowohl aktiv als auch passiv, widerspiegelnd und widergespiegelt. Man kann keinen Unterschied sehen zwischen dem «Subjekt» und dem «Objekt» – «der Mensch sieht den Berg, der Berg sieht den Menschen», wie es der oben zitierte Zen-Spruch sagt. Es sei bemerkt, daß selbst ein «und» zwischen «der Mensch sieht den Berg» und «der Berg sieht den Menschen» falsch am Platz wäre. Der Mensch, das heißt der «Geist», sieht unmittelbar seine eigene Wirklichkeit widergespiegelt – oder noch strenger gesagt: aktualisiert – in dem Berg. Durch denselben Akt des Geistes erkennt der Berg andererseits seine eigene Wirklichkeit, wie sie in dem Geist aktualisiert ist. Und in dem ganzen Prozeß wird kein einziges Ding, weder der Geist noch der Berg, versachlicht. Denn das Ganze, Geist und Berg, «Subjekt» und «Objekt» mit einbeschlossen, ist ein einziger Akt des *SEHENS*, ein einziger Akt der Geist-Wirklichkeit. Dies soll jedoch nicht der Behauptung gleichkommen, der Akt des *SEHENS* sei reine «Subjektivität», denn wo es absolut keine Objektivierung gibt, kann es auch keine Subjektivierung geben.

Eine solche Situation könnte niemals in der Dimension der gewöhnlichen empirischen Erfahrung aktualisiert werden. Dem gesunden Menschenverstand erscheint dies allein in einer außerordentlichen Dimension des Bewußtseins möglich. Fa Yen entwickelte später seine eigenen Gedanken zu diesem Punkt, in dem berühmten Gedicht mit dem Titel «Die ganze Welt ist ein einziger Geist»:

> Die ganze Welt ist nur ein einziger Geist. Und alles, was existiert, ist nur eine einzige Erkenntnis. Da es nichts anderes als Erkenntnis gibt und da alles nur ein Geist ist, kann das Auge Töne und das Ohr Farben erkennen. Wenn die Farben nicht das Ohr erreichen könnten, wie könnten die Töne das Auge berühren?

Das Feld des Geistes ist jedoch so ausgedehnt und unendlich flexibel, daß es geschehen kann, was auch der Fall ist, daß das Auge spezifisch auf Farben und das Ohr spezifisch auf Töne reagiert. So ist es denn, daß die empirische Welt aus den Tiefen des Geistes emporsteigt. Und er sagt weiter:

> Aber wenn das Auge auf die Farben eingestellt ist und das Ohr auf Töne reagiert, dann werden alle Dinge unterschieden und erkannt. Wenn die Dinge nicht so voneinander unterschieden werden könnten, wie könnte man sie dann in ihrer traumhaften Existenz sehen? Von all diesen Bergen, Flüssen und der großen Erde, was gibt es da zu ändern, was gibt es nicht zu ändern?

Es ist sehr wichtig zu bemerken, daß die beiden verschiedenen Dimensionen, das heißt die der empirischen Welt und die des Nichts, zusammen und gleichzeitig in diesem einzigen Akt des *SEHENS* aktualisiert werden. Es ist nicht so, daß man erst dem einen beiwohnt und *dann* das andere erfährt. Man sieht viel eher das Sichtbare in dem Wirklichen und das Wirkliche in dem Sichtbaren, wo es keinen Bruch gibt zwischen den beiden. Deshalb sehen viele Zen-Sprüche, Gedichte und Gemälde so aus, als seien sie objektive Naturbeschreibungen. So antwortete der Zen-Meister Chia Shan Shan Hui (jap.: Kas-san Zen-ne, 805–881) – «Shan Hui des Berges Chia» –, als er gefragt wurde: «Wie ist die Landschaft des Berges Chia (Chia Shan)?»:

Die Affen kehrten schon heim hinter die blauen Gipfel,
Ihre Jungen an ihren Brüsten haltend.
Ein Vogel hat sich vor den dunkelgrünen Felsen niedergelassen,
Ein Blütenblatt im Schnabel tragend.

Unser Fa Yen soll einmal zu diesem Gedicht bemerkt haben: «Dreißig Jahre lang habe ich dies fälschlicherweise als Beschreibung der äußeren Landschaft angesehen!»

Soll diese Bemerkung Fa Yens etwa bedeuten, daß dieses Gedicht eigentlich als symbolische Darstellung einer inneren Landschaft angesehen werden sollte? Bestimmt nicht. Er versucht etwas völlig anderes auszudrücken. Denn natürliche Dinge wie Affen, Vogel, blaue Gipfel, grüne Felsen, Blütenblätter usw. sind keineswegs Symbole für «etwas Dahinter»-Stehendes. Sie *sind* konkrete wirkliche Dinge. Und in diesem Sinne ist das Gedicht auch eine konkrete Beschreibung der Außenwelt. Es muß bemerkt werden, daß die natürliche Landschaft hier mit den Augen des *SEHENS* gesehen wird. All die beschriebenen Geschehnisse – die heimkehrenden Affen und der sich niederlassende Vogel, der ein Blütenblatt in seinem Schnabel trägt – werden als das Ewig-Anwesende gesehen, welches sich um die empirische Achse von Raum und Zeit dreht. «Was gibt es da zu ändern, was gibt es nicht zu ändern?»

Die Beziehung zwischen dem Ewig-Anwesenden und der Raum-Zeit-Dimension der Existenz ist im Zen-Bewußtsein sehr subtil und beweglich. Sie ist beweglich, insofern das delikate Gleichgewicht der gegenseitigen Interaktion der beiden Dimensionen zu jeder Zeit in die andere Richtung umkippen kann. So wird einmal das Ewig-Anwesende in den Vordergrund gerückt; im nächsten Augenblick kann die Raum-Zeit-Achse hervortreten und das Ewig-Anwesende verdecken. Um diese besondere Situation zu erklären, benutzt Zen manchmal Ausdrücke, die schon beinah des Symbolismus bezichtigt werden könnten. Anstatt auf die sprachliche Leinwand Stükke der äußeren Natur zu werfen – wie es der Fall war bei der Beschreibung der Berglandschaft von Chia Shan –, beschreibt Zen gewisse Naturdinge, die in eine besondere Beziehung zueinander gesetzt werden, in solcher Weise, daß die Naturbeschreibung selbst die vorher erwähnte subtile und bewegliche Beziehung zwischen den beiden Wirklichkeitsebenen darstellt. Folgende Verse sind nur ein Beispiel dafür:

Die Schatten des Bambus fegen die Treppen,
Kein Sonnenstäubchen wird aufgewirbelt.
Das Mondlicht dringt auf den Grund des tiefen Flusses,
Keine Wunde bleibt in den Gewässern zurück.

Die Schatten des Bambus fegen tatsächlich die Treppen. Das heißt, es gibt Bewegung und Unruhe in der empirischen Welt. Durch diese phänomenale Bewegung wird jedoch kein Staubkörnchen aufgewirbelt. Denn die überphänomenale Dimension der Wirklichkeit ist ewig und still und ruhig. Es muß bemerkt werden, daß die Unruhe des Sichtbaren und die Ruhe des Wirklichen eigentlich nicht voneinander getrennt werden können. Sie aktualisieren sich gleichzeitig. Mit anderen Worten: Die Ruhe der absoluten Wirklichkeitsdimension wird genau durch die Unruhe der gleichen phänomenalen Wirklichkeitsdimension aktualisiert. Die phänomenale Unruhe und die absolute Ruhe sind nur zwei Aspekte derselben Wirklichkeit. Der Akt des *SEHENS* ist von solcher Art.

Diese delikate Beziehung zwischen dem Sichtbaren und dem Wirklichen, der Vielheit und der Einheit in dem Akt des *SEHENS* tritt noch klarer hervor in einigen Zen-Sprüchen, die speziell dazu erdacht wurden, dies zu verbildlichen. Der Zen-Meister Yung An Shan Ching (jap.: Ei An Zen Shō) antwortete zum Beispiel auf die Frage «Was ist eine einzelne Farbe?»: «Einfach zu erkennen sind die weißen Teilchen im Schnee; schwierig zu unterscheiden sind die schwarzen (Moleküle) des Russes in der Tinte.»[27] Damit wollte er darauf hinweisen, daß der Schnee, der von weitem als einheitliche weiße Masse erscheint, bei näherer Untersuchung eine unendliche Anzahl von weißen, individuellen und selbständigen Teilchen enthält. Genauso befinden sich in einem Stück chinesischer Tinte, das als festes Stück schwarzen Materials gesehen wird, eine unendliche Anzahl von individuellen Rußmolekülen.

So antwortete Shao Shan Huan P'u (jap.: Shō Zan Kan Fu), als er gefragt wurde «Was ist der Aspekt der absoluten Einheit?»: «Ein schneeweißer Reiher fliegt weg in den weißen Himmel hinein; der Berg ist weit entfernt, und seine Farbe ist Dunkelblau.»[28] Noch berühmter ist der Spruch des Tung Shan Liang Chieh (jap.: Tō Zan Ryō Kai, 807–869), des Begründers der Ts'ao-Tung-(jap.: Sō-Tō-)Sekte: «Angehäufter Schnee in einer Silberschale, und ein weißer Reiher im Licht des Vollmondes versteckt.»

Das Bild eines weißen Dinges oder einer unendlichen Anzahl weißer Dinge inmitten eines weiten weißen Feldes verbildlicht die subtile und bewegliche Beziehung zwischen dem Sinnlichen und dem Über-Sinnlichen.

---

27 Die Unterscheidung zwischen den beiden Sätzen «einfach zu erkennen» und «schwierig zu unterscheiden» ist rein rhetorisch; ein sehr übliches Phänomen in der chinesischen Prosa und Lyrik.

28 Das ist, als würde man sagen: Da *ist* der Berg, aber er ist so tiefblau, daß er beinahe nicht vom Himmel unterschieden werden kann.

Metaphysisch bezieht es sich auf die *coincidentia oppositorum*, die zwischen der Vielheit und der Einheit besteht – wobei die Vielheit selbst eine Einheit und die Einheit selbst eine Vielheit ist. *Rūpaṃ śūnyatā, śūnyataiva rūpaṃ. Rūpām na pṛthak śūnyatā, śūnyatāyā na pṛthag rūpaṃ*: «Das Sinnliche ist das Nichts, das Nichts ist das Sinnliche. Das Sinnliche ist nichts anderes als das Nichts; das Nichts ist nichts anderes als das Sinnliche.»[29]

Das Wort «Nichts» bedeutet in diesem Zitat das, was mit den oft erwähnten Worten *Geist* oder *SEHEN* gemeint ist. Da die in Frage gestellte Wirklichkeit dem gesunden Menschenverstand widersprüchlich erscheint, sind wir, um es zu beschreiben, gezwungen, Worte widersprüchlich zu gebrauchen, zum Beispiel wenn wir sagen, daß der Geist gleichzeitig sinnlich und nicht-sinnlich, transzendental und nicht-transzendental ist.

Man kann auf keinen Fall sagen, daß die Geist-Wirklichkeit nur sinnlich ist; sie *ist* transzendental, insofern sie die Grenzen des empirischen Ichs transzendiert. Denn der Geist ist im Sinne des *SEHENS* die Selbstaktualisierung des kosmischen Ichs. Es kann jedoch auch nicht gesagt werden, sie sei nur transzendental, denn die Aktivität des kosmischen Ichs wird nur durch das Bewußtsein einer konkreten Person aktualisiert. Und nicht genug, wir müssen weiter behaupten, daß die Aktivität des konkreten individuellen «Geistes» selbst der *actus* des transzendentalen Geistes sei. So gibt es, genau gesprochen, überhaupt keine Entfernung zwischen dem Sinnlichen und dem Transzendentalen. Und doch *sind* sie in gewisser Hinsicht voneinander unterscheidbar, das heißt, der individuelle Geist ist am konkretesten individuell, während der kosmische Geist wirklich (das heißt nicht metaphorisch), absolut und transzendental ist. Und die Geist-Wirklichkeit ist im eigentlichen Sinne eine widersprüchliche Einheit dieser beiden Aspekte.

Diese eigenartige Struktur der Geist-Wirklichkeit wird von Lin Chi folgendermaßen umschrieben:

> Was, denkst du, ist die Wirklichkeit? Die Wirklichkeit ist nichts anderes als die Geist-Wirklichkeit. Die Geist-Wirklichkeit hat keine bestimmte Form. Sie durchdringt und durchläuft das ganze Universum. Sie ist, in *diesem* Augenblick, an diesem Ort, lebhaft da.
>
> Aber der Geist der gewöhnlichen Menschen ist nicht reif genug, dies zu sehen. Deshalb stellen sie überall Namen und Begriffe auf (wie das «Absolute», das «Heilige», «Erleuchtung» usw.) und suchen vergebens in diesen Namen und Buchstaben nach der Wirklichkeit.[30]

Der Satz: «Sie ist, an diesem Ort, lebhaft da», bezieht sich auf den individuellen und sinnlichen Aspekt der Geist-Wirklichkeit. Die kosmische und alles-durchdringende Geist-Wirklichkeit aktualisiert sich notwendigerweise und unveränderlich in dem individuellen Geist der einzelnen Personen. Folgende Worte Lin Chis erläutern dies:

---

29 Zitiert aus dem *Prajñāparāmitā Sūtra*.

30 *Lin Chi Lu*, a. a. O., 33, S. 55. Zu Lin Chi siehe oben, Fußn. 4.

O Brüder, die Geist-Wirklichkeit hat keine bestimmte Form. Sie durchdringt und durchläuft das ganze Universum. Im Auge wirkt sie als Sicht; im Ohr wirkt sie als Gehör; in der Nase wirkt sie als Geruchssinn; im Mund spricht sie; in der Hand ergreift sie; in den Flüssen läuft sie. All diese Aktivitäten sind ursprünglich nichts als eine einzige geistige Erleuchtung, die sich in harmonische Entsprechungen unterteilt.[31] Weil der Geist auf diese Weise keine bestimmte Form hat, kann er so frei in jeder Form wirken.[32]

Die widersprüchliche Einheit der konkretesten individuellen Anwesenheit und der transzendentalsten absoluten Ewigkeit in dem *actus* des GEISTES oder des *SEHENS* wird durch Lin Chi auf sehr originelle Weise in folgendem Passus beschrieben:

Verehrte Freunde, (anstatt in dem Netz der phänomenalen Dinge verfangen zu sein) solltet ihr den Menschen, der die Fäden dieser schattenhaften Phänomene hinter der Szene zieht, direkt ergreifen. Wenn ihr nur versteht, daß der Mensch[33] die letzte Quelle aller Buddhas *ist* (ihr werdet es unmittelbar sehen), dann *ist* jeder Ort, an dem ihr wirklich seid, in diesem Augenblick der letzte und absolute Ort für euch, o Brüder!

(Hier, hört euch meine Rede an.) Es ist nicht euer stofflicher Körper, der meine Rede versteht. Verstehen eure Milz, Magen und Leber meine Rede? Nein! Was ist es denn, was meine Rede wirklich versteht? Es ist niemand anders als ihr selbst, die ihr so vor mir steht. Mit «ihr» meine ich denjenigen, der ohne bestimmte sichtbare Form aus sich selbst heraus leuchtet und sich selbst erleuchtet. Es ist derjenige, der dieser Rede folgt und sie versteht. Wenn ihr nur dies versteht, dann werdet ihr augenblicklich wie unser geistiger Vorfahr Buddha sein. Denn alles, was ihr tut, wird immer und andauernd mit der Wirklichkeit in vollkommenem Einklang sein.[34]

Die innere Struktur des Geistes ist daher wenigstens von dem diskriminierenden Intellekt nicht zu erfassen. Folglich könnte das Wort «Geist», wie es in den Zen-Texten benutzt wird, irreführen. In der eigentlichen Anwendung des Wortes kann somit immer ein subtiles Zusammenspiel zwischen dem Sinnlichen und dem Über-Sinnlichen bemerkt werden. Als Beispiel dafür wollen wir die berühmte Anekdote vom ersten Auftreten des sechsten Patriarchen Hui Nêng (jap.: E Nō) in der Welt des südchinesischen Zen-Buddhismus erwähnen.

---

31 «Sechs harmonische Entsprechungen» sind 1. Sicht, die aus der Entsprechung zwischen Auge und sichtbarem Ding konstituiert wird, 2. Gehör, welches sich auf die Entsprechung zwischen dem Ohr und dem Ton begründet, 3. Geruch, begründet auf der Entsprechung zwischen Nase und Geruch, 4. Geschmack, begründet auf der Entsprechung zwischen Zunge und Geschmack, 5. Gefühl, begründet auf der Entsprechung zwischen Tastsinn und tastbarem Objekt und 6. «Erkenntnis», begründet auf der Entsprechung zwischen Intellekt und Begriffsbildern.

32 A. a. O., 31, S. 48.

33 Wie wir später sehen werden, ist der «Mensch» in den Gedanken Lin Chis nichts anderes als die – auf besondere Art und Weise begriffene – Geist-Wirklichkeit.

34 A. a. O., 30, S. 45.

Zu jener Zeit – wird uns überliefert – hielt Hui Nêng aus politischen Gründen seine wahre Identität geheim. Eines Tages saß er in der Ecke eines Tempels in Kuang Chou und hörte der Lektüre über ein buddhistisches Sūtra zu. Plötzlich erhob sich der Wind, und die Fahne am Eingang des Tempels begann im Wind zu flattern. Dies veranlaßte einige Mönche in der Zuhörerschaft zu einer heißen Debatte, die mit folgender Bemerkung begann: «Sieh! Die Fahne flattert!» «Nein», widersprach ein Mönch, «nicht die Fahne bewegt sich, sondern der Wind!» Daraus ergab sich eine endlose Diskussion darüber, was sich nun *wirklich* bewegen würde, die Fahne oder der Wind. Endlich konnte sich Hui Nêng nicht mehr zurückhalten. Er sagte: «Nicht der Wind bewegt sich, noch bewegt sich in diesem Fall die Fahne. Ehrenwerte Brüder, in Wirklichkeit ist es euer Geist, der flattert!»

Man könnte meinen, die Bemerkung Hui Nêngs über das «Flattern» des «Geistes» beziehe sich auf den individuellen Geist oder das individuelle Bewußtsein einer konkreten Person. Darüber hinaus scheint diese Interpretation die Situation richtig zu treffen. Sie liefert einen gewissen Einblick in einen wichtigen Aspekt der Zen-Weltanschauung. Man kann diese Erklärung interessant oder kurios finden und dadurch befriedigt das Weiterforschen aufgeben, was aber für ein wahres Verständnis der Weltanschauung des Zen fatal wäre.

Die Schwierigkeit dieser Interpretation liegt in ihrer partiellen Richtigkeit. Denn sie *ist* teilweise wahr, aber eben nur teilweise. Um ein vollkommenes Verständnis der Angelegenheit zu gewinnen, müssen wir das Wort «Geist» so benutzen, wie es Hui Nêng tat, so daß sich der GEIST oder das SEHEN sowohl auf die empirische als auch auf die transzendentale Dimension des Zen-Bewußtseins bezieht. So gesehen, ist es *wirklich* der Geist, der sich bewegt.

Diese letzte Aussage impliziert, daß in der empirischen Dimension der Geist der individuellen Person bewegt wird. Und die Bewegung oder das «Flattern» des konkreten und individuellen Geistes auf der empirischen Erfahrungsebene wird durch die flatternde Bewegung der Fahne im Wind aktualisiert. Auch hier gibt es, um genau zu sprechen, überhaupt keinen Platz für das Wort *und* zwischen den drei Faktoren der Bewegung. Was wir höchstens beschreibend sagen könnten, ist folgendes: Durch die Bewegung des Geistes wird die Wind-Fahne in Bewegung gesetzt. Die Bewegung dieser drei Dinge ist in der Tat eine einzige Bewegung.

Selbst dies ist immer noch eine unvollständige Beschreibung der Wirklichkeit. Denn für das typische Zen-Verständnis, das wir früher erklärt haben, kann es überhaupt kein Flattern des individuellen «Geistes» geben, wenn es gleichzeitig nicht auch ein Flattern des GEISTES gibt. Eine gleichzeitig flatternde Bewegung findet auf den zwei Dimensionen, der sinnlichen und der über-sinnlichen, statt. Und da es zwischen den beiden Dimensionen außer in der rationalen Analyse kein verbindendes *und* gibt, ist das Flattern des GEISTES in Wirklichkeit das Flattern des individuellen Bewußtseins.

Und das Flattern dieses GEISTES wird in der phänomenalen Welt als das totale Phänomen eines «Menschen, der des Flatterns der Fahne im Wind bewußt ist», aktualisiert.

Während die Fahne flattert, flattert das ganze Universum. Und dieses Flattern ist ein *actus* des GEISTES. Hier befinden wir uns nochmals vor einer – für den gesunden Menschenverstand – paradoxen Situation. Denn das «ganze Universum» ist von diesem Standpunkt aus nichts anderes als der GEIST. Da der GEIST in dieser Weise ein absolutes Ganzes ist, für das es keinen Unterschied zwischen «innen» und «außen» gibt und hinter dem oder außer dem es nichts «anderes» Denkbares geben kann, ist das Flattern des GEISTES überhaupt kein Flattern. In Wirklichkeit gibt es überhaupt keine Bewegung. Wie wir vorher bemerkten, ist das Ewig-Anwesende ewig ruhend und still, trotz der Bewegung des Geistes auf anderen Ebenen.

Diese «paradoxe» Struktur der Wirklichkeit ist präzise und wunderschön dargestellt in dem berühmten Spruch des P'ang Yün (jap.: Hō On):[35]

Liebenswerte Schneeflocken! Sie fallen nirgendwo sonst.

Es schneit sehr. Es schneit wunderschöne weiße Flocken. Jede dieser Flocken, individuell und als Phänomen der äußeren Natur betrachtet, fällt ganz bestimmt vom Himmel auf die Erde. Auf der metaphysisch-epistemischen Stufe, auf der sowohl der Schnee als auch der Ich-Zuschauer in der ursprünglichen Einheit des GEISTES vereint sind, so daß das ganze Universum sich in Schnee verwandelt hat, haben die Schneeflocken keinen Ort, wo sie niederfallen könnten. Als äußere Landschaft fallen die Schneeflocken. Aber als innere Landschaft des GEISTES gibt es kein Fallen, keine Bewegung, denn das ganze Universum kann nicht auf einen anderen Ort fallen. Bewegung kann nur in einer «relativen» Welt stattfinden. Es ist ohne Bedeutung, von Bewegung zu sprechen in bezug auf eine Dimension, die kein vorstellbares «Außen», kein Bezugssystem hat, auf das sich das Ding beziehen könnte. Falls wir dann immer noch am «Bild» des Fallens festhalten wollten, müßten wir wahrscheinlich sagen, daß die Schneeflocken, das heißt der GEIST, auf ihren eigenen Ort fallen, das heißt den GEIST. Ein solches Fallen ist verständlicherweise überhaupt kein Fallen.

Genau dieselbe Idee hat Huang Lung Hui Nan (jap.: Ō Ryū E Nan, 1001–1069)[36] mit ähnlicher Bildersprache ausgedrückt:

«Der nieselnde Frühlingsregen! Er fiel seit dem vergangenen Abend, die ganze Nacht hindurch bis zum Morgengrauen. Er fällt Tropfen nach Tropfen. Er fällt aber

35 P'ang Yün (8. Jahrhundert) war einer der ersten und berühmtesten Laien-Schüler des Zen. Die Anekdote, die diesen Spruch enthält, befindet sich in dem obengenannten *Pi Yen Lu* (jap.: *Hekigan Roku*), Nr. 42 (vgl. Fußn. 9).

36 Huang Lung war ein großer Zen-Meister in der Schule des Lin Chi und Gründer einer Unter-Sekte, die unter dem Namen Huang-Lung-Schule bekannt wurde.

nirgendwo. Sag mir, wenn du es vermagst! Auf welchen Ort fällt er?» Dann, ohne auf eine Antwort zu warten, entgegnete er selber: «Er tropft auf deine Augen! Er dringt in deine Nase ein!»

Es ist sehr bedeutsam, daß Huang Lung hier zwei widersprüchliche Aussagen kombiniert. Einerseits behauptet er, daß der Regen nirgendwo fällt, andererseits sagt er, der Regen würde auf die Nase und die Augen fallen.

Erstens fällt der Regen nirgendwohin, denn in der kosmischen Landschaft des GEISTES ist das ganze Universum nichts als Regen. Wenn das *ganze* Universum Regen ist, dann kann es natürlicherweise keinen «anderen» Ort geben, wohin er fallen könnte. Das gesamte Universum, das der GEIST (das heißt *SEHEN*) ist, ist Regnen. Und da das Universum als Gesamtheit regnet, kann der Regen, falls er überhaupt irgendwohin fallen sollte, nur zu sich selbst fallen. Das heißt soviel wie: Regnen ist in diesem Fall identisch mit nicht-Regnen. Andererseits stimmt es tatsächlich, daß der Regen auf die körperlichen Augen einer individuellen Person fällt und in dessen Nase eindringt. Sonst gäbe es überhaupt kein Bewußtsein von dem «Fallen oder nicht-Fallen» des Regens in der kosmischen Dimension des GEISTES. Die körperlichen Augen und Nase einer individuellen konkreten Person sind die einzigen *loci*, wo sich der GEIST-Regen im Hier und Jetzt aktualisieren kann.

Das Vorangegangene muß als eine ausgedehnte Paraphrasierung der Zen-Interpretation der «Nur-Geist»-Theorie angesehen werden, die in dem äußerst knappen Spruch dargestellt wird: *I chieh hsin* (jap.: *Issai shin*), «Alle Dinge sind Geist». Es wird verständlich geworden sein, daß ein solcher Spruch nicht etwa bedeutet, das ganze Universum komme in den «Geist» hinein oder sei in ihm enthalten, sondern einzig und allein, daß das ganze Universum «in sich selbst» und «für sich selbst» der Geist *ist*.

Ein Mönch fragte einst den berühmten Zen-Meister Chang Sha Ching Ch'ên (jap.: Chō Sha Kei Shin, 9. Jahrhundert): «Wie ist es möglich, die Berge, Flüsse und die große Erde (das heißt das ganze Universum) zu verwandeln und auf meinen eigenen Geist zurückzuführen?» Der Meister antwortete: «Wie ist es fürwahr möglich, die Berge, Flüsse und die große Erde auf mein eigenes Selbst zurückzuführen?» Frage und Antwort sind einander Wort für Wort gleich, entspringen jedoch zwei völlig verschiedenen Bewußtseinsdimensionen. Der fragende Mönch versteht das «Alle Dinge sind Geist» empirisch, wie philosophisch seine Frage auch ausgearbeitet sei, indem er sich fragt, wie es möglich sei, das ganze Universum auf einen einzigen Geist zurückzuführen. Es sei bemerkt, daß das Wort «Geist» selbst im Sinne des empirischen Ichs benutzt wird. Chang Shas Antwort ist eine rhetorische Frage. Er will damit sagen: Es ist völlig unmöglich, das ganze Universum auf einen einzigen Geist zurückzuführen, denn das ganze Universum *ist* von Anfang an der GEIST, ohne daß es einen Bruch gäbe zwischen den beiden. Dieses Verständnis läßt keinen Gegensatz zu zwischen den Bergen, Flüssen und der großen Erde als «äußerer» Natur und dem Geist als «innerem» Bereich. Es gibt keinen «Geist», der die äußere Natur in seine «innere» Einheit aufnehmen könnte.

6. Die Feldstruktur der letzten Wirklichkeit

Wir befinden uns nun in der Lage, die grundlegende Struktur der Erkenntnislehre näher zu analysieren. Für dieses Vorhaben schlagen wir vor, den Begriff des «Feldes» in unsere Erläuterung einzuführen. Tatsächlich kann das, was wir bis jetzt mit dem Schlüsselwort «GEIST» umschrieben haben, philosophisch als ein eigenartiges dynamisches Feld dargestellt werden, das *durch Abstraktion* das wahrnehmende «Subjekt» und nochmals *durch Abstraktion* das wahrgenommene «Objekt» hervortreten läßt. So verstanden, bezieht sich das «Feld» auf die ursprüngliche, ungebrochene Einheit des Ganzen, als epistemisches *prius* unserer Erfahrung der phänomenalen Welt funktionierend.

Wir müssen uns nochmals vergegenwärtigen, daß das philosophische Denken des Zen – und des Buddhismus im allgemeinen – auf der Kategorie der *relatio,* und nicht der *substantia,* ruht und sich darauf gründet. Alles, die ganze Welt des Seins wird als Beziehung gesehen. Nichts soll als selbst-ständig und selbst-genügend betrachtet werden. Das «Subjekt» ist «Subjekt», weil es sich auf das «Objekt» bezieht. Das «Objekt» ist «Objekt», weil es sich auf das «Subjekt» bezieht. In diesem System gibt es kein *Ding an sich.** Das *an sich* wird betont verneint. Denn ein *Ding** kann nur dann als *Ding** gesetzt werden, wenn es vom Licht des «Subjekts» überflutet wird. Genauso gibt es auch keinen «Geist» und kein «Subjekt», die ohne Beziehung zu der Sphäre der *Dinge** auskommen könnten. Und da das «Subjekt», das in einer wesentlichen Beziehung zum «Objekt» steht, wie wir früher sahen, sowohl der individuelle «Geist» als auch der universale «GEIST» ist, muß das Ganze, das heißt das Feld selber, relativ sein, und es ist tatsächlich eine Relation zwischen dem Sinnlichen und dem Über-Sinnlichen.

So gesehen ist das, was wir gewöhnlich «Geist» (oder «Subjekt», «Bewußtsein» usw.) nennen und als solches anerkennen, nichts anderes als eine Abstraktion. Es ist ein Begriff oder Bild, das dann entsteht, wenn wir bewußt oder unbewußt das ursprünglich nicht-artikulierte Feld in einen aktiven und einen passiven Bereich artikulieren und ersteren als ein unabhängig existierendes Wesen setzen. So gesehen ist auch das «Objekt» oder «Ding» eine Abstraktion, die aus dem ganzen nicht-artikulierten Feld entnommen wird, durch eine abstrahierende Wendung des Feldes zur «passiven» Seite hin.

Zen begnügt sich jedoch nicht mit dieser Beobachtung. Es fährt fort und beharrt darauf, daß wir einen Zustand erreichen sollten, von dem aus wir das

---

* Im Original dt.

ursprünglich nicht-artikulierte Feld beobachten können, während es sich selbst frei und freiwillig artikuliert, was ohne die zweiteilende Aktivität unseres Intellekts, das heißt die Trennung in «Subjekt» oder «Objekt» geschieht. Dazu müssen wir unbedingt festhalten, daß die Selbst-Artikulation des Feldes das ganze Feld und nicht nur ein Teil davon mit einbezieht. Anstatt eine Abstraktion zu sein, sind «Subjekt» und «Objekt» in diesem Falle eine totale Konkretisierung oder Aktualisierung des gesamten Feldes. Wenn also – um auf eine frühere Formulierung dieser Darlegung zurückzukommen – das gesamte Feld in seiner ursprünglichen nicht-Artikuliertheit durch folgende Formel dargestellt werden kann: *SEHEN*, so kann das gesamte Feld in seinem artikulierten Zustand formuliert werden als : *ICH SEHE DIES* (wobei alle Worte groß geschrieben werden). Die letzte Formel bleibt sich gleich, mag sich das gesamte Feld nun als Subjekt oder als Objekt aktualisieren. In diesem besonderen Kontext bedeutet das Subjekt oder *ICH ICH* (= ICH SEHE DIES). Genauso bedeutet das Objekt oder *DIES* (ICH SEHE DIES =) DIES.

Wenn ich also auf dieser Stufe «ICH» sage, so meine ich damit nicht das empirische Ich. Es wird damit eher die konkrete Aktualisierung des gesamten Feldes gemeint. Auf dieser Stufe *ist* das «ICH» eigentlich das «ICH», es ist jedoch ein unendlich dynamisches und bewegliches «ICH», so daß es ein «ICH» ist, das sich zu jeder Zeit ganz leicht in ein «DIES» wandeln und in dieser Form zeigen kann. Genauso ist das «DIES» kein festgelegtes «DIES». Es ist ein «DIES», das sich zu jeder Zeit in ein «ICH» wandeln und als Aspekt oder Form des «ICH» funktionieren könnte. All dies ist möglich, weil das «ICH» und das «DIES» selbst die völlige Aktualisierung ein und desselben Feldes sind.

Diese dynamische Relation zwischen Subjekt und Objekt wird auf bewundernswerte Weise durch die folgende Anekdote beschrieben, die durch die Geschichte hindurch zu einem der wichtigsten Zen-*Kōans* geworden ist. Die Geschichte stellt zwei Figuren der goldenen Zeit des Zen-Buddhismus auf die Bühne. Eine ist Ma Tsu Tao (jap.: Ba So Dō Itsu, 709–788), die andere Pai Chang Huai Hai (jap.: Hyaku Jō E Kai, 720–814). Pai Chang, der später einer der größten Zen-Meister werden sollte, ist in dieser Geschichte noch ein junger Schüler Ma Tsus. Die Anekdote, wie sie in dem *Pi Yen Lu*[37] überliefert wird, erzählt folgendes:

Höre! Ma Tsu befand sich einmal in Begleitung Pai Changs auf dem Weg zu irgendeinem Ort, als sie eine Wildente über ihren Köpfen wegfliegen sahen. Ma fragte: «Was ist das?» Pai antwortete: «Eine Wildente.» Ma: «Wohin fliegt sie?» Pai: «Sie ist schon weggeflogen!» Daraufhin erfaßte der Meister Pai Changs Nase und drehte sie mit Gewalt um. Schmerzerfüllt schrie Pai: «Autsch!» Aber der Meister sagte dazu sofort: «Wie kannst du nur sagen, daß die Wildente weggeflogen ist?!»

---

37 A. a. O., Nr. LIII.

Der junge Pai Chang schaut hier der wegfliegenden Wildente nach. Die Wildente existiert als ein von Pai Chang unabhängiges Objekt, das er anschaut. In seinen Augen ist es, als ob der Vogel durch-sich-selbst-existieren würde, und es ist so, als würde dieser selbst-ständige Vogel wegfliegen und hinter dem Horizont verschwinden. Erst als seine Nase ergriffen und umgedreht wird, dämmert es ihm, daß die Wildente kein «Objekt» ist, das unabhängig von der Aktivität seines Geistes existiert, und daß der Vogel vielmehr noch bei ihm oder eher sein eigenes Selbst ist. Das gesamte Feld, das sowohl ihn als auch den Vogel umfaßt, belebt sich und enthüllt sich ihm. Es wird überliefert, daß Pai Chang daraufhin die Erleuchtung erreichte.

Diese Anekdote ist ein interessantes Beispiel für die nachdrückliche Abwendung von dem «objektiven» Aspekt des Feldes (hier durch die Wildente dargestellt) hin zu dem «subjektiven» Aspekt (durch Pai Chang selbst dargestellt), was so geschieht, daß die Dynamik des Feldes in seiner Gesamtheit sofort erkannt wird.

Dahingegen wird in der nächsten Anekdote, einem vielleicht noch berühmteren Zen-*Kōan* als dem letzteren, der Nachdruck auf die «objektive» Sphäre des Feldes gelegt. Mit anderen Worten: Wir wohnen hier der Zurückführung des gesamten Feldes *ICH SEHE DIES* auf den einzelnen Punkt des DIES bei und sehen es als solches vor unseren Augen stehen. Das *Kōan* ist bekannt als die Zypresse-im-Hof von Chao Chou (jap.: Jōshū)[38] und kann in der berühmten *Kōan*-Sammlung *Wu Mên Kuan* (jap.: *Mu Mon Kan*) nachgelesen werden.[39] Dort steht:

> Höre! Einmal fragte ein Mönch Chao Chou: «Sag mir, was für eine Bedeutung hatte das Kommen des ersten Patriarchen aus dem Westen?» Chao Chou antwortete: «Die Zypresse im Hof!»

Der Mönch fragte nach der Bedeutung des geschichtlichen Ereignisses des Kommens des Bodhidharma von Indien nach China. Anscheinend war es sein Wunsch, die Bedeutung des Ereignisses von innen zu begreifen, um dadurch existentiell an der Zen-Welt teilzuhaben. Die Antwort von Chao Chou nahm eine plötzliche und unerwartete Richtung an, die dazu dienen sollte, den Mönch zu verunsichern: «Die Zypresse im Hof!»

Der innere Mechanismus dieser Aussage ist derselbe wie der, der in bezug auf die Anekdote von der Wildente und Pai Chang aufgewiesen wurde. Nur richtet sich diesmal die Energie des Feldes zur entgegengesetzten Seite. Chao Chou stellt dem Mönch plötzlich das ganze Feld der Wirklichkeit vor Augen, in der lebendigen und wirklichen Form der Zypresse. Mit anderen Worten: Anstatt das Feld als ICH (ICH SEHE DIES) – wie es Ma Tsu mit Pai Chang tat – darzustellen, stellt es Chao Chou als (ICH SEHE DIES =) DIES dar. Dies

38 Chao Chou Tsung Shên (jap.: Jōshū Jūshin).

39 Nr. XXXVII.

bedeutet, daß die Zypresse, so wie sie von Chao Chou verwendet wird, nicht *einfach nur* eine Zypresse ist. Denn sie trägt hier das ganze Gewicht des Feldes. Die Zypresse, als wirkliche und konkrete Zypresse, steht vor unseren Augen als etwas, das aus den Tiefen des Nichts wächst – das Ewig-Anwesende, verwirklicht, in diesem Augenblick an diesem besonderen Ort, in der Dimension der Zeitlichkeit und Phänomenalität. In der einen Zypresse im Hof konzentriert sich die ganze Energie des Wirklichkeitsfeldes.

Wie Niu T'ou Fa Jung (jap.: Go Zu Hō Yū, 594–657) bemerkt:[40]

Ein Staubkörnchen fliegt, und der ganze Himmel ist bewölkt. Ein Abfallteilchen fällt, und die ganze Welt ist bedeckt.

Und Hing Chih Chêng Chüeh (jap.: Wan Shi Shō Gaku, 1091–1157):[41]

Die Wirklichkeit (das heißt das Feld) hat keinen eigenen bestimmten Aspekt; sie offenbart sich den Dingen entsprechend. Die Weisheit (das heißt *ICH SEHE*) hat kein eigenes bestimmtes Wissen; sie beleuchtet den Situationen entsprechend. Sieh! Der grüne Bambus ist so heiter grün; die gelbe Blume ist so üppig gelb! Nimm was du willst, und sieh! In jedem einzelnen Ding ist *ES* völlig nackt offenbart.

In der philosophischen Sicht des Zen hat ein «konkretes» oder «wirkliches» Ding in seinem eigentlichen Sinn solch eine Natur. Was wir normalerweise als konkretes Ding ansehen – die «erste Substanz» des Aristoteles –, ist für Zen nichts als ein abstraktes Wesen, eine «Wirklichkeit». Für Zen muß ein wirklich konkretes Individuum ein individuell-Konkretes sein, das von dem absolut-Universalen durchtränkt und durch dieses ergründet ist, besser noch dieses absolut-Universale *ist*. Eine Zypresse ist ein einzelnes Partikulares; es ist *DIES*. Aber indem es *DIES* ist, kann es nur die Aktualisierung des *ICH SEHE DIES* sein. Die Zypresse ist hier Brennpunkt des Wirklichkeitsfeldes. Wir verstehen nun, was Lin Chi wirklich meint, wenn er, wie früher bemerkt, behauptet, daß «die Geist-Wirklichkeit das ganze Universum durchdringt und durchläuft». Lin Chi stellt das Ganze in der Form des Menschen dar, des «Subjekts» als Meister des ganzen Wirklichkeitsfeldes, der absoluten Selbstheit. Chao Chou stellt es als Zypresse dar, als «Objekt», Zentrum desselben Feldes. Von welcher Richtung man sich immer nähern möge, man wird doch immer unvermeidlich das Feld selber vorfinden.

Es ist wichtig, folgendes festzuhalten: Die Zypresse im Hof als die Aktualisierung des Feldes zu sehen ist nicht «etwas» sozusagen transzendental Absolutes hinter den konkreten Dingen. Der *Hua-Yen-*(jap.: *Ke-Gon-*) Philosophie folgend, die in China ihre Vollendung fand, verneint

---

40 Niu T'ou, ein berühmter Zen-Meister der T'ang-Dynastie. Er war zuerst Konfuzianer und wandte sich später dem Buddhismus zu. Er wurde zum Gründer einer unabhängigen Schule des Zen-Buddhismus.

41 Eine hervorragende Figur in der Ts'ao-Tung-(jap.: Sō-Tō-)Schule, berühmt, weil er stets die Wichtigkeit der «stillen Erleuchtung» (*mo chao*, jap.: *moku shō*) als beste Methode, die Erleuchtung zu erlangen, betonte.

Zen ausdrücklich ein metaphysisches Etwas, das hinter der Phänomenalität läge.

Ganz im Gegenteil, Zen «verabsolutiert» die Phänomenalität selbst. Die Zypresse in ihrer konkreten Wirklichkeit *ist* das Absolute in diesem Augenblick, an diesem Ort. Sie ist nicht einmal die «Selbst-Offenbarung» des Absoluten. Denn das Absolute hat keinen «anderen» Ort, um sich zu offenbaren. Und dies ist die Struktur des «objektiven» Aspekts des Feldes.

7. Das Zen-Bild vom Menschen

Der vorangehende Abschnitt wird verdeutlicht haben, daß die Wirklichkeit, so wie sie Zen begreift, am besten durch ein gesättigtes Energiefeld dargestellt wird, eine besondere Spannung, die von zwei hauptsächlichen Kräftequellen, dem Subjekt und dem Objekt, aufgebaut wird; wobei das Wort Subjekt im Sinne des *ICH (= ICH SEHE DIES)*, das heißt der Aktualisierung des ganzen Feldes, und das Wort Objekt im Sinne des *(ICH SEHE DIES =) DIES*, das heißt wieder der Aktualisierung desselben Feldes, verstanden wird. Wir sahen ferner, wie empfindlich das Gleichgewicht zwischen den beiden Kräften ist. Das Feld selbst bleibt immer erhalten, auf welche Seite der beiden Sphären die innere Energie auch verlagert sein mag. Aber der eigentliche – das heißt bewußte – Punkt, an dem das Gleichgewicht immer erhalten bleibt, bewegt sich ständig durch das gesamte Feld, von der reinen Subjektivität zur reinen Objektivität.

In dieser Struktur können vier hauptsächliche Formen unterschieden werden:

1. Manchmal scheint es, als würde das Feld eine perfekte Beständigkeit erhalten, ohne daß es in dem gesamten Feld einen herausragenden Punkt als Zentrum dieser Beständigkeit gäbe. Dann erhält sich das ganze Feld in einem Zustand der äußeren Spannung, einem Zustand der absoluten und universalen Erleuchtung, einem Bewußtsein, in dem der Mensch nichts hat, dessen er bewußt sein könnte. In diesem Zustand gibt es weder ein «Subjekt» noch ein «Objekt». Sowohl das *ICH* als auch das *DIES* verschwinden von der Oberfläche des Feldes. Dies ist ein Zustand, von dem Zen oft sagt: «Im ursprünglichen Zustand der Wirklichkeit gibt es überhaupt nichts.» In den östlichen Philosophien wird darauf oft als das *Orientalische Nichts* Bezug genommen.

2. Manchmal taucht aus der Stille plötzlich ein glänzendes Subjekt-Bewußtsein auf. Die Energie, die das gesamte Feld gleichmäßig erfüllt, wird nun aus dem Zustand der Stille erweckt, sprudelt zu der «subjektiven» Sphäre des Feldes hin und wird endlich als Subjekt kristallisiert. Dann wird das gesamte Feld in dem leuchtenden Pünktchen des *ICHS* aktualisiert.

Nichts anderes ist sichtbar. Die ganze Welt ist nur *ICH*. In einem solchen Zustand würde der Zen-Meister sagen: «Ich allein sitze auf der Spitze des höchsten Berges»; ich allein; nichts anderes, niemand sonst. Das «Ich» ist eine subjektive Kristallisation des gesamten Feldes. Daher impliziert der Spruch: «Ich allein sitze auf der Spitze des höchsten Berges», daß das ganze Universum auf der Spitze des Berges mit dem Menschen oder in Form eines individuellen Menschen sitzt.

3. Manchmal fließt die aus der Beständigkeit aufgeweckte Energie in die Richtung der «objektiven» Sphäre des Feldes. Dann ist es das Objekt, das allein sichtbar ist – die stattliche Zypresse, die inmitten der grenzenlosen Leere alles überragt –, obwohl die gleiche Energiemenge, die zu jeder Zeit als Subjekt kristallisiert werden könnte, auch für das Erscheinen des Objekts notwendig ist.

4. Endlich kann das Feld wieder in seinen ursprünglichen Zustand der Stille zurückkehren, wobei zugleich dem Subjekt und dem Objekt der richtige Platz im Feld zugewiesen wird. Rein oberflächlich sind wir nun wieder in unserer vertrauten Welt der empirischen Erfahrung, wo die «Blume, natürlich rot, und die Weide, natürlich grün, sind». In Anbetracht der inneren Struktur ist jedoch diese unsere alte, vertraute Welt unendlich verschieden von derselben Welt, durch die Augen des rein empirischen Ichs gesehen. Denn unsere alte, vertraute Welt offenbart sich diesmal in ihrer unverdorbenen Reinheit und Unbeflecktheit. Die empirische Welt, die sich einmal in den Abgründen des Nichts verloren hat, kommt zurück ins Leben mit einer ungewöhnlichen Frische. «Hier begreifen wir», bemerkt Dōgen,[42] «daß die Berge, Flüsse und die große Erde in ihrer ursprünglichen Reinheit und Klarheit niemals mit den Bergen, Flüssen und der großen Erde (durch die Augen der gewöhnlichen Menschen gesehen) verwechselt werden sollten.» Dieselbe Idee poetischer ausgedrückt:

> Obwohl der Wind abgefallen ist, fallen noch Blütenblätter,
> Während ein Vogel singt, vertieft der Berg seine Ruhe und Stille.

«Der Wind ist abgefallen» heißt, daß die ganze Welt des Seins in die ewige Ruhe des Nichts gefallen ist; und doch «fallen noch Blütenblätter», das heißt, daß sich die Dinge noch lebendig und konkret in ihrer ursprünglichen empirischen Bewegung erhalten. «Während ein Vogel singt»: Gerade wegen dieser farbigen Anwesenheit der Dinge in der empirischen Dimension «vertieft der Berg seine Ruhe und Stille», das heißt, das Nichts läßt hier seine unergründbare Tiefe walten.

Jemand fragte den großen Meister der Lin-Chi-Schule in der Sung-Dynastie, Hsü T'ang Chih Yü (jap.: Ki Dō Chi Gu, 1185–1269): «Sag mir, welche

---

42 Siehe oben, Fußn. 3. Das Zitat ist aus seinem *Shōbōgenzō*, Buch XXV, *Kei Sei San Shoku*, «Die Stimme des Tales und die Farbe des Berges».

Bedeutung hatte das Kommen des ersten Patriarchen aus dem Westen?»[43] Er antwortete:

Tief ist der Berg, es kommt kein Gast.
Den ganzen Tag höre ich die Affen schwätzen.

Die dynamische Struktur des Feldes, die sich aus der sehr eigenen Spannung zwischen dem *ICH (= ICH SEHE DIES)* und dem *(ICH SEHE DIES =) DIES* konstituiert und in vier Hauptformen aktualisiert werden kann – die wir gerade aufzählten –, wird von Lin Chi klar erkannt, der sie als das formulierte, was man nun die Vier Muster des Lin Chi nennt.

Der Ausdruck «Vier Muster» bedeutet die vier Muster, mit denen der Zen-Meister das Ausmaß der geistigen Vollkommenheit des Schülers messen kann. Es ist jedoch bemerkenswert, daß dieser besondere Ausdruck oder dieses besondere Verständnis des Problems nicht von Lin Chi selbst herrührt. Dies war nicht notwendigerweise sein eigenes Verständnis der Fragestellung. Der Ausdruck hat seinen Ausgangspunkt eher darin, daß während der Entwicklung der Lin-Chi-Schule die vier Muster, wie sie von Lin Chi beschrieben wurden, von den Meistern oft als Maß für die Tiefe des Zen-Bewußtseins der Schüler benutzt wurden. Ich glaube, daß es eher Lin Chis Intention war, die vier Grundformen, die das Feld der Wirklichkeit annehmen kann, theoretisch zu formulieren und damit die dynamische Struktur des Feldes aufzuzeigen.

Wir wollen hier die wichtigste Stelle des *Lin Chi Lu* in der Übersetzung wiedergeben.[44]

Einst sagte der Meister während des Abendunterrichts den Mönchen unter seiner Obhut folgendes:

«Manchmal wird der Mensch (das heißt das ‹Subjekt›) völlig entrissen (das heißt völlig verneint), während die Umgebung (das heißt das ‹Objekt›) intakt bleibt. Manchmal wird die Umgebung entrissen, und der Mensch bleibt intakt. Manchmal werden die Umgebung und der Mensch zusammen entrissen. Manchmal bleiben die Umgebung und der Mensch zusammen intakt.»

Daraufhin trat einer der Mönche vor und fragte: «Was für ein Ding ist das, der-Mensch-wird-entrissen und die-Umgebung-bleibt-intakt?»

Der Meister antwortete: «Wenn der milde Sonnenschein des Frühlings die ganze Erde umhüllt, webt die Erde einen vielfarbigen Brokat. Das Neugeborene hat lang wehende Haare; das Haar ist so weiß wie ein Garnknäuel.»[45]

Der Mönch fragte: «Was für ein Ding ist das, die-Umgebung-wird-entrissen und der-Mensch-bleibt-intakt?»

---

43 Wir begegneten derselben Frage früher in der Anekdote über Chao Chous Zypresse im Hof.

44 A. a. O., 25–26, S. 34f (siehe oben, Fußn. 4).

45 Das Neugeborene mit langem weißem Haar, das heißt der neugeborene alte Mann, was eine Unmöglichkeit ist, weist auf die anscheinende Nicht-Existenz des Menschen als Subjekt hin.

Der Meister antwortete: «Die königliche Herrschaft erfüllt die ganze Erde;[46] die an den Grenzen stationierten Generale erheben sich nicht zum Krieg.»

Der Mönch fragte: «Was für ein Ding ist das, der-Mensch-und-die-Umgebung-werden-zusammen-entrissen?»

Der Meister antwortete: «Die beiden entfernten Provinzen haben den Kontakt mit der zentralen Regierung verloren.»

Der Mönch fragte: «Was für ein Ding ist das, der-Mensch-und-die-Umgebung-bleiben-zusammen-intakt?»

Der Meister antwortete: «Wenn der König vom Dach des Palastes herunterschaut, dann sieht er die Menschen in den Feldern ein friedliches Leben genießen.»

Es wird allgemein angenommen, daß von den vier Zuständen der letzte, das heißt der Zustand, in dem sowohl der Mensch als auch die Umgebung intakt bleiben, das höchste Ausmaß an Zen-Bewußtsein bedeutet. Ontologisch entspricht es dem, was die *Hua-Yen-*(jap.: *Ke-Gon-*)Philosophie «metaphysische Dimension der ungestörten gegenseitigen Durchdringung der Dinge und Geschehnisse» (jap.: *ji-ji muge hokkai*) nennt, einer metaphysischen Dimension, in der die Welt des Seins als unendliches Juwelengeflecht erscheint, die einander erleuchten und widerspiegeln. Und auch in der *Hua-Yen-*Schule wird diese «Dimension» als die höchste und endgültige Vision der Wirklichkeit angesehen. Vom Standpunkt eines Lin Chi aus ist jede der vier eben beschriebenen Formen selbst die Form der völligen Aktualisierung des Feldes. Das Feld hat, mit anderen Worten, eine so bewegliche und delikat flexible Natur, daß das Ganze sich zur Seite des Subjekts beugt, wenn der Schwerpunkt auf die «subjektive» Seite gelegt wird, während es sich auf die Seite des Objekts beugt, wenn der Schwerpunkt auf der «objektiven» Seite liegt. Ebenso wird es weder Subjekt noch Objekt geben, wenn überhaupt nichts gesehen wird. Aber wenn der Schwerpunkt gleichmäßig auf das ganze Feld verlegt wird, dann gibt es Subjekt und Objekt, und die Welt wird als ausgedehnte, grenzenlose Einheit oder Vielheit von verschiedenen Dingen erkannt. Abgesehen von den vier äußeren Formen, die das Feld annehmen kann, bleibt es doch immer in seiner ursprünglichen Form des *ICH SEHE DIES.*

So soll das Feld nicht mit dem rein «objektiven» Aspekt der Welt des Seins verwechselt werden, das heißt, die Natur soll nicht als außerhalb des «Geistes» begriffen werden. Es soll auch nicht mit dem rein «subjektiven» Bewußtsein des Menschen verwechselt werden. Das, was das «Subjekt» als «Subjekt» (oder Bewußtsein als Bewußtsein) oder das «Objekt» als «Objekt» (oder Natur als Natur) setzt, ist etwas, das in einem gewissen Sinne diese Unterscheidung zwischen «Subjekt» und «Objekt» transzendiert und sich selbst durch Selbstbestimmung einmal als «Subjekt» und ein anderes Mal als «Objekt» offenbart.

Auf einem solchen Verständnis des Wirklichkeitsfeldes gründet Lin Chi

46 Die ganze Energie des Feldes ist in dem Einen Menschen kristallisiert.

das Bild des Menschen. Für ihn *ist* der Mensch das Feld. Und es gibt tatsächlich keine andere Art und Weise der Aktualisierung für das Feld. Die Dynamik des Wirklichkeitsfeldes – wie wir sie analysiert haben – kann nur durch den individuellen Menschen aktualisiert werden, noch genauer: durch die innere Wandlung seines Bewußtseins. Der Mensch ist in diesem Sinne der *locus* der Aktualisierung des ganzen Universums. Und wenn die Aktualisierung an diesem *locus* wirklich stattfindet, dann wird der «Mensch» in das verwandelt, was Lin Chi den «Wahren Menschen ohne jeden Rang» nennt. Als Aktualisierung des Feldes verkörpert der Wahre Mensch die Dynamik des Feldes. Er kann sich jetzt als *(ICH SEHE DIES =) DIES* verwirklichen; dann wieder als *ICH (= ICH SEHE DIES)*; wieder kann er Nichts sein, das heißt einfaches *(ICH SEHE DIES)*; und er kann auch, völlig enthüllt, *ICH SEHE DIES* sein. Er ist völlig frei. Lin Chi bezog sich auf diese Art der Freiheit, die den Menschen als direkte Aktualisierung des Feldes charakterisiert, als er sagte, «der Mensch» werde «der absolute Meister des Ortes», an welchem Ort auch immer er sei.[47]

So erweist sich Lin Chis Bild des Menschen, vom Standpunkt des normalen Menschenverstandes aus gesehen, als sehr schwierig. Es ist schwer zu begreifen, weil es den «Menschen» auf widersprüchliche Weise vorstellt. Das Bild muß jedoch notwendigerweise eine widersprüchliche Form annehmen, weil das Wirklichkeitsfeld, das dessen Grundlage ist, eine widersprüchliche Einheit des Sinnlichen und des Über-Sinnlichen ist.

Das Bild des Menschen, das von Lin Chi vorgestellt wird, ist in erster Linie kein Bild des sinnlichen «Menschen», der mit seinen Augen sieht, mit seinen Ohren hört, mit seiner Zunge spricht usw., kurzum, des «Menschen» als selbst-bewußtes empirisches Ich. Es ist vielmehr das Bild des über-sinnlichen Menschen, der über der Ebene aller empirischen Erfahrung lebt, alle seine Sinnesorgane aktiviert und seinen Intellekt natürlich funktionieren läßt. Und doch kann sich dieser über-sinnliche, über-empirische Mensch nicht ohne und unabhängig von dem «empirischen» Menschen aktualisieren.

Der Mensch ist, insofern er die *totale* Aktualisierung des Wirklichkeitsfeldes ist, einerseits der Kosmische Mensch, der in sich selbst das ganze Universum umfaßt – «die Geist-Wirklichkeit», wie Lin Chi es nennt, die die ganze Seinswelt durchdringt und durchläuft –, andererseits dieser sehr konkrete individuelle «Mensch», der hier und jetzt existiert, als Konzentration der gesamten Energie des Feldes. Er ist einzelner Mensch und Über-Mensch.

Wenn wir uns dem Menschen unter diesem «individuellen» Aspekt nähern, so werden wir sagen müssen, daß hinter dieser konkreten individuel-

47 A. a. O., 36, S. 60 (siehe oben, Fußn. 4).

len Person eine andere Person lebt. Diese zweite Person steht jenseits jeder Raum- und Zeitbegrenzung, denn das Feld, dessen unmittelbarste Verkörperung sie ist, ist das Ewige Jetzt und das Allseitige Hier. Aber sie begleitet die konkrete individuelle Person immer und überall oder ist völlig vereint mit ihr. Tatsächlich läßt Lin Chi überhaupt keinen Bruch zwischen den beiden Personen gelten – was immer der individuelle Mensch tut, tut auch die universelle Person. Wenn zum Beispiel ersterer läuft, dann ist es in Wirklichkeit letztere, die läuft. Die universelle Person handelt mit den Gliedern der individuellen Person. Es ist genau diese doppelte Struktur der Persönlichkeit, die Lin Chi dauernd und immerfort seinen Schülern vorstellt und die sie für sich selbst und durch sich selbst verwirklichen sollen.

In den meisten Fällen werden seine Schüler einfach verwirrt und entmutigt. Denn in dem Moment, wo sie ihre Aufmerksamkeit auf die universelle Person in sich lenken, verschwindet diese. Wenn sie natürlich laufen, werden sie von ihr begleitet, sie läuft mit ihnen; oder besser noch, sie ist es, die mit ihren Füßen läuft. In dem Augenblick, wo sie sich ihres Laufens während des Laufens bewußt werden, ist der universelle Mensch nicht mehr da; er hat sich schon an einen ihnen unbekannten Ort zurückgezogen. Dieses anscheinend befremdende Phänomen wird durch die einfache Tatsache hervorgerufen, daß Die-Aufmerksamkeit-auf-etwas-Lenken oder Das-Bewußtsein-von-etwas-haben-Wollen gleichbedeutend ist mit dessen Versachlichung. Der universale Mensch als absolute Selbstheit, das heißt als reine Subjektivität, muß notwendigerweise aufhören, er selbst zu sein, sowie er in die Stellung des «Objekts» versetzt wird.

Abgesehen von dieser Schwierigkeit, fordert Lin Chi mit außerordentlicher Stringenz von seinen Schülern, sie sollten die absolute Einheit der beiden Personen in sich selbst unmittelbar begreifen, ohne sie jemals zu versachlichen.

Eines Tages setzte sich der Meister in die Vorlesungshalle und sagte: «Über der platzraubenden Masse eures rötlichen Fleisches (das heißt des physischen Körpers) gibt es einen Wahren Menschen ohne Rang. Er kommt und geht ständig durch die Tore eures Gesichts (das heißt eure Sinnesorgane). Falls ihr ihm noch nicht begegnet seid, faßt ihn, faßt ihn hier und jetzt!»

In diesem Augenblick trat ein Mönch hervor und fragte: «Was für ein Gefährte ist dieser Wahre Mensch?»

Der Meister kam plötzlich von seinem Podest herunter, ergriff den Mönch und drängte ihn: «Sag mir, sag mir!»

Der Mönch zuckte einen Augenblick zusammen.

Der Meister schob ihn sofort von sich weg und sagte: «Ach, was für eine unnütze Fußmatte dein Wahrer-Mensch-ohne-Rang doch ist!»

«Der Mönch zuckte einen Augenblick zusammen», das heißt, er bereitete sich auf die richtige Antwort vor. Aber in diesem einen Augenblick schleicht sich auch schon der diskriminierende Akt des Denkens ein; der Wahre

Mensch wird objektiviert und geht verloren. Wenn der Wahre Mensch als «Objekt» dargestellt wird, ist er nichts weiter als eine «vertrocknete Fußmatte». Der Meister ergriff den Mönch mit Gewalt und drängte ihn dazu, sich dem Wahren Menschen, der nichts anderes als das Wahre Selbst des Mönchs ist, auf der Stelle zu konfrontieren. Der Meister benutzte ein so gewaltsames und scheinbar unbegründetes Verhalten, weil er den Mönch zu einer Gegenüberstellung mit dem Wahren Menschen in seiner reinen Objektivität – ohne ihn zu objektivieren – zwingen wollte. Der Mönch war dazu nicht imstande. Er objektivierte den eigenen Wahren Menschen, indem er versuchte, wenn auch nur für den Bruchteil einer Sekunde, über ihn *nachzudenken* anstatt er zu *werden* oder einfach zu *sein*. Wenn er erst einmal so objektiviert wird, ist der Wahre Mensch nicht mehr «ohne Rang»; er ist durch alle möglichen Bestimmungen und Begrenzungen von Raum und Zeit qualifiziert. Das «Jetzt» ist nicht mehr das Ewige Jetzt, wie es in jedem Moment aktualisiert wird. Und das «Hier» ist kein Allseitiges Hier mehr, das an jedem Ort aktualisiert wird.

Das Bild des Wahren Menschen, das in dem eben zitierten Passus wiedergegeben wird, nämlich das Bild von jemandem, der zu jeder Zeit in dem fleischigen Körper ein und aus geht, ist nur ein rhetorisches Instrument. Es ist eigentlich falsch, von zwei Personen zu sprechen, die in einer Person vereint sind. Die beiden Personen, die unser analytischer Intellekt voneinander unterscheidet und die das rhetorische Instrument vorstellt als 1. platzraubende Masse rötlichen Fleisches und 2. als Wahren Menschen, der alle räumlichen und zeitlichen Bestimmungen transzendiert, sind in Wirklichkeit absolut ein und dieselbe Person. Der Wahre Mensch, wie er von Lin Chi verstanden wird, ist die sinnliche *und* über-sinnliche Person in der absoluten Einheit vor der Zweiteilung in sinnlich und über-sinnlich.

Der herausragendste Grundzug von Lin Chis Gedanken hinsichtlich der Geschichte der Zen-Philosophie ist der, daß er in einer so lebhaften Abbildung des Menschen das kristallisiert, was wir während unserer vorangehenden Erläuterung erst unter dem traditionellen buddhistischen Schlüsselwort «nicht-Geist» oder «Geist» und dann unter dem modernen Schlüsselwort «Feld» besprochen haben. Wie wir oft hervorgehoben haben, kreist Lin Chis Denken um den Menschen, und das Bild des Wahren Menschen wird zur Grundlage einer ganzen Weltanschauung genommen. Was er eigentlich unter der Bezeichnung Mensch behandelt, ist, objektiv gesprochen, beinah das gleiche wie das, was der Mahayana-Buddhismus allgemein mit den Worten Wirklichkeit, Nichts, Ist-heit, Geist usw. bezeichnet. Diese besondere Behandlung des Problems wirft jedoch ein erhellendes Licht auf gewisse charakteristische Grundzüge der östlichen Philosophie; nämlich den entscheidenden Nachdruck, der der subjektiven Dimension des Menschen gegeben wird bei der Bestimmung der objektiven Dimension, in der sich ihm die Wirklichkeit enthüllt. Und es bringt uns insbesondere die Tatsache näher, daß für Zen die höchste Dimension der Wirklichkeit, das heißt der Wirklichkeit in ihrer unberührten und unverletzten Ursprünglichkeit, erst an der äußersten Grenze unserer eigenen Subjektivität sichtbar wird, das heißt, wenn wir durch und durch wir selbst werden.

II. Sinn und Unsinn im Zen-Buddhismus*

1. Zen-Unsinn

Das Hauptthema dieses Essays ist das Problem der Bedeutung und Bedeutsamkeit im Zen. Dieses Thema ist mit dem der grundlegenden Struktur der Selbstheit eng und untrennbar verbunden. Oder wir sollten eher sagen, daß das Problem der Sprache und der Bedeutung wesentlich verbunden ist mit und letztlich reduzierbar auf das Problem der Selbstheit. Natürlich kommt man, welchen Aspekt des Zen auch immer man aufnehmen und unter welchem Gesichtspunkt auch immer man es behandeln mag, doch am Ende immer auf das Problem der Selbstheit zurück.

Mit diesem grundlegenden Verständnis möchte ich mich sofort der Erörterung der Bedeutsamkeit zuwenden, wozu Zen eine Anzahl sehr interessanter Probleme zur Sprache bringt. Wie man sich vorstellen kann, werden die Probleme in einem gewissen Kontext aufgeworfen, denn die Sprache wird von Zen sehr unnatürlich gebraucht. Im Zen-Kontext bleibt Sprache meistens nicht in ihrem natürlichen Zustand. Sie wird oft so entstellt, daß sie beinahe bedeutungslos und sinnlos wird.

Das Problem der Bedeutung im Zen-Buddhismus ist deswegen eher als Paradoxon interessant, denn die meisten Zen-Sprüche haben anscheinend keine Bedeutung und sind sogar unsinnig, vom gewöhnlichen Sprachverständnis aus gesehen. Sprache existiert zum Zweck der Kommunikation zwischen den Menschen. Wo es kein Kommunikationsbedürfnis gibt, muß man auch nichts sagen. Dieses grundlegende Prinzip ist auch für Zen gültig. Wenn wir zwei Personen beobachten, die in einem Zen-Kontext in ein Gespräch miteinander verwickelt sind, dann haben wir natürlich den Eindruck, daß irgendeine Kommunikation stattfindet. Wir werden jedoch gleichzeitig durch die Beobachtung befremdet, daß die ausgetauschten Worte überhaupt keinen Sinn haben, daß sie uns – als Außenstehenden – meistens bedeutungslos oder unsinnig erscheinen. Gibt es überhaupt Kommunikation, wenn die benutzten Worte keinen Sinn ergeben? Was für eine Kommunikation wird es wohl sein, die sich sinnlos äußert?

---

* Eranos-Vortrag, gehalten 1970 in Ascona, Schweiz, publiziert im Eranos-Jahrbuch 39, 1970, Verlag E. J. Brill, Leiden.

Dies ist fürwahr die wichtigste Frage, die sich uns dann stellt, wenn wir Zen unter dem Gesichtspunkt der bedeutungsvollen Kommunikation angehen.

Um den Kern der ganzen Fragestellung in den Mittelpunkt zu rücken, wollen wir sogleich ein typisches Beispiel für eine sinnlose Kommunikation auf der prälinguistischen Ebene des Verhaltens, das heißt eine Kommunikation durch Gestik, anführen. Wir wollen dabei bemerken, daß im Zen-Buddhismus die Gestik eine genauso wichtige Rolle wie die Sprache spielt, außer daß die Sprache eine kompliziertere Struktur aufweist, weil Sprache, wie wir später sehen werden, den Faktor des Artikulierens, das heißt der semantischen Artikulation der Wirklichkeit, die den Gesten fremd ist, mit einführt. Eben wegen dieser Einfachheit und Unkompliziertheit sind die Gesten eher als die Sprache dazu geeignet, uns einen einführenden Begriff von der Lage des zentralen Problems zu geben.

Das Beispiel, das ich zitiere, ist sehr berühmt. Es kann in der *Kōan*-Sammlung *Wu Mên Kuan* (jap.: *Mu Mon Kan*), Nr. 3, nachgelesen werden; es befindet sich auch in einer anderen gerühmten *Kōan*-Sammlung, dem *Pi Yen Lu* (jap.: *Hekigan Roku*), Nr. 19. Die Anekdote ist als der Ein-Finger-Zen des Meisters Chü Chih bekannt.

Der Held dieser Anekdote ist Chü Chih (jap. Gu Tei), ein berühmter Meister des 9. Jahrhunderts. Dieser Meister erhob immer einen Finger, wenn er etwas über Zen gefragt wurde. Das Hochhalten eines Fingers, ohne weiter etwas zu sagen, war seine stets gleiche Antwort auf jede Frage über Zen. «Welches ist die oberste und absolute Wahrheit?» – Antwort: Das stille Hochheben eines Fingers. «Was ist die Essenz des Buddhismus?» – Antwort: Wieder genau das gleiche stille Hochheben eines Fingers.

Es ist klar, daß in einer normalen Lebenssituation diese Handlung keinen Sinn hat, denn das einfache Hochheben eines Fingers stellt überhaupt keine vernünftige Antwort auf irgendeine der gestellten Fragen dar, außer man würde fragen: «Wo ist dein Finger?» Die Antwort ist nicht verständlich, und da sie nicht verständlich ist, ist sie auch keine Antwort, und da sie weiterhin keine Antwort mehr ist, ist sie sinnlos. Auf der anderen Seite spüren wir in unserem perplexen Geist etwas, das uns ahnen läßt, es müsse eine versteckte Bedeutung in dem Hochheben des Fingers von Meister Chü Chih geben, es könne keine reine Sinnlosigkeit sein. Welches ist nun diese versteckte Bedeutung, die der Meister durch das stille Hochheben seines Fingers übermitteln wollte? Dies ist *das* Problem. Ich werde die Bedeutung von Chü Chihs Ein-Finger-Zen später erklären. An dieser Stelle müssen wir vorläufig vieles andere erklären, um den Kern der ganzen Fragestellung erfassen zu können.

Die Anekdote ist, um nur kurz darauf hinzudeuten, noch nicht zu Ende. Meister Chü Chih hatte einen jungen Schüler, einen Lehrling, der dem Meister überallhin folgte und ihn zu Hause und außerhalb bediente. Da er das Verhalten seines Meisters beobachtet hatte, erhob auch er immer einen Finger, wenn er während der Abwesenheit seines Meisters über Zen befragt wurde. Zuerst bemerkte es der Meister nicht, und alles ging für einige Zeit gut. Der fatale Moment mußte kommen, und er kam – der Meister erfuhr, was der Junge hinter seinem Rücken getan hatte.

Eines Tages versteckte der Meister ein Messer in seinem Ärmel, rief den Jungen zu sich und sagte: «Ich höre, daß du das Wesen des Buddhismus verstanden hast. Ist das wahr?» Der Junge antwortete: «Ja, das ist so.» Daraufhin fragte der Meister: «Was ist der Buddha?» Als Antwort hielt der Junge einen Finger hoch. Meister Chüh ergriff den Jungen unversehens und schnitt den hochgehaltenen Finger mit dem Messer ab. Als der Junge vor Schmerzen schreiend aus dem Zimmer rannte, rief der Meister ihn zurück. Der Junge drehte sich um. In diesem Augenblick kam des Meisters Frage wie ein Blitz: «Was ist der Buddha?» Beinahe einem konditionierten Reflex gehorchend – könnten wir sagen –, hob der Junge seine Hand, um seinen Finger hochzuhalten. Aber da war kein Finger mehr. Es wird gesagt, daß der Junge an Ort und Stelle die Erleuchtung erreichte.

Diese Anekdote kann fiktiv sein. Fiktiv oder wirklich – es ist eine interessante und bedeutsame Anekdote, und dies nicht nur, weil die Geschichte in einer Atmosphäre hoher dramatischer Spannung erzählt wird, sondern auch, weil die ganze Anekdote eine bewundernswerte Dramatisierung dessen ist, was wir Zen-Erfahrung nennen können. Die Zen-Erfahrung wird nicht nur in der letzten maßgebenden Phase, in der der Junge die Erleuchtung erreichte, vergegenwärtigt. Die ganze Geschichte, von Anfang bis zum Ende, ist mit dem Geist des Zen erfüllt. Jedes einzelne Geschehnis der Geschichte stellt auf dramatische Art und Weise einen besonderen Zustand in der Entwicklung des Zen-Bewußtseins dar. Wir wollen uns jedoch jetzt davon zurückhalten, die analytische Erklärung des eigentlichen Inhalts dieser Anekdote weiter zu verfolgen. Unser Interesse gilt jetzt einem viel formaleren Aspekt der Geschichte.

Es ist wichtig, hier festzustellen, daß die Anekdote als Dramatisierung der Entwicklung des Zen-Bewußtseins nur dann von Interesse ist, wenn sie sich in einem authentischen Zen-Kontext befindet. Mit anderen Worten, die Anekdote erzählt etwas Positives, sie ist nur für diejenigen sinnvoll, bedeutungsvoll, die schon mit Zen oder mit einer anderen ähnlichen religiösen Tradition vertraut sind. Sonst würde die ganze Anekdote unsinnig bleiben, weil keine einzige Phase der Entwicklung der Geschichte überhaupt verständlich wäre. Erstens: Warum hielt Meister Chü Chih immer einen Finger hoch, wenn er etwas über Buddhismus gefragt wurde? Warum schnitt er dem Jungen, der ihn nachahmte, den Finger ab? Wie erreichte der Junge die Erleuchtung, als er den Finger, der nicht mehr da war, hochhalten wollte? Nichts ist verständlich, außer für denjenigen, der Theorie und Praxis des Zen schon kennt.

Was für einen Zen-Buddhisten bedeutungsvoll ist, kann für einen Außenstehenden völlig bedeutungslos sein. Darüber hinaus ist selbst in dem engbegrenzten Kontext der Anekdote der Akt des Hochhebens eines Fingers nur im Falle des Meisters bedeutungsvoll, während derselbe Akt als bedeutungslos und unsinnig angesehen wird, wenn er als Nachahmung vom Schüler vollzogen wird. Und wieder erhält derselbe Akt des Hochhebens eines Fingers durch den Schüler plötzlich eine entscheidende Wichtigkeit und wird bedeutungsvoll, als es dazu kommt, den Finger als Nicht-Finger hochzuheben. All diese Beobachtungen müßten uns glauben lehren, Zen besitze einen Maßstab, mit dem es alles messen könne, sei es verbal oder nichtverbal, mit dem es allem Bedeutung oder Bedeutungslosigkeit in dem gegebenen Fall zuschreiben könne, und weiter, daß es ein sehr eigenartiger Maßstab sein müsse, der von der Norm der Bedeutsamkeit, die normalerweise auf die gewöhnlichen Situationen angewandt wird, völlig verschieden ist in einem Maß, daß ein Urteil, welches mit dem Zen-Maßstab gefällt wird, sehr oft dem normalen Urteil einer solchen «Situation» völlig gegensätzlich ist.

Ich hätte diese Darlegung genauso «Das Problem des Kriteriums der Bedeutsamkeit im Zen-Buddhismus» betiteln können. Denn dies ist das Problem, das ich hier besprechen möchte. Mit anderen Worten: Das Grundproblem, das uns beschäftigen wird, ist die Frage, ob es so etwas wie ein Kriterium der Bedeutsamkeit im Zen gibt und, wenn es ein solches *gibt*, ob es eine verläßliche Methode gibt, durch die wir die innere Struktur des Kriteriums erkennen können.

2. Bedeutungsvoll oder bedeutungslos?

Bedeutsamkeit ist offensichtlich eine der Grundfragen heutiger Intellektueller. In der Philosophie ergab sich aus der Entwicklung des englischen Empirismus und des amerikanischen Positivismus – mit deren außerordentlichem Nachdruck auf dem Problem der Bedeutung – der Begriff der Bedeutsamkeit (oder der Bedeutungslosigkeit) dessen, was wir sagen, als eines der größten geistigen Probleme.

Selbst in der gewöhnlichen nichtphilosophischen Situation werden wir des öfteren an die Wichtigkeit des «Sinn-Findens» erinnert. Wir hören uns selbst oft sagen: «Das hat Sinn», «Das hat keinen Sinn» und ähnliches. Und dieses Urteil wird immer durch eine positive oder negative Bewertung begleitet; oder es ist selbst ein Werturteil. Keinen Sinn haben ist das gleiche wie Unsinn sprechen, etwas Absurdes oder Lächerliches sagen. Unsinnig sprechen wird als etwas Beschämendes betrachtet. So vermeiden wir natürlich, unsinnig zu sprechen.

In den letzten Jahren wurde eine Anzahl von Büchern veröffentlicht, deren Aufgabe es war und ist, uns zu lehren, wie wir es vermeiden können, in die Falle des unsinnigen Sprechens oder des unsinnigen Denkens zu geraten. So schrieb zum Beispiel der Semantiker Irving J. Lee ein Buch mit dem Titel: *Wie man mit anderen sprechen soll*, mit dem bedeutungsvollen Untertitel: *Ein Programm, das Störungen des gemeinsamen Sprechens vermeiden soll.* Ein anderes Buch seriöserer Natur von Professor Lionel Ruby hat den Titel: *Die Kunst der Vernunft*, mit dem Untertitel: *Ein Führer zum logischen Denken.* Diese und ähnliche Werke analysieren sehr ausführlich die Fallen des Unsinns und versuchen den Leser zu dem zu führen, was «richtiges» Denken genannt wird. Mit anderen Worten: Diese Bücher haben es sich zur Aufgabe gemacht, uns zu zeigen, wie man die Sprache bedeutungsvoll benutzen kann. Sinn haben ist nun eine Kunst. Es ist eine spezielle Methode, die für das moderne Leben unerläßlich zu sein scheint.

Es ist interessant zu bemerken, daß von einem solchen Standpunkt aus beinahe alle berühmten Zen-Sprüche den reinen Unsinn versinnbildlichen. Damit will ich sagen, daß die Zen-Sprüche in den meisten Fällen nicht dem Kriterium der Bedeutsamkeit, das in diesen Büchern vertreten wird, genügen. Noch bemerkenswerter ist die Tatsache, daß, vom Standpunkt des Zen aus gesehen, diese völlig gewöhnlichen Worte und Aussagen, die dem normalen Kriterium der Bedeutsamkeit genügen, sehr wohl bedeutungslos und unsinnig sein können. Das sogenannte «richtige» Denken und das sogenannte «bedeutungsvolle» Sprechen kann vom Zen als «krumm» und sinnlos erklärt werden, da es die Zen-Wirklichkeit der Dinge verdreht und verformt. Zen sagt zum Beispiel: [1]

Mit leeren Händen halte ich ein Schwert.
Ich laufe zu Fuß, aber auf dem Rücken eines Ochsen reite ich.
Während ich über die Brücke Lo komme,
Fließt das Wasser nicht, es ist die Brücke, die fließt.

Dieser Spruch, der, wie jeder sehen kann, ganz aus schillernden Widersprüchen besteht, ist laut Zen völlig sinnvoll. Es ist in einem Zen-Kontext sinnvoller zu sagen: «Ich habe leere Hände und halte ein Schwert; ich laufe zu Fuß und reite auf dem Rücken eines Ochsen; das Wasser steht still, während die Brücke fließt», als zu sagen: «Ich habe keine leeren Hände, weil ich ein Schwert halte; ich laufe zu Fuß, deshalb reite ich nicht auf dem Rücken eines Ochsen; der Fluß fließt und die Brücke steht still.» Wie und

---

1 In dem *Kōan*-System des Meisters Hakuin – eines berühmten japanischen Zen-Meisters der Lin-Chi-(jap.: Rinzai-)Schule, 1685–1768, der als erster die *Kōans* in verschiedene grundlegende Kategorien einreihte, die den Grad der zu erreichenden Vollkommenheit angeben – wird dieser Spruch in die zweite Kategorie, die *kikan* genannt wird, eingereiht, das heißt in die Kategorie des freien und flexiblen Mechanismus. Die *Kōans* dieser Kategorie werden von dem Meister für die Belehrung derjenigen Schüler gebraucht, die schon das erste Stadium der Erleuchtung hinter sich haben, mit dem Ziel, ihre Fähigkeit für eine unendlich freie, flexible und ungehemmte Handlungsweise in allen Situationen zu entwickeln. Die meisten *Kōans* dieser Kategorie fallen durch ihre glänzende Irrationalität und ihren Mangel an Logik auf.

auf welcher Grundlage kann dieser sinnlose Spruch im Zen sinnvoll werden?

Bevor ich diese Kernfrage beantworten werde, möchte ich hier noch ein Beispiel für einen etwas andersartigen Zen-Unsinn anführen. Es ist ein äußerst kurzes *Kōan,* das in dem oben angeführten *Wu Mên Kuan* (jap.: *Mu Mon Kan*), Nr. 18, überliefert wird. Es sagt:

> Ein Mönch fragte den Meister Tung Shan: «Was ist der Buddha?»
> Tung Shan antwortete: «Drei Pfund Flachs!»

Tung Shan (jap.: Tō Zan, 910–990), ein Schüler des gefeierten Meisters Yün Mên (jap.: Um Mon) des 10. Jahrhunderts (?–949), war selbst ein hervorragender Zen-Meister. Als er eines Tages Flachs wog, trat ein Mönch an ihn heran und stellte ihm plötzlich eine Frage: «Was ist der Buddha?», eine Frage, die im Abendland mit der Frage «Was ist Gott?» oder «Was ist die absolute Wirklichkeit?» identisch wäre. Tung Shans Antwort kam sofort: «Drei Pfund Flachs!» Die Zen-Werke sind voll von solchen Beispielen. Nur noch ein Beispiel: Yün Mên, der Lehrer Tung Shans, wurde von einem Mönch genau dasselbe gefragt. Er antwortete nur: «Ein ausgetrockneter Fußabstreifer!»

> Einst fragte ein Mönch Yün Mên: «Was ist der Buddha?»
> Mên antwortete: «Ein ausgetrockneter Fußabstreifer!»

Das ist nicht alles. Für einen Außenstehenden wäre dieser kurze Dialog reiner Unsinn. Man kann jedoch wenigstens die Existenz eines bestimmten Musters, dem diese beiden Dialoge folgen, feststellen. Als Antwort auf eine metaphysische Frage über das Absolute konfrontieren sowohl Tung Shan als auch Yün Mên den Fragenden plötzlich mit einem konkreten, verbalen Gegenstand: «Drei Pfund Flachs» im Falle Tung Shans und mit einem ausgetrockneten, das heißt nutzlosen Fußabstreifer im Falle Yün Mêns. Tung Shan war wahrscheinlich dabei, Flachs abzuwiegen, als ihm diese metaphysische Frage gestellt wurde. Er antwortete, ohne zu zögern, und nannte das konkreteste Ding in seiner Reichweite.

Zen richtet sich auf das Konkreteste. Dies ist eines seiner Hauptmerkmale. Aus den alten Zen-Aufzeichnungen können unzählige Beispiele dafür gegeben werden. Das Problem der Bedeutsamkeit betreffend, kann dies an das Prinzip der Verifikation erinnern, das von den heutigen Positivisten entwickelt wurde. Für sie ist die Verifizierbarkeit das letzte Kriterium der Bedeutsamkeit. Nur was durch Erfahrung verifizierbar ist, wird als Wirklichkeit akzeptiert; demzufolge ist ein Wort oder eine Aussage dann bedeutungsvoll, wenn und nur wenn es mögliche Sinneswahrnehmungen gibt, die die Gegenwart oder das Vorhandensein des bezeichneten Gegenstandes oder Geschehnisses verifizieren können. «Gott» und das «Absolute» sind typische Beispiele für die Bedeutungslosigkeit, da es keine mögliche Sinneswahrnehmung gibt, die die Existenz eines solchen Wesens verifizieren könnte.

Nach einer rein oberflächlichen Betrachtung könnte man meinen, daß Zen mit seiner scheinbar besonderen Vorliebe für konkrete Dinge der Regel der Verifikation, wie sie die Positivisten postulierten, entsprechen würde. Kühn forderte Zen seine Schüler auf, «den Buddha zu töten», «den Patriarchen zu töten», kurz: Gott zu töten! Anstatt über Gott und das Absolute zu sprechen, reden die Zen-Meister über «drei Pfund Flachs» oder «einen ausgetrockneten Fußabstreifer», «die Zypresse im Hof» und ähnliche Dinge. Diese Worte und Aussagen sind völlig sinnvoll und entsprechen dem Kriterium der Bedeutsamkeit der Positivisten, weil sie alle verifizierbar sind und besonders, weil sie meistens in Gegenwart des sinnlichen Gegenstandes ausgesagt werden.

Diese Worte und Aussagen werden in dem Augenblick bedeutungslos, wenn wir sie in ihren ursprünglichen Kontext zurückversetzen. Damit will ich sagen, daß keine dieser Äußerungen ein sinnvoller Teil des ganzen Dialogs ist. «Was ist die wahre Bedeutung des Besuches des Bodhidharma aus dem Westen (das heißt der Reise von Indien nach China)?», fragte ein Mönch (A). Chao Chou (jap.: Jōshū, 778–897) antwortete: «Die Zypresse im Hof des Tempels.»[2] (B) Der Dialog ist sinnlos, da es augenscheinlich keine Kommunikation geben kann zwischen dem Mönch, der die Frage stellt, und dem Meister, der die Antwort gibt, weil es keine vernünftige Beziehung zwischen A und B gibt.

3. Sprechen und Sprache im Zen-Kontext

Während seiner geschichtlichen Entwicklung hat Zen eine unermeßliche Anzahl von Niederschriften hervorgebracht, deren früheste Form uns unter dem Namen «Niederschrift der Äußerungen» (*yü lu*, jap.: *go ruku*) bekannt ist, das heißt Sammlung der Sprüche der großen Meister, und die während des 8. und 9. Jahrhunderts eine immer größere Berühmtheit genießen sollten. Diese Niederschriften unterschieden sich von den Mahayana-Sūtras, die bis zu jener Zeit vorherrschten und in denen die grundlegenden Lehren dem Buddha zugeschrieben wurden, obwohl sie alle Aufzeichnungen der Sprüche und Taten der einzelnen Meister sind. Darüber hinaus sollen diese Aufzeichnungen nicht eine widerspruchsfreie biographische Beschreibung des Lebens eines Meisters gewährleisten, es sind einzig und allein fragmentarische Aufzeichnungen seiner alltäglichen Äußerungen und Handlungen.

Kern der Sprüche sind die *mondōs*, die jeweiligen persönlichen Dialoge,

2 *Wu Mên Kuan*, Nr. 37. Dieses *Kōan* wurde im Essay I (Kap. 6) von einem etwas anderen Gesichtspunkt aus besprochen.

die in einer konkreten Situation zwischen dem Meister und dem Schüler oder einen besuchenden Mönch stattfinden. Das typische *mondō* besteht meistens aus einer Frage und einer Antwort. Der Dialog zeichnet sich daher meistens durch äußerste Knappheit und Kürze aus. Es ist eine wahre verbale Schlacht. Und der Kampf ist sofort beendet, genau wie ein echter Schwerterkampf zwischen zwei japanischen Schwertmeistern. Es gibt keinen Raum für die *dialektiké*. Der Zen-Dialog dauert nicht so lange wie ein platonischer Dialog, der endlos währen kann, bis zu den äußersten Grenzen der logischen Entwicklung und der intellektuellen Ausarbeitung eines vorgegebenen Themas.

Der Zen-Dialog versucht viel eher, die endgültige und ewige Wahrheit in dem momentanen Aufblitzen der Worte zu ergreifen, die zwischen zwei Personen an den beiden Enden der geistigen Spannung in einer konkreten und einzigartigen Lebenssituation ausgetauscht werden. Der momentane Dialog kann dabei etwas hervorbringen, das dem Außenstehenden als reiner Unsinn erscheint. Das macht nichts. Denn für die beiden Teilnehmer ist der Kampf ausgefochten worden. Die Wahrheit wurde erblickt oder wurde nicht erblickt. Das tut nichts zur Sache, denn die Wahrheit leuchtete für einen Augenblick auf.

Die Natur des Zen-Dialogs eröffnet auf außerordentliche Weise, oder, wie wir sagen würden, vielleicht auf schockierende Weise, die typische chinesische Denkart, die darin besteht, auf der Stelle die ewige Wahrheit in einer konkreten Situation, die niemals wiederholt werden kann, zu erfassen. Dieser Aspekt des chinesischen Denkens kann in viel milderer Form in den *Anakleten des Konfuzius* (*Lun Yün*, jap.: *Ron Go*) nachgelesen werden. Es ist eine Denkart, die grundverschieden ist von den Denkformen, die in der abstrakten und theoretischen Schicht des Intellekts oder der Vernunft begründet sind. Im Gegensatz dazu ist es eine eigenartige Weise des Denkens, die sich inmitten des konkreten Lebens entwickelt und durch ein konkretes Geschehnis oder konkretes Ding hervorgerufen wird. Diese typische Art des chinesischen Denkens wurde einst überschattet von einem logischen diskursiven Denken, das unter dem Einfluß des Mahayana-Buddhismus, der dem Aufkommen des Zen-Buddhismus voranging, entstand. Mit dem Zen wurde es in der Zeit von den Anfängen der T'ang-Dynastie bis hin zum Auslaufen der Sung-Dynastie neu belebt. Viele der repräsentativen Dialoge, die wir in den Aufzeichnungen der Sprüche finden, wurden in der Sung-Dynastie, zwischen dem 10. und dem 13. Jahrhundert, in Form von *Kōans* als wirkungsvollen Mitteln zur Erziehung und Belehrung des Zen-Schülers kodifiziert.

Es sollte verständlich geworden sein, daß alle Worte, die in der besonderen Zen-Weise benutzt werden, beinahe immer in einer sogenannten Grenzsituation geäußert wurden. Daher rührt die charakteristische Umformung oder Mißbildung der Alltagssprache, die wir in den *mondōs* beobachten konnten. Zen meidet oder verachtet die Sprache nicht. Es fordert nur, daß

Sprache auf besondere, nicht diskriminierende Art benutzt werde. Es fordert weiter, die Sprache müsse einer bestimmten Quelle entstammen, die wir die «erste Dimension der Wirklichkeit» nennen würden. Die Struktur dieser Wirklichkeitsdimension soll später analysiert werden. Jetzt wollen wir uns mit der Bemerkung begnügen, Zen würde nur der Quelle, aus der die Worte stammen, Wichtigkeit beimessen. Die Sprache, deren Quelle und Grundlage der gewöhnliche Bewußtseinsbereich ist, hat für Zen keine Bedeutung. Vollkommene Stille ist tausendmal besser als bedeutungslose Rede. Das berühmte Zen-Mahnwort: «Kein Gebrauch von Worten und Buchstaben», bezieht sich auf diesen Aspekt der Stellung zur Sprache.

An einer Textstelle seiner *Strukturellen Anthropologie* nennt Lévi-Strauss zwei verschiedene Haltungen, die gegenüber dem Sprachgebrauch angenommen werden können, und unterscheidet sie als Kulturmuster. Er sagt: «Unter uns (das heißt in der europäischen Kultur) wird Sprache auf unbesonnene Art und Weise benutzt; wir sprechen die ganze Zeit und stellen über vieles Fragen. Dies ist kein allgemeiner Zustand. Es gibt Kulturen . . ., die eher geizig mit der Sprache umgehen. Sie glauben nicht, Sprache könne wahllos benutzt werden, sondern sei nur im gewissen Rahmen und sparsam zu gebrauchen!»[3]

Ich weiß nicht, ob Lévi-Strauss dabei an die östlichen Kulturen dachte. Auf jeden Fall bezieht sich das zweite von ihm beschriebene kulturelle Muster auf den linguistischen Aspekt des Zen.

Wir assoziieren das Wort *Zen* natürlich mit der Ausübung des *zazen*, das heißt «mit übergeschlagenen Beinen in Meditation sitzen». Während des *zazen* hört Sprache – selbst die innere und gedankliche – auf zu funktionieren, ganz zu schweigen von der äußeren. Denn sie ist nur ein Hindernis für die geistige Konzentration; sie muß völlig entfernt werden. Der Student kann, einmal aus der Meditation hervorgekommen, plötzlich vom Meister aufgefordert werden – «Sag etwas, sag etwas!» –, Sprache zu benutzen, natürlich nicht diskriminierend, sondern in einem bestimmten Bezugsrahmen. Der Meister drängt den Schüler dauernd, seinen Mund zu öffnen und etwas zu sagen. Er befiehlt ihm: «Gib mir einen Satz!», das heißt einen entscheidenden Satz. Die Aufforderung zum Sprechen, die an den Studenten gerichtet wird, ist ein Bestandteil des Zen-Lehrprozesses, denn in dem Augenblick, in dem der Student seinen Mund öffnet und «einen entscheidenden Satz hervorbringt», enthüllt er dem Blick des Meisters das genaue Ausmaß seiner geistigen Reife.

Von äußerster Wichtigkeit ist, hierbei zu bemerken, daß das linguistische Verhalten, das von dem Studenten erwartet wird, ganz spezieller Natur ist. Es besteht weder darin, auf gewöhnliche Art zu sprechen, noch darin, zu schwei-

---

3 Claude Lévi-Strauss, *Structural Anthropology*, engl. Übersetzung, Doubleday Anchor Book, New York 1967, S. 67.

gen. Die Forderung lautet, aus einer gewissen Bewußtseinsdimension heraus zu sprechen, die weder die des Sprechens noch die des Schweigens ist.

Einer der berühmten «Drei Schlüsselsätze» (*san chuan yü*)[4] des Meisters Sung Yüan (jap.: Schō Gen, 1132–1202) war: «Sprechen ist nicht das Bewegen der Zunge.» Dies soll, durch Zen gesehen, heißen, daß der Mensch nicht mit der Zunge spricht. Ein anderer berühmter Meister, Pai Chang (jap.: Hyaku Jō, 720–814), soll einmal einem Schüler gesagt haben: «Wie wirst du möglicherweise sprechen, wenn dein Hals, deine Lippen und dein Mund weggerissen werden?»[5] Er drängt seinen Schüler, etwas ohne Hals, Lippen und Mund zu sagen. Diese anscheinend unvernünftige Aufforderung weist nur darauf hin, daß in einem Zen-Kontext die Sprache der Sprechakt ist, in dem die Sprachorgane, obwohl sie eigentlich benutzt werden, doch untätig bleiben, so als würden sie nicht gebraucht.

Um dies zu verstehen, müssen wir uns daran erinnern, daß Zen als Zweig des Mahayana-Buddhismus – wenigstens auf der Anfangsstufe der Theorie[6] – eine grundlegende Unterscheidung zwischen zwei Wirklichkeitsebenen trifft. Eine wird die der «heiligen Wahrheit» *shêng ti* (jap.: *shō tai*) genannt und entspricht dem sanskrit. *paramârtha-satya*; die andere ist die der «gewöhnlichen weltlichen Wahrheit» *su ti* (jap.: *zoku tai*), die dem *saṃvṛti-satya* entspricht. Erstere, die im Zen-Buddhismus auch «erste Wahrheit» genannt wird, bezieht sich auf eine gewisse Ansicht der Wirklichkeit, die dem Menschen nur durch die wirkliche Erfahrung der Erleuchtung offenbar wird. Die innere Struktur dieses hauptsächlichen Wirklichkeitsbereichs soll in der folgenden Auslegung erläutert werden. Die «gewöhnliche Wahrheit», die auch «zweite Wahrheit» genannt wird, entspricht dagegen dem allgemein üblichen Verständnis von Wirklichkeit des gewöhnlichen Menschen.

Vom Standpunkt des Zen aus gehört der normale Wortaustausch, der gewöhnlich mit den Ausdrücken «Sprechen», «Rede», «Sprache» und «Dialog» bezeichnet wird, zu dem Bereich der «zweiten Wahrheit», während dasselbe hinsichtlich eines Zen-Kontextes zum Bereich der «ersten Wahrheit» gehört.

---

4 *Chuan yü* (jap.: *ten yo*) bedeutet «wendendes (*chuan*) Wort». Es bedeutet 1. ein Wort (oder eine Reihe von Worten), das auf natürliche Weise dem «Wendepunkt» des Bewußtseins entspringt, und 2. ein Wort, das einen «Wendepunkt» im Bewußtsein des Zuhörers hervorrufen könnte. Die Fähigkeit, ein solches «wendendes» Wort auszusprechen, gilt als Zeichen dafür, daß das Subjekt die Erleuchtung erreicht hat. Das hier genannte *Kōan* stammt aus dem *Wu Mên Kuan*, Nr. XX.

5 *Pi Yen Lu* (jap.: *Hekigan Roku*), Nr. 70, 71, 72.

6 In einem fortgeschrittenen Stadium nach dem Erreichen der Erleuchtung wird eine solche Unterscheidung ausgelöscht, denn Zen unterscheidet dann nicht mehr zwischen dem «Heiligen» und dem «Gewöhnlichen». Der berühmte Spruch von Meister Nan Ch'üan (jap.: Nan Sen, 748–834): «Der gewöhnliche, gemeine Geist – das *ist* der Weg», ist ein direkter Ausdruck dieser Haltung (siehe *Wu Mên Kuan*, Nr. 19).

Wenn die Worte in diesem letzteren geäußert oder ausgetauscht werden, dann rufen sie eine äußerst befremdende Situation hervor.

1. Die grundlegende Struktur des Sprechens oder *parole*, wie sie von Ferdinand de Saussure definiert wurde, kann hier nicht mehr beobachtet werden, da es keine Unterscheidung mehr zwischen dem Sprechenden und dem Hörer gibt. Es kann eigentlich nur das Schauspiel des Fließens von Worten beobachtet werden, wobei man nicht weiß, woher diese kommen, wenn sie für einen Augenblick wie ein Blitz in der Luft aufscheinen, um sofort in die ewige Dunkelheit zurückzutreten. Sprechen findet zwar statt, aber es ist ein Sprechen im luftleeren Raum, wo die Existenz des Sprechenden und des Hörers völlig an Bedeutung verloren hat. Da es weder Sprecher noch Hörer gibt, ist der Akt des Sprechens kein Sprechen. Es konstituiert nicht *parole* im eigentlichen Sinn.

2. Ein anderes charakteristisches Merkmal des Sprechens im Zen-Kontext ist, daß die Sprache der grundlegendsten Funktion, das heißt der semantischen Artikulation der Wirklichkeit, entbehrt. Natürlich: solange ein Wort wirklich benutzt wird, gibt es eine semantische Artikulation, besonders für einen Menschen, der überhaupt keine Ahnung davon hat, was Zen unter dem ersten Bereich der Wirklichkeit versteht. Vom Gesichtspunkt des Zen aus ist es jedoch so, als wäre die semantische Artikulation durchsichtig, durchlässig, flexibel und bis zu einem solchen Grade widerstandslos geworden, daß sie beinahe nicht mehr existiert. Ein Grund für den mutmaßlichen Unsinn der Zen-Sprüche, von außen betrachtet – so zum Beispiel das oben zitierte *Kōan*, das behauptet, der Fluß stehe still und die Brücke fließe –, liegt in der Tatsache, daß der Außenstehende die besondere Verwandlung, der sich die semantische Artikulation unterzieht, wenn sie in einem Zen-Kontext geäußert wird, nicht versteht. Ich möchte dies noch etwas ausführlicher erklären.

Wenn wir zum Beispiel «Tisch» sagen, dann übt das Wort die normale Funktion der Artikulation aus. Das heißt, das Wort schneidet einen gewissen Wirklichkeitsanteil aus und stellt ihn unserem Geist als ein gewisses Ding vor, das mit diesem Namen benannt wird und damit von allen anderen Dingen unterschieden wird. Der «Tisch» ist «Tisch», nur weil er von allen «Nicht-Tischen» verschieden ist. Und wenn in einem gewissen Kontext «Tisch» gesagt wird, so bezieht sich das Wort auf einen besonderen, dort konkret existierenden Tisch. Das gleiche gilt auch für das Zen. So gesehen befindet sich Zen noch auf der zweiten oder weltlichen Ebene der Wirklichkeit. Die semantische Artikulation ist – wie vorher gesagt wurde – in einem Zen-Kontext unendlich flexibel. Das artikulierte Bild der Wirklichkeit ist durchlässig; es übt keinen Widerstand aus. Das heißt, das Produkt der Artikulation verstellt unsere Sicht nicht; es zwingt uns nicht, unseren Blick an diesem Punkt anzuhalten. Der «Tisch», als Beispiel für ein Produkt der Artikulation, drängt sich im Zen-Kontext nicht als feste semantische Masse auf, wie es in der gewöhnlichen Rede geschieht. Er wird viel eher durchsichtig, damit unsere Sicht direkt zu der Quelle, aus der die Form des Tisches hervorkam, gelangen kann. Durch die artikulierte Form des «Tisches» offenbart sich die erste Ebene der Wirklichkeit in ihrem ursprünglichen, unartikulierten Zustand. Diese Situation wird im Mahayana-Buddhismus meistens als «Ein Ding in seiner *tathatā* oder seinem Sosein sehen» bezeichnet. Die sollte jedoch nicht so verstanden werden – das sei hervorgehoben –, als ob das Wort «Tisch» als Symbol fungiere, welches «etwas dahinter» bezeichnet. «Tisch» ist als verbale Form viel eher die unmittelbarste Darstellung der ersten Ebene der Wirklichkeit.

3. Als dritten charakteristischen Grund des Zen-Gebrauchs der Sprache möchte ich bestimmen, daß der Inhalt oder was immer in einem Zen-Kontext in Form eines Satzes auch gesagt wird, kein unabhängiges semantisches (oder darstellendes) Wesen ist. Dies ist eine einfache Implikation des zweiten soeben erklärten charakteristischen Grundzuges.

Wenn wir zum Beispiel auf der zweiten oder gewöhnlichen Ebene der Wirklichkeit sagen: «Der Tisch ist quadratisch» oder «Der Himmel ist blau», dann bildet der Satz im Geist des Hörers eine Art semantische Einheit, die sich gegen den Hintergrund der Stille abzeichnet. Im ersten Bereich der Wirklichkeit kann sich eine solche Einheit auf keinen Fall bilden, denn sowie der Satz ausgesprochen wird, löst er sich auch schon völlig in seine ursprüngliche Quelle, die erste Dimension der Wirklichkeit, auf. Wir können dieselbe Idee auch vom anderen Ende aufrollen, indem wir sagen, daß das, was auch immer gesagt wird, eine totale und integrale Darstellung der ersten Dimension der Wirklichkeit ist. Die Aussage «Der Himmel ist blau» ist keine objektive Naturbeschreibung. Es ist eine subjektive Äußerung des psychischen Zustandes des Sprechers. Es ist eine augenblickliche Selbstdarstellung der absoluten Wirklichkeit selbst. Und als solche *bedeutet* die Aussage überhaupt nichts; sie bezeichnet oder deutet auf nichts anderes als sich selbst.

Meister Tung Shan (jap.: Tō Zan, 807–869)[7] drückte diesen Zustand viel poetischer in seinem berühmten Zen-Gedicht *Pao Ching Sun Mei* (jap.: *Hō Kyō San Mai*) auf folgende Art und Weise aus:

> Gehäufter Schnee in einer Silberschale,
> Ein weißer Reiher im Licht des Vollmondes versteckt.
> Die beiden sind sich gleich, jedoch nicht dasselbe;
> Ineinander verschmolzen, hat doch jeder seinen eigenen Platz.

Die «Silberschale» symbolisiert die erste, nichtartikulierte Stufe der Wirklichkeit, während der «Schnee» einen Teil der artikulierten Wirklichkeit versinnbildlicht. Genauso verhält es sich hinsichtlich des «weißen Reihers» und des «Lichtes des Vollmondes». «Die beiden sind sich gleich», das heißt, die beiden Dinge sind nicht klar voneinander zu unterscheiden, da sie beide weiß sind. Sie sind jedoch nicht dasselbe, das heißt, der «Schnee» *ist* «Schnee», und der «Vogel» *ist* «Vogel».

---

7 Tung Shan Liang Chieh (jap.: Tō Zan Ryō Kai), Gründer der Ts'ao-Tung-(jap.: Sō-Tō-)Sekte im Zen-Buddhismus, der nicht zu verwechseln ist mit Tung Shan, der früher genannt wurde (Kap. 2). In bezug auf dieses Gedicht siehe Essay I, Kap. 5.

Die absolute Wirklichkeit oder der erste Bereich der Wirklichkeit, wie er von Zen verstanden wird, hat keinen Namen; sie kann in ihrer Absolutheit unmöglich ganz in verbaler Form dargestellt werden. Wenn ein Zen-Meister in einem Moment der äußersten Spannung sagt: «Der Himmel ist blau», dann wird die nicht nennbare Wirklichkeit benannt und in dieser besonderen Form vergegenwärtigt. Die zeitliche Wirklichkeit glitzert und leuchtet für einen Augenblick in der Raum-Zeit-Dimension auf. Insofern sie sich in der artikulierten Form des blauen Himmels darstellt, ist sie unterscheidbar; sie unterscheidet sich von der ursprünglichen unartikulierten Form und auch von alldem, was durch andere Aussagen ausgedrückt wird. Insofern sie eine unmittelbare und nackte Form der unartikulierten Wirklichkeit ist, kann sie von dieser nicht unterschieden werden.

Den Spuren von Tō Zan, einem Zen-Meister des 10. Jahrhunderts, folgend, antwortete Pa Ling (jap.: Ha Ryō, exakte Daten sind unbekannt), als er gefragt wurde, «Was für ein Ding ist die Deva-Sekte?»: «Es ist in einer Silberschale angehäufter Schnee.»[8] Deva bezieht sich auf Kāna-Deva, einen Schüler des Nāgârjuna (jap.: Ryūju, etwa 150–250), der für sein philosophisches Talent bekannt war. Die «Deva-Sekte» bezieht sich also auf die Philosophie des Nichts *(śūnyatā)*, die die Position des Mittleren Weges des Nāgârjuna kennzeichnet. Diese Anekdote zeigt, daß diese besondere Betrachtung der Beziehung zwischen der unartikulierten Wirklichkeit und ihren artikulierten Formen genau das ist, was den Kern des Mahayana-Buddhismus ausmacht.

4. Die Ontologie der Bedeutung im Mahayana-Buddhismus

Die soeben zitierte Anekdote ist insofern interessant, als sie nebenbei unsere Aufmerksamkeit auf die Tatsache richtet, daß das Zen-Verständnis der Sprache einen historischen Hintergrund in dem Mādhyamika oder der Schule des Mittleren Weges des Mahayana-Buddhismus hat. Es muß jedoch festgehalten werden, daß die Sprachphilosophie des Zen auch mit der *Vijñaptimātratā* oder der Nur-Vorstellung-Schule, die auf Vasubandhu (etwa 400–480) zurückgeht, verwandt ist.

In der Geschichte der indischen Philosophie steht die Sprachphilosophie des Mahayana ganz allgemein in diametralem Gegensatz zu der semantischen Theorie, die von der Vaiśeṣika- und der Nyāya-Schule vertreten wird. Diese Theorie kennzeichnet sich dadurch, daß ein Wort das Symbol für ein existierendes Etwas der Außenwelt ist. Jedem einzelnen Wort entspricht ein wirklich existierendes Ding. Wenn es ein Wort gibt, kann man gewiß sein, daß dem ein Objekt in der Welt entspricht; andererseits ist alles, was wißbar ist, auch benennbar. Diese Ansicht ist so dominierend in der Vaiśeṣika-Schule, daß in

8 *Pi Yen Lu*, Nr. 13.

deren Ontologie «existierend» *padârtha*, das heißt Bedeutung eines Wortes oder was mit einem Wort gemeint wird, heißt.

Für diese Schule ist die alleinige Tatsache, daß es das Wort «Ochse» gibt, schon der Beweis dafür, daß *es* in der Außenwelt eine besondere Substanz *gibt*, die mit diesem Namen bezeichnet wird. Da wir über diese Substanzen mehrere Besonderheiten aussagen, wie «Der Ochse ist weiß», «Der Ochse läuft» usw., können wir auch sicher sein, daß Besonderheiten wie «Weißsein» oder «Laufen» in der wirklichen Welt existieren. Und da das Wort «Ochse» universell auf verschiedene Arten des Ochsen (wie laufend, rennend, ruhend usw.) angewandt werden kann, muß der Ochse als Universales auch in Wirklichkeit existieren. Dies gilt auch für die verschiedenen Eigenschaften, die den universellen Ochsen von den anderen Tierarten wie Pferd, Schaf, Hund usw. unterscheiden.[9]

Die Ontologie des Vaiśeṣika ist ein ausgesprochener Atomismus, in dem alle existierenden Wesen letztendlich auf Atome reduziert werden können (paramânu bedeutet »äußerst fein und schmal«).

Die Atome sind die unsichtbaren Grundsubstanzen. Ein Ochse ist zum Beispiel eine zusammengesetzte Substanz, die aus einem Aggregat solcher Atome besteht. Eine zusammengesetzte Substanz ist ein sichtbarer Körper, ein neues und unabhängiges Wesen, das sich von den Atomen als seinen konstituierenden Teilen so unterscheidet, wie ein Stück Stoff – das aus Fäden besteht – eine von den Fäden verschiedene Substanz ist.

Sowohl die Schule des Mittleren Weges als auch die Schule der Nur-Vorstellung des Mahayana-Buddhismus verstehen sich als radikale Opposition zu dieser Betrachtung der Beziehung zwischen der Wirklichkeit und der Sprache. Der Buddhismus behauptet, die Sprache habe keine ontologische Bedeutung. Ein Wort entspricht nicht einem Teil der Wirklichkeit. Worte sind nichts als Zeichen, die für den alltäglichen Gebrauch erfunden wurden und mit der Struktur der Wirklichkeit nichts gemeinsam haben. Die Vaiśeṣika-Schule vertritt die Ansicht, daß einem Wort wie «Topf» oder «Tisch» in der Außenwelt ein wirkliches Objekt, eine Substanz entspricht. Für den Buddhismus ist dies eine Ansicht, die sich allein auf die zweite, das heißt weltliche Stufe der Wirklichkeit bezieht. Gewöhnliche Leute denken immer in diesem Rahmen, und deren ganzes Weltschema und Verhalten wird dadurch bedingt. Vom Standpunkt der ersten Wirklichkeit aus ist dies falsch und reiner Unsinn. Ein «Tisch» ist zum Beispiel keine Substanz, die mit einer unveränderlichen, ewig selbst-identischen Identität versehen ist. Mit anderen Worten: Er ist «nichts», weil er selbst keine dauernde ontologische Festigkeit besitzt. Als phänomenales Wesen *scheint* es so, als würde der Tisch wirklich existieren, genau wie ein Geist

9 Über die Universalien als die Verweiszeichen der Worte laut dem Vaiśeṣika Mimānsā, Nyaya, siehe R. C. Pandeya, *The Problem of Meaning in Indian Philosophy*, Motilal Banarsidass, Delhi 1963, S. 193–199.

oder der im Wasser reflektierte Mond. Die Nur-Vorstellung-Schule behauptet, die Sprache würde eine solche falsche Ansicht der Wirklichkeit herbeiführen.

Sprache ist untrennbar mit Begrifflichkeit verbunden. Die Bedeutung des Wortes wird im Begriff verallgemeinert, und die anscheinende Festigkeit und Dauer des Begriffs wird allzuschnell auf die Struktur der Welt projiziert. So erscheint der «Tisch» als durch-sich-selbst-existierendes Wesen, das eine wirkliche Festigkeit und Dauer besitzt. Das gleiche gilt für die Eigenschaften des Tisches wie Farbe und Form.

Im *Triṃśikā Vijñaptimātratāsiddih* (XX) erklärt Vasubandhu, daß solche «Dinge», die durch die natürliche Neigung des menschlichen Geistes produziert werden, nur falsch vorgestellte Seinsformen sind und nicht wirklich existieren. Vasubandhu argumentiert, der Mensch sei daran gewöhnt, sich die Existenz eines äußeren Dinges als Entsprechung eines Wortes vorzustellen, zum Beispiel den Objekt-Tisch als Entsprechung des Wort-Tisches. Er stellt sich weiter vor, daß das Auge als Wahrnehmungsorgan existiere, um den Objekt-Tisch wahrzunehmen. Als eigentliches «Existierendes» kann jedoch nur der dauernde Fluß des Bewußtseins *(citta-samtāna)*, dessen eigentlicher Inhalt sich von Moment zu Moment ändert, anerkannt werden. Der Objekt-Tisch wie auch das wahrnehmende Auge sind Produkte der diskriminierenden Funktion des Geistes, der diese subjektiven und objektiven Wesen durch Analyse aus dem Fluß des Bewußtseins herausgreift. Der Mensch vergißt dabei völlig, daß der Inhalt des Bewußtseins von Moment zu Moment verschieden ist. So setzt er fälschlicherweise den «Tisch» als Universales, das sich trotz aller Raum- und Zeitunterschiede gleichbleibt. Streng gesprochen ist auch dieser besondere Tisch, den ich in diesem Moment wahrnehme, verschieden von dem sogenannten gleichen Tisch, den ich kurz darauf wahrnehmen werde. Und so wie der Objekt-Tisch von Moment zu Moment verschieden ist, so ist es auch das wahrnehmende Auge. Selbstverständlich ist das Auge, das einen runden Tisch wahrnimmt, verschieden von dem Auge, das einen viereckigen Tisch wahrnimmt. So werden sowohl das Auge als auch das Objekt fälschlicherweise durch die Vorstellung unter den Einfluß der Sprache gestellt. Und diese falschen Wesen sind phänomenale Formen, die unaufhörlich aus den tiefen potentiellen Kräften hervortreten, die im Unbewußten, das in dieser Schule *ālaya*-Bewußtsein genannt wird, gespeichert sind.

Auf ähnliche Weise behauptet Nāgârjuna, Gründer der Schule des Mittleren Weges und Stellvertreter der Philosophie des Nichts, die sogenannten Wesen seien nichts als Hypostasierungen der Wortbedeutungen. Das Wort, sagt er, sei nicht solcher Art, daß es ein wirkliches Objekt bezeichnen würde. Anstatt sicherer Beweis der Existenz eines ontologischen Wesens zu sein, ist das Wort selbst nichts als ein unbegründetes geistiges Konstrukt, dessen Bedeutung durch seine Beziehung zu anderen Worten bestimmt wird. So ändert sich die Bedeutung eines Wortes, wenn sich das Maschenwerk, dessen Teil es ist, auch nur ganz minimal verändert.

Gewöhnliche Menschen, die mit der «weltlichen Ansicht» *(lokavyavahāra)*, die auf der linguistischen Konvention begründet ist, konform leben, können nur in einer Welt existieren, die aus einer unendlichen Anzahl verschiedener Dinge, die nur Hypostasierungen der Wortbedeutungen sind, besteht. Diese linguistisch artikulierte Weltanschauung wird der Wirklichkeit auferlegt und verdeckt das, was sie wirklich ist, in ihrer reinen Unartikuliertheit – in ihrer unendlichen Offenheit, wie es Zen sagen würde. Gewöhnliche Menschen sind sich dieser letzten Schicht der Wirklichkeit nicht bewußt.

Nāgârjuna argumentiert, daß die erste dieser zwei Dimensionen, das heißt die linguistisch artikulierte Welt, reine Vorstellung sei. Was wirklich *ist*, sei die Dimension der Wirklichkeit vor dem analytischen Begreifen durch das Netz der artikulierten Worte. Diese prälinguistische Wirklichkeit ist die Wirklichkeit, das heißt das Nichts *(śūnyatā)*. Das Wort śūnyatā bezieht sich auf den ursprünglichen metaphysischen Zustand der Wirklichkeit, in der es keine fälschlich gesetzten und fixierten Dinge gibt. Die einfache Tatsache, daß es hinter den immer-veränderlichen Formen der Phänomene überhaupt keine fixierten Wesen gibt, ist, wenn sie vom Menschen subjektiv verstanden wird, die höchste Wahrheit. Wenn der Mensch diese höchste Stufe erreicht hat und zurückschaut, dann entdeckt er, daß die Unterscheidung zwischen erstem oder «heiligem» Bereich der Wirklichkeit und zweitem oder «gemeinem» Bereich der Wirklichkeit reine Vorstellung war. Selbst das «Heilige» ist ein artikulierter Teil der Wirklichkeit, der sich von dem, was nicht «heilig» ist, unterscheidet.

Das *Kōan* Nr. 1 des Pi Yen beschreibt diese Situation in einer für das Zen typischen brüsken und knappen Form. Der Kaiser Wo von Liang fragt den Bodhidharma: «Was ist die erste Bedeutung der heiligen Wahrheit?» Darauf antwortete der Bodhidharma: «Grenzenlos offen! Nichts Heiliges!»

Ein grenzenlos offener Kreis, dessen Mittelpunkt überall und nirgends ist, der sich allen Versuchen der Festlegung entzieht – hier ist nichts festgelegt, nichts hat wesentliche Begrenzungen. Es gibt nichts, das als «Heiliges» dauernd festgelegt werden könnte. Diese lakonische Antwort des schon legendären ersten Patriarchen des Zen-Buddhismus stellt einen Abriß der Grundlehre des Nāgârjuna[10] dar.

---

10 Friedrich Georg Jünger zeigt in seinem Buch *Sprache und Denken*, Vittorio Klostermann, Frankfurt/M. 1962, S. 218 (Kapitel über *Bi-Yän-Lu*), ein bemerkenswert richtiges Verständnis dieses *Kōans*. Er schreibt: «... Bodhidharma antwortet: ‹Offene Weite – nichts von heilig.› Heiligkeit und offene Weite werden gegenübergestellt, und in dieser Weite verschwindet auch die Heiligkeit als eine das Bewußtsein einengende, starr machende Grenze. In die offene Weite dringt – sie ist kein Vakuum – alles ein, dringt so ein, daß es kommt und geht, durchgeht, vorübergeht. Der Standort, jeder Standort muß aufgegeben werden, muß verlassen werden. Die Leere hat keinen Punkt, in dem sie befestigt werden könnte; die offene Weite ist ohne Mittelpunkt und Peripherie.»

«Wer Geld hat …

... ist ein Drache, wer keines hat, ein Wurm», sagt eine chinesische Spruchweisheit. Und wie bei jeder wirklichen Weisheit hat sich bis zum heutigen Tag auch an dieser Einsicht nichts geändert: Wer Geld hat, steht etwas höher auf der Stufenleiter des Lebens.

5. Das Problem der semantischen Artikulation

Es wäre nur verständlich, wenn die Sprache in einem solchen besonderen Kontext schwerwiegende Probleme aufwerfen würde. Es gehört zur Natur der Sprache – wie wir oben sahen –, Wirklichkeit in festgelegten Wesen zu artikulieren. Zen fordert jedoch, daß Sprache ohne Artikulation eines einzigen Dinges auskommen solle.

Meister Shou Shan (jap.: Shu Zan, 926–993) hielt seinen Bambusstab hoch. Indem er ihn seinen Schülern zeigte, sagte er: «Wenn ihr, Mönche, dies einen Bambusstab nennt, dann legt ihr es fest. Wenn ihr es nicht Bambusstab nennt, dann widerstrebt ihr der Tatsache. Sagt mir, Mönche, jetzt sofort: Wie würdet ihr es nennen?»

Auf dem philosophischen Hintergrund, der oben aufgezeichnet wurde, wird es ein einfaches sein, Meister Shou Shans Intention zu verstehen. Wenn man einen Bambusstab «Bambusstab» nennt, hypostasiert man die Bedeutung des Wortes in eine getrennte selbständige Substanz und begeht den Fehler, die Wirklichkeit, wie sie wirklich ist, in ihrer grenzenlosen Offenheit zu artikulieren. Wenn man dahingegen nicht zugeben will, es sei ein Bambusstab, und sagt, *es sei kein* Bambusstab, widersetzt man sich der Tatsache, daß die Wirklichkeit hier und jetzt in der phänomenalen Form eines Bambusstabes erscheint.

Meister Wu Mên (jap.: Mu Mon, 1183–1260), Autor des *Wu Mên Kuan*, kommentierte diese Anekdote mit den Worten:

Wenn man es Bambusstab nennt, legt man es fest. Wenn man es nicht Bambusstab nennt, widerstrebt man der Tatsache. So kann man weder etwas sagen noch nichts sagen. (Was ist es dann?) Sag es mir sofort! Sag es mir sofort![11]

Das «Sag es mir sofort!» oder «Sag sofort etwas!» ist bezeichnend für einen solchen Zen-Kontext. Es bedeutet: «Sag etwas Bestimmendes ohne Überlegung, ohne Nachdenken!» Denn selbst die kleinste Überlegung würde den Menschen sofort von der ersten Stufe der Wirklichkeit wegführen. Die erste Stufe der Wirklichkeit muß viel eher an Ort und Stelle in Form eines Wortes oder einer Geste aktualisiert werden – aus einer Bewußtseinsdimension heraus, die über der Artikulation liegt.

Das *Kōan* berichtet uns nichts darüber, ob unter den Schülern einer war, der diese herausfordernde Frage Meister Shou Shans angemessen beantworten konnte. In dem gleichen Buch gibt es jedoch ein anderes *Kōan*, in dem ein Schüler seinem Meister eine geeignete Antwort auf eine ähnliche Frage gibt.[12]

Meister Pai Chang (jap.: Hyaku Jō, 720–814)[13] holte eine Wasserflasche hervor, stellte sie auf den Boden und fragte: «Wenn ihr es nicht Wasserflasche nennen sollt, wie würdet ihr es nennen?»

---

11 *Wu Mên Kuan*, Nr. 43.
12 Ebenda, Nr. 40.
13 Siehe auch oben, Kap. 3.

Der Abt des Klosters antwortete: «Es kann auf keinen Fall Holzstück genannt werden!»

Daraufhin wandte sich der Meister Wei Shan (jap.: Isan, 771–853) zu und bat ihn, seine Antwort zu geben.

Auf der Stelle warf Wei Shan die Wasserflasche mit seinem Fuß um. Der Meister lachte und bemerkte: «Der Abt wurde von diesem Mönch in dieser Runde geschlagen.»

Wei Shan, der damals die Position des *tien tsuo* (jap.: *tenzo*) – Mönch, der sich um das Essen im Kloster kümmert – innehatte, wurde daraufhin zum Vorsteher eines neuerbauten Klosters ernannt. Er wurde später einer der großen Meister und eröffnete ein rühmliches Kapitel in der Geschichte des Zen in China.

Wir wollen nun die Bedeutung dieser anscheinend sinnlosen Tat des Meisters Wei Shan untersuchen. Die Antwort, die von dem Abt gegeben wurde, stimmt mit dem gewöhnlichen Menschenverstand völlig überein. «Es kann auf keinen Fall Holzstück genannt werden» – mit anderen Worten: «Eine Flasche ist eine Flasche, sie kann niemals Holz sein.» Diese Aussage ist sinnvoll vom Standpunkt der zweiten Ebene der Wirklichkeit aus. Philosophisch ist es ein Essentialismus, der auf die Kernlehre des Hinayana *Sarvâstivādin* zurückgeht. Die These kann kurz durch folgende Formel zusammengefaßt werden: *A* ist *A*; es ist nichts, kann nichts anderes als *A* sein, weil es auf sich selbst festgelegt ist durch sein eigenes dauerndes Wesen. Es ist leicht zu sehen, daß diese ontologische Position frontal zusammenstößt mit der These des *niḥsvabhāva* – oder «Nicht-Essentialismus» –, die von Nāgârjuna vorgetragen wurde.

Es muß bemerkt werden, daß es, solange man auf der zweiten Ebene der Wirklichkeit gefangen bleibt, unmöglich ist, die Grenzen dieses einfachen Realismus zu überschreiten. Man kann, auf dieser Ebene verweilend, die Unhaltbarkeit dieses Essentialismus erfassen und die Wasserflasche zum Beispiel «Gott» oder «Buddha» oder sogar «Nichts» nennen, um dessen magischen Bann zu brechen. Dabei befindet man sich trotzdem noch im Bereich der hypostasierten Wortbedeutungen. Denn sowie ein Wort wie «Gott» oder «Nichts» auf der Ebene der zweiten Wirklichkeit geäußert wird, legt sich der semantische Inhalt auch schon fest und kristallisiert sich in eine festgelegte Einheit mit einem eigenen Wesen. Zen verlangt den Übergang auf eine völlig andere Dimension – wo *A* weder *A* noch *nicht-A* ist, und doch, oder gerade deshalb, *A* unbestreitbar *A* ist. In dieser neuen Dimension der Wirklichkeit ist die Wasserflasche weder eine Wasserflasche noch keine Wasserflasche, denn diese Dimension ist die des *śūnyatā*, wo es keine festgelegten Wesen gibt. Aber gerade wegen dieser absoluten Ununterschiedenheit und Unartikuliertheit kann alles und jedes die totale Manifestation der ganzen Wirklichkeit sein. In diesem besonderen Sinn *ist* eine Wasserflasche eine Wasserflasche. In einer Wasserflasche ist das ganze *śūnyatā* aktualisiert. Die Wasserflasche wird nicht durch ihr eigenes Wesen, sondern durch das *śūnyatā* begründet und gestützt. Anders gesagt: In einer Wasserflasche ist das ganze Universum enthalten. Sie *ist* das ganze Universum. Ist die Wasserflasche in einer solchen Situation noch eine Wasserflasche? Ja und nein. Der junge Mönch Wei Shan gab diesem

Tatbestand Ausdruck durch sein anscheinend irrationales Verhalten, das in dem oben zitierten *Kōan* festgehalten wurde.

Vor dem Hintergrund einer solchen Ansicht der Wirklichkeit muß auch das Ein-Finger-Zen des Meisters Chü Chih verstanden werden. Zu Beginn wurde darauf hingewiesen, daß Meister Chü Chih jedesmal einen Finger hochhob, wenn ihm eine Frage über Zen gestellt wurde. In der Dimension der Wirklichkeit, in der der Meister lebte, war der hochgehobene Finger kein Finger, das heißt, er war eine unmittelbare und nackte Manifestation dieser Dimension in Form eines Fingers. Mit anderen Worten: Wenn Meister Chü Chih seinen Finger hochhob, wurde das ganze Universum dadurch hochgehoben. Das Hochheben des einen Fingers in dieser Dimension ist nichts anderes als das plötzliche Hochheben der ganzen phänomenalen Welt.

Die grundlegende Struktur der phänomenalen Welt, von diesem Standpunkt aus gesehen, wurde am besten von der Hua-Yen-(jap.: Kegon-) Schule der Mahayana-Philosophie, die in China blühte, erläutert. Diese Schule lehrt, alles im Universum sei eine einzigartige Verkörperung der absoluten Wirklichkeit; alles sei ein Spiegel, der das höchste Licht widerspiegelte. Und alle Spiegel, die alle in sich das höchste Licht widerspiegeln, spiegeln einander auf solche Art und Weise wider, daß sie jeweils alle anderen Spiegel widerspiegeln. Das ganze Universum wird als unendliche Anzahl von leuchtenden Spiegeln dargestellt, die einander gegenüberstehen, so daß die ganze Welt als unendliche Lichtmasse unergründbarer Tiefe erscheint. In einer solchen Situation muß die kleinste Bewegung eines einzigen Spiegels die ganze Lichtwelt verändern. Und da sich in der phänomenalen Dimension alle Dinge von Moment zu Moment verändern und jede kleinste Bewegung der Dinge eine neue Anordnung bedingt, wird in jedem Moment eine neue Welt geboren.

In bezug auf diese Hua-Yen-Ansicht sagt Meister Yüan Wu (jap.: Engo, 1063–1135), der gerühmte Herausgeber des *Pi Yen Lu*, in der Einleitung zu dem obenerwähnten Ein-Finger-*Kōan* des Chü Chih:

> Wenn ein Staubkörnchen hochfliegt, wird behauptet, die ganze Erde würde darin aufsteigen; wenn eine Blume aufblüht, wird behauptet, ihre Bewegung würde das ganze Universum erzittern lassen.
>
> Also dann, welches ist der Zustand, in dem noch kein Staub aufsteigt und noch keine Blume blüht?

Es ist selbstverständlich, daß die beiden ersten Aussagen auf die phänomenale Struktur der Wirklichkeit bezogen sind, während sich die dritte Aussage auf das *śūnyatā*, die ursprüngliche, unartikulierte Einheit der Wirklichkeit bezieht, die in der oben angeführten Metapher mit dem absoluten Licht verglichen werden könnte, das ewig unbewegt und unverändert bleibt, in den phänomenalen Formen, in denen es sich aktualisiert. Meister Chü Chih, der einen Finger hochhob, reproduzierte auf diese Weise durch seine eigene Person diesen metaphysischen Prozeß, durch den die Welt der phänomenalen Dinge aus der Tiefe der ewigen Stille und Ruhe emporsteigt.

Meister Chü Chih konnte ein solches Kunstwerk vollbringen, weil der Finger, den er hochhob, der Nicht-Finger, das heißt *śūnyatā* selbst war. Der Schüler, der seinen Meister nachahmte, hob auch einen Finger hoch. Rein äußerlich tat der Schüler genau das gleiche wie der Meister. Aber sein hochgehobener Finger war nur ein «Finger», denn während er ihn hochhob, war er sich dessen bewußt. Da der Junge nur in der zweitrangigen Dimension der Wirklichkeit lebte, war der hochgehobene Finger nur ein wesentlich begrenztes phänomenales Objekt. Der Finger als Objekt wurde hochgehoben, aber das Universum erhob sich nicht mit ihm.

Nachdem sein Finger abgeschnitten war und er von seinem Meister aufgerufen wurde, wollte er seinen Finger hochheben, um des Meisters Frage «Was ist der Buddha?» zu beantworten, und dabei bemerkte er, daß sich der Finger nicht erhob. In diesem gleichen Moment erkannte er blitzartig die Nichtexistenz des Fingers in seiner tiefsten Bedeutung. Anstelle eines phänomenalen Fingers sah er den Nicht-Finger. Er konnte den phänomenalen Finger zwar nicht hochheben, dafür aber den nichtphänomenalen, unsichtbaren und nichtexistierenden Finger. Indem er diesen hochhob, hob er das ganze Universum hoch. In diesem Moment sah er das ganze Universum aus der unsichtbaren Dimension der Wirklichkeit emporsteigen, und er erreichte die Erleuchtung. Der Nicht-Finger, den er dort und dann hochhob, war von derselben Art wie die «Drei Pfund Flachs» von Meister Tung Shan und die «Zypresse im Hof» von Meister Chao Chou.

Stille, wortlose Gesten sind nicht die einzigen Mittel, um die erste Ebene der Wirklichkeit zu aktualisieren. Sehr oft wird Sprache, völlig ausgereifte Rede, benutzt, um die ewige Wahrheit im Hier und Jetzt zu aktualisieren. Hier ein typisches Beispiel:

> Einmal fragte ein Mönch Meister Fêng Hsüeh (jap.: Fūketsu, 896–973): «Die Rede verdirbt die Transzendenz (der Wirklichkeit), während das Schweigen die Manifestation verdirbt. Wie könnte man eine Rede und Schweigen kombinieren, ohne die Wirklichkeit zu verderben?»
>
> Der Meister antwortete: «Ich erinnere mich immer an die Frühlingslandschaft, die ich einst in Chiang Nan sah. Rebhühner riefen dort inmitten von duftenden Blumen in voller Blüte!»[14]

Der Mönch sagte: Wenn wir Worte benutzen, um die erste Ebene der Wirklichkeit zu beschreiben, wird die ursprüngliche Unartikuliertheit unweigerlich als begrenztes Wesen artikuliert. Wenn wir jedoch schweigen, dann taucht alles im ewigen Nichts unter, und der phänomenale Aspekt der Wirklichkeit geht dadurch verloren. Daher die Frage: Wie können wir Rede und Schweigen kombinieren, um die Wirklichkeit unter ihren beiden Aspekten darzustellen?

---

14 *Wu Mên Kuan*, Nr. 24. Fêng Hsüehs Antwort ist ein Zitat von Tu Fu (jap.: To Ho, 712–770), einem der hervorragendsten Dichter der T'ang-Dynastie.

Anstatt dem Mönch zu antworten, *wie* er Rede und Schweigen kombinieren könnte, vergegenwärtigt Meister Fêng Hsüeh den Augen des Mönchs die erste Ebene der Wirklichkeit als Kombination von Schweigen und Rede. Um die Struktur seiner Darstellung zu erläutern, müssen wir hier bedenken, daß die entzückende, hier mit Worten beschriebene Frühlingsszene eine Landschaft ist, die aus den Tiefen der Erinnerung hervorgeholt wird. Es ist eine Landschaft, die sowohl zeitlich als auch räumlich vom eigentlichen Standpunkt des Dichters weit entfernt ist. Mit anderen Worten: sie existiert nicht. Als wirklich hervorgerufene Erinnerung ist sie jedoch sehr lebendig da. Das Rufen der Rebhühner kann an diesem zeitlich-räumlichen Punkt der äußeren Wirklichkeit nicht gehört werden. Ohne Zweifel rufen die Rebhühner in einer anderen Dimension inmitten von duftenden Blumen. Alle Elemente des Gedichtes, das Subjekt-Ich mit einbeschlossen, sind zur gleichen Zeit abwesend und anwesend. Dies ist eine eigenartige Kombination von Rede und Schweigen.

Vom semantischen Standpunkt aus gesehen, müssen wir hier festhalten, daß in diesem Fall die artikulierende Funktion der Sprache genauso wie beim normalen Sprachgebrauch am Werke ist. Da Worte wirklich geäußert werden, werden eine bestimmte Anzahl semantischer Einheiten produziert – «ich», «Rebhuhn», «rufen», «Blume», «Duft». Aber all diese Dinge existieren in Wirklichkeit nicht und stellen sich nicht als feste selbständige Wesen dar. Sie sind durchsichtig und durchlässig. Indem sie einander widerspiegeln, durchdringen und sich ineinander auflösen, bilden sie ein integrales Ganzes, das nichts anderes ist als die unmittelbare Darstellung der ersten Ebene der Wirklichkeit. In diesem Sinne wird die semantische Funktion der Artikulation in einem Kontext dieser Art auf ein Minimum reduziert. Denn die Artikulation verliert ihre funktionelle Grundlage, sie kann nicht richtig funktionieren, angesichts eines transsubjektiven und transobjektiven Bewußtseins der Verschmelzung aller Dinge, indem zum Beispiel das Wort «Rebhuhn» keine unabhängige äußere Substanz festlegt, sondern eher die Identifikation mit der «Blume» und allen anderen Dingen bedeutet, so daß endlich alle Dinge in eins verschmolzen werden. Die Mehrzahl aller Zen-Sprüche ist letztlich von solcher Art.[15]

Um diese Behauptungen zu illustrieren, möchte ich hier ein weiteres Beispiel anführen, welches noch viel typischer für Zen ist als das vorangehende. Es ist das *Kōan* Nr. IV des *Wu Mên Kuan* mit dem Titel «Der Barbar hat keinen Bart». Das Wort «Barbar» oder «Barbar des Westens» bezieht sich auf den Bodhidharma, von dem behauptet wird, daß er, nachdem er aus dem Westen, das heißt aus Indien, kam, die Bewegung des Zen-Buddhismus in China begründete. Dieser befremdende Name des verehrten ersten

---

15 Vgl. Chang Chung-yuan, *Creativity and Taoism*, The Julian Press, New York 1963, S. 20f.

Patriarchen des Zen wird absichtlich benutzt, um die gewöhnlichen Menschen zu erschüttern und von dem Glauben, der Bodhidharma sei ein außergewöhnlicher, heiliger oder göttlicher Mensch gewesen, abzuschrecken. Es soll damit darauf hingewiesen werden, daß er nur ein gewöhnlicher Mensch wie jeder andere war. Das *Kōan* besteht aus einer äußerst kurzen Frage, die dem Meister Huo An (jap.: Waku-An, 1108–1179) zugeschrieben wird. Es sagt:

Dieser Barbar aus dem Westen – warum hat er keinen Bart?

Man könnte sagen, dies sei ein hervorragendes Beispiel für Zen-Unsinn. Warum und mit welcher Absicht stellte Meister Huo An eine so sinnlose Frage? Sein Bild des Bodhidharma ohne Bart steht im Gegensatz zu den gewöhnlichen Abbildungen dieses ernsten Meisters der Meditation. In den traditionellen chinesischen und japanischen Abbildungen erscheint er in der Tat fast immer mit einem zottigen dunklen Bart.

Das verbale Bild Huo Ans stellt den Bodhidharma ohne Bart dar, denn hier erscheint er als die Aktualisierung der ersten Ebene der Wirklichkeit. Es ist interessant zu bemerken, daß die Wirklichkeit als Kombination von Schweigen und Rede dargestellt wird, wie schon in der Frühlingsszene des Meisters Fêng Hsüeh, jedoch prägnanter und direkter. In diesem Wortbild wird der Aspekt des Schweigens durch den bartlosen Bodhidharma dargestellt. Sein Gesicht hat kein einziges Haar. Dies bezieht sich auf den Aspekt des Nichts der Wirklichkeit, des *śūnyatā*, das absolut unartikuliert, «grenzenlos offen» und ohne jegliche Unterscheidung ist. Der Aspekt des Sprechens wird durch sein Bartlos-Sein dargestellt. Das Wort «Bart» wird benutzt. Und sowie das Wort geäußert wird, produziert es unweigerlich durch die wesentliche Funktion der Artikulation eine semantische Einheit. Etwas wird als Wesen, als Objekt-«Bart» artikuliert und sofort verneint: «bart-los.»

Die Kombination dieser beiden Aspekte stellt die beiden wesentlichen Formen der ersten Ebene der Wirklichkeit verbal dar. Das absolute Nichts enthüllt sich blitzschnell in Form eines Bartes und entschwindet in seine ursprüngliche Dunkelheit. Die semantische Artikulation findet zwar statt, wird jedoch sofort wieder verneint. Es ist so, als hätte es niemals Artikulation gegeben. Meister Huo An erwartet von seinem Schüler, daß er in diesem schwindenden Moment blitzschnell die integrale Struktur der Wirklichkeit in ihrer integralen Ganzheit erfaßt.

Dies ist nicht einfach. Denn die Nachwirkung der Artikulation ist beständig. Sowie das Wort «Bart» aus dem Nichts artikuliert wird, hat es die Tendenz, eine semantische Einheit zu bleiben, obwohl es sofort verneint wird. Denn der «Bart» besteht weiter in seiner verneinten Form. Die Verneinung wird dadurch gleichwertig mit der Bejahung auf die gleiche diskursive Ebene versetzt, und die ursprüngliche Verneinung, das heißt das *śūnyatā*, ist für immer verloren. In bezug auf diese Gefahr sagt Meister Wu Mên in seinem Gedicht über dieses *Kōan*:

Sprich nicht über deinen Traum
In Gegenwart von Narren.
Der Barbar hat keinen Bart, sagst du,
Du fügst dem, was durch sich klar ist, nur Dunkelheit hinzu.

Indem er versucht, die erste Ebene der Wirklichkeit in einem einzigen Augenblick in Form der «Bart-losigkeit» zu zeigen, führt Huo An den gewöhnlichen Menschen in eine unnötige intellektuelle Verstrickung, denn es ist für diesen sehr schwer, eine eben erfolgte Artikulation sofort wieder auszulöschen und zu vernichten. Wenn eine solche Vernichtung des artikulierten Wesens nicht sofort vorgenommen wird, besteht keine Hoffnung, in eine davon völlig verschiedene Dimension der Wirklichkeit zu geraten, um das *śūnyatā* zu erfassen, das sich gerade in Form des «Bartes», der in Wirklichkeit ein «Nicht-Bart» ist, manifestierte.

In Indien erläuterte Candrakīrti, ein Philosoph der Schule des Mittleren Weges aus dem 6. Jahrhundert, diese Kernfrage durch eine Metapher in seinem *Prasannapadā* (XVIII).[16]

Nehmen wir an, sagt er, ein Mann mit einem Augenleiden würde ein in der Luft schwebendes Haar vor seinen Augen flimmern sehen. Und ein vertrauenswürdiger Freund würde ihm nun versichern, die Luft, die er sehe, existiere nicht. Der Mann würde dann glauben, daß das für ihn wirklich sichtbare Haar in Wirklichkeit nicht existiert. Er hätte jedoch noch nicht begriffen, daß es absolut kein Haar gäbe, weil er das Haar noch wahrnehme. Erst wenn er von seinem Augenleiden völlig genesen wäre, würde er die Nichtexistenz des Haares, diesmal ohne es überhaupt wahrzunehmen, verstehen. Während die Halluzination verschwände, würde sein Bewußtsein das Stadium des möglichen Fragens über die Existenz oder Nichtexistenz des Haares verlassen. Da es kein Haar mehr gäbe, würde die Frage über die Existenz oder Nichtexistenz des Haares bedeutungslos werden. Das Problem würde einfach nicht mehr existieren. Bejahung wie auch Verneinung würden wertlos werden. Dies ist der Zustand der wahren Verneinung, die sich hinter Bejahung und Verneinung, die nur auf der Ebene der Halluzination gültig sind, befindet. Die Struktur des Nichts oder *śūnyatā*, wie sie im Mahayana-Buddhismus gelehrt wird – schließt Candrakīrti –, ist von solcher Art.

Wir können also schließen, daß der «Nicht-Bart» von Meister Huo An von der gleichen Art ist. Man könnte es mit dem fälschlich wahrgenommenen Haar vergleichen, in dem Moment, wo diese Halluzination – das «Haar», das ein «Nicht-Haar» ist – verschwindet. Indem durch die semantische Artikulation ein Bart in das glatte Gesicht des Bodhidharma gesetzt wird, wird ein dunkler Fleck – wie Meister Wu Mên richtig bemerkt – in das Gesicht der Klarheit gesetzt. Doch Huo An mußte dies deshalb tun, weil sonst die ur-

16 *Prasannapadā* ist ein hochgelobter Kommentar des Candrakīrti über das *Madhyamakakārikā* «Die Theorie des Mittleren Weges» von Nāgârjuna.

sprüngliche universelle Klarheit überhaupt nicht erfaßt werden könnte. Nur durch den Prozeß der Aktivierung der linguistischen Funktion der Artikulation, die sofort in Unartikuliertheit verwandelt wird, ist es möglich, einen kurzen Blick auf die wahre Struktur der Wirklichkeit zu werfen.

Die Zen-Meister sind nicht immer so freundlich zu ihren Schülern wie Meister Huo An. In den meisten Fällen zeigen sie einfach den Aspekt der Artikulation, ohne ihn gleich danach wieder zu verneinen. So warf Tung Shan einfach die «drei Pfund Flachs» vor den besuchenden Mönch und Chao Chou die «Zypresse im Hof». Es wird dem Schüler selbst überlassen, die Artikulation in eine Nicht-Artikulation zu verwandeln.

Manchmal wird die Artikulation vom besuchenden Mönch vorgenommen, und der Meister antwortet, indem er die Nicht-Artikulation vorstellt. Dies wird am besten verbildlicht durch das berühmteste aller Zen-*Kōans*, das *Kōan* Nr. 1, aus dem *Wu Mên Kuan* mit dem Titel «Chao Chous Hund», besser bekannt als das «Wu-Wort von Chao Chou». Das Wort *Wu* (jap.: *Mu*) bedeutet einfach «Nein!».

Ein Mönch fragte einmal Meister Chao Chou: «Besitzt der Hund die Buddha-Natur?»

Der Meister antwortete: «Nein!»

Über das *Kōan* des Wortes «Nein!» wurden endlose Kommentare geschrieben. Und genauso viele entgegengesetzte Meinungen wurden verbreitet. Sehr interessant ist die Art und Weise, wie es von Meister Ta Hui (jap.: Daie, 1089–1163) aus der Lin-Chi-(jap.: Rinzai-)Schule behandelt wurde. Er war es, der in dieser Schule die Tradition begründete, dieses besondere *Kōan* als bestes Mittel zum Erreichen der Erleuchtung zu benutzen. In Japan ist die Tradition noch heute lebendig. Dort wird das Wort *Wu!* oder *Mu!* beinahe magisch benutzt, etwa wie das Wort *Aum* im indischen Mystizismus. Es wird daran festgehalten, daß der Klang des *Wu!*, nicht seine Bedeutung, den Studenten dazu führe, hinter den Gegensatz von Bejahung und Verneinung zu blicken, so daß sich seine Subjektivität endgültig in das *Wu!* (Nichts) selbst verwandelt.

Linguistisch ist es jedoch viel einfacher, Chao Chous *Wu!* als direkte Darstellung der Dimension der Nicht-Artikuliertheit, wie sie eben erklärt wurde, zu interpretieren. Mit anderen Worten: Chao Chou vernichtet auf der Stelle die von dem Mönch hervorgebrachte Artikulation, durch die die nichtartikulierte Wirklichkeit in das Wesen des Hundes und des Buddhas geteilt wurde. Er bringt sie zurück zum ursprünglichen Nichts, in dem weder ein Hund noch eine Buddha-Natur unterschieden werden kann.

Ich möchte diese Darstellung mit dem Zitat eines anderen *Kōans*[17] aus

---

17 Nr. XXVIII.

demselben *Wu Mên Kuan* beenden; ein *Kōan*, in dem wir die vollkommene Dramatisierung der Rückverwandlung der Artikulation in die Nicht-Artikulation verfolgen können. Die Anekdote beschreibt sehr lebendig, wie der Mönch Tê Shan (jap.: Tokusan, etwa 782–865), der später selbst ein berühmter Meister werden sollte, zum erstenmal die Erleuchtung erreichte.

Einst besuchte Tê Shan den Meister Lung T'an (jap.: Ryūtan, um 850), um dessen Belehrung einzuholen, und blieb bis zum Abend.

T'an sagte: «Die Nacht ist hereingebrochen. Warum ziehst du dich nicht zurück und ruhst aus?»

Shan verbeugte sich, hob den Vorhang hoch und trat heraus. Draußen war es sehr dunkel. Er kam zurück und sagte dem Meister, es sei sehr dunkel draußen.

T'an zündete eine Kerze an und gab sie ihm. Als Shan sie ergreifen wollte, blies er sie aus.

Auf der Stelle erreichte Shan die Erleuchtung.

Aus dem, was bis jetzt gesagt wurde, deutet sich diese Anekdote selbst. Es ist ein stilles Drama. In den letzten kritischen Momenten werden keine Worte benutzt. Es ist selbstverständlich, daß das Kerzenlicht, das die Dunkelheit erleuchtet und in sichtbare Dinge aufteilt, die Rolle der Sprache mit ihrer wesentlichen Funktion der Artikulation spielt. Als der Meister die Kerze ausblies, versank die einmal erhellte Welt wieder in ihre ursprüngliche Dunkelheit zurück, in der nichts unterschieden werden kann. Es ist dabei wichtig zu bemerken, daß für Tê Shan, der für einen Moment die erleuchtete Welt (das heißt die artikulierte Welt) gesehen hatte, die Dunkelheit nun nicht mehr nur Dunkelheit war; es war viel eher eine Dunkelheit, die alle artikulierten Dinge in sich aufgenommen hatte; es war die Nichtexistenz als Füllhorn der Existenz.

Es wird nun verständlich, wie Worte, die in einem solchen Kontext geäußert werden, sehr oft denjenigen völlig unsinnig erscheinen können, die in dem Netz der semantischen Artikulation verfangen sind.

III. Das philosophische Problem der Artikulation*

Die «Artikulation» ist, wie wir in dem vorangehenden Essay bemerkten (Kap. 5), eines der interessantesten philosophischen Probleme, die vom Zen-Buddhismus zur Sprache gebracht wurden. Im Zen selbst ist es von äußerster Wichtigkeit, da es unmittelbar die Struktur der Zen-Erfahrung, die als *satori* oder Erleuchtung bekannt ist, angeht. Dieser Essay macht es sich zur Aufgabe, die Natur der «Artikulation» der Wirklichkeit zu erläutern, indem es sie spezifisch als semantisches und metaphysisch-ontologisches Problem behandelt.

1. Das Problem der Artikulation

Zen gründet sich auf eine Erfahrung, die allzuoft als «ungreifbar», «unaussprechbar», «nicht mit Worten zu beschreiben», «nicht durch rationales Denken zu erfassen» usw. abgetan wird. Auf den ersten Blick scheint Zen diese Ansicht völlig zu bestätigen. Die überlieferten Zen-Niederschriften sind in der Tat voll von Warnungen der großen Meister vor dem Versuch, die Zen-Erfahrung *(satori)* in irgendeine Form fassen zu wollen, ganz zu schweigen von der sprachlichen Form.

Interessanterweise hat sich Zen durch seine lange Geschichte hindurch immer wieder in verschiedenen verbalen Formen artikuliert: Hauptsächlich und vorrangig in Form der Zen-Dialoge (die als *mondō* bekannt sind) und nebenbei in Gedichten und Philosophien. Sonst wären wir heute nicht im Besitz einer so reichen Anzahl von Zen-Schriften in Versen und Prosa. Es sollte dabei besonders bemerkt werden, daß die philosophische Formulierung des Zen (zusammen mit der philosophischen Darstellung der Zen-Weltanschauung) – die vom Zen-Standpunkt aus beinahe unmöglich wäre – während der geschichtlichen Entwicklung des Zen-Buddhismus sehr berühmte Repräsentanten hatte, und dies schon in der frühesten Phase, besonders in den Gestalten Sōsans,[1] des dritten Patriarchen in China, dessen

* Zuerst veröffentlicht in der *Revue Internationale de Philosophie* (107–108), 1974, Heft 1–2, als «The Philosophical Problem of Articulation in Zen Buddhism».

1 Sōsan, chin.: Sêng Ts'an, gest. 606.

Shinjinmei (chin.: *Hsin Hsin Ming*) allgemein als erster zusammenfassender philosophischer Abriß des Zen angesehen wird, und Meister Sekitōs,[2] dessen *Sandōkai* (chin.: *Tsang Tung Chi*) allgemein als einzigartige Abhandlung, die die Lehre der Einheit des Absoluten und des Relativen als Licht und Dunkelheit philosophisch behandelt, anerkannt wird. In diesem Zusammenhang könnten wir auch den Namen eines japanischen Zen-Meisters viel späterer Zeit nennen: Dōgen, dessen umfangreiches Werk *Shōbōgenzō* von vielen als Werk ungewöhnlicher philosophischer Tiefe angesehen wird.[3]

Noch befremdender und interessanter mag jedoch die Tatsache sein, daß die Selbst-Artikulation des Zen tatsächlich der Kern der Zen-Erfahrung konstituiert; einer Erfahrung, die in der theoretischen Analyse am besten als eigentümliche Weise der (psychologischen und ontologischen) Wirklichkeitsartikulation dargestellt werden könnte. Mit «psychologischer und ontologischer Wirklichkeitsartikulation» ist ein Prozeß gemeint, durch den sich die endgültige Wirklichkeit – die als metaphysisches Feld[4] dargestellt werden könnte, das jenseits der Entzweiung in Subjekt und Objekt aktualisiert wird – in eine gewisse Anzahl unterschiedlicher Stadien artikuliert, durch eine graduelle Wandlung des menschlichen Bewußtseins, die sich einerseits im Zustand der tiefen Meditation und andererseits in der natürlichen Artikulation des existentiellen *Urgrundes** vollzieht. Es muß hier bemerkt werden, daß im Zen die Stadien der menschlichen Bewußtwerdung und die Stadien der ontologischen Entfaltung der Wirklichkeit einander völlig entsprechen und daß sie letztendlich ein und denselben Prozeß der Selbst-Artikulation der endgültigen Wirklichkeit konstituieren.

Dieser Prozeß der Selbst-Artikulation der Wirklichkeit hat daher, obwohl er in seiner ursprünglichen Natur wesentlich nichtverbaler Natur ist, eine innere Struktur, die mit Recht analysiert und in verbaler und begrifflicher Form artikuliert werden kann. Wenn dies geschieht, wird die Zen-Erfahrung meistens als «Zen-Philosophie» oder wenigstens als erster Schritt hin zur

---

* Im Original dt.

2 Sekitō, chin.: Shih T'ou, 700-790.

3 Es wurde weiter oben (Essay I, Fußn. 3) schon auf Dōgen Kigen (1200–1253) hingewiesen. Dōgen war kein Philosoph; und er war sich auch nicht des möglichen philosophischen Inhalts bewußt, als er sein *Shōbōgenzō* schrieb. Die Großzahl der heutigen Zen-Meister würde bestimmt die Behauptung, er sei ein Philosoph gewesen, widerlegen. Es ist nichtsdestoweniger wahr, daß die Gedanken und Ideen, die er in diesem Werk entwickelte, für uns eine große philosophische Bedeutung haben. Seine Ansicht über die «Artikulation» der Wirklichkeit wird am Ende dieses Essays ausführlicher dargelegt werden.

4 Für eine Erläuterung der «Feldstruktur» der Zen-Erfahrung siehe meine Abhandlung «Philosophy of Zen» (in *Contemporary Philosophy*, Hg. Raymond Klibansky, Vol. IV, Florenz 1971). Siehe auch Essay II dieser Ausgabe (Essay III der englischen Ausgabe).

Bildung eines für Zen typischen idealistischen Systems (oder einer Anzahl idealistischer Systeme) dargestellt. Es versteht sich von selbst, daß eine solche Analyse rein phänomenologisch sein sollte, indem sie die eigentliche Erfahrung während der *dhyana*-Lehre (die als *zazen* bekannt ist), die bis zur Erleuchtung und darüber hinaus zum Verständnis der Seinswelt nach der Erleuchtung führt, aus der Nähe verfolgt und darstellt. Dieser Essay wird sich vordergründig mit dem Aspekt des Problems der Artikulation im Zen-Buddhismus beschäftigen.

2. Artikulation als dynamischer Prozeß

Wie wir kurz angedeutet haben, ist die Zen-Erfahrung in ihrer grundlegenden Struktur eine Artikulationserfahrung, oder sie kann wenigstens in gewisser Hinsicht als Artikulationserfahrung, das heißt als Erfahrung der Artikulation der menschlichen Bewußtheit wie der metaphysischen Wirklichkeit, angesehen werden.

Trotz der augenscheinlichen Einfachheit der Zen-Erfahrung ist sie sehr kompliziert. Es ist deswegen keine einfache Aufgabe, sie kurz zu formulieren. Thomas Merton,[5] ein Abendländer, dem der tiefe Einblick in den Geist des Zen glückte, definierte Zen einmal als «ontologische Bewußtheit des reinen Seins jenseits von Subjekt und Objekt, unmittelbarer Begriff des Seins in seinem Sosein und Diessein». Diese Definition ist ohne Zweifel korrekt, insofern sie den wichtigsten metaphysischen Aspekt des Zen erfaßt. Die Schwäche dieser Definition liegt in ihrer Statik; würde man sie so nehmen, wie sie dasteht, verlöre sie den dynamischen Aspekt der Zen-Erfahrung. Die Erfahrung muß viel eher als etwas Dynamisches, als ein geistiges Geschehnis oder ein epistemischer oder ontologischer Prozeß angesehen werden.

Die dynamische Struktur der Zen-Erfahrung kann am besten als Prozeß mit drei hauptsächlichen Stadien dargestellt werden:

(1) Artikulation → (2) Nicht-Artikulation → (3) Artikulation

Diese drei Stadien könnten auch folgendermaßen benannt werden: (1) Differenzierung – (2) Nicht-Differenzierung – (3) Differenzierung; (1) Vielheit – (2) Einheit – (3) Vielheit; (1) das Phänomen – (2) das Noumenon – (3) das Phänomen, usw.

Es muß hier unterstrichen werden, daß das Ganze – welche Formulierung wir auch auswählen – immer als ein rein objektiv-ontologischer und subjektiv-kognitiver Prozeß verstanden werden muß. Mit anderen Worten: Der Übergang

---

5 Thomas Merton, *Mystics and Zen Masters*, New York 1967, S. 16.

von (1) zu (2) und von (2) zu (3) ist für Zen ein Geschehnis, das sowohl im menschlichen Bewußtsein als auch in der «Außen»-Welt stattfindet.

Als kognitiver Prozeß stellt die erste Hälfte des Diagramms (1)–(2) den subjektiven Prozeß dar, in dem der Geist in immer tieferer Meditation langsam das Bewußtsein des Unterschiedes zwischen den Dingen in der Welt verliert (die völlige Auslöschung des Ich-Bewußtseins mit einbeschlossen), bis er endlich den Zustand des «reinen Bewußtseins» erreicht in Gegenüberstellung zu dem «Wissen um», dem normalen Zustand des Geistes auf dem Stadium der anfänglichen Artikulation. Es bleibt keine Spur des Ichs als Subjekt der Erkenntnis übrig, nur Bewußtheit – reine Bewußtheit, die sich selbst erleuchtet, ohne daß es ein Subjekt oder Objekt in der geistigen Seinsdimension jenseits von Raum und Zeit gäbe. In der technischen Terminologie des Zen-Buddhismus wird dieser Zustand der reinen Bewußtheit oft GEIST (oder NICHT-GEIST) genannt. Meister Banzan Hōshaku[6] bezieht sich auf den GEIST in seinen berühmten Strophen, die folgendermaßen lauten:

> Der Geist-Mond scheint, einsam und vollkommen rund.
> Sein Licht hat alle Dinge der Welt verschlungen.
> Nicht daß das Licht alle Dinge erleuchten würde.
> Nicht daß die Welt aus Licht bestünde.
> Denn Licht und Welt existieren beide nicht.
> Was für ein Ding ist ES dann?

Der Übergang von Stadium (2) zu Stadium (3) – die eigentliche persönliche Verwirklichung, die das konstituiert, was als *satori* bekannt ist – ist der Prozeß, durch den der Geist das Stadium des reinen Bewußtseins hinter sich läßt, um wieder zu dem Stadium des «Wissens um» zurückzukehren. Die Subjekt-Objekt-Einteilung der Wirklichkeit, die im Stadium (2) völlig ausgelöscht worden war, wird wieder eingeführt, und das Erkenntnissubjekt nimmt erneut Formen und Farben wahr. Das Subjekt, das einmal durch das Stadium der absoluten Nicht-Artikulation (2) hindurchgegangen ist, muß ein innerliches verwandeltes Bewußtsein sein. Das Subjekt (3) ist völlig verschieden von dem, was es am Anfang (1) war, indem es nun alle Dinge als artikulierte Formen des Nicht-Artikulierten sieht. Subjekt (3) ist paradoxerweise eigentlich ein Nicht-Subjekt, da es sich selbst völlig mit dem Nicht-Artikulierten (2) identifiziert. Es ist ein Erkenntnissubjekt, das kein «Subjekt» ist (das sich den «Objekten» entgegensetzt), denn jedes Ding und alle Dinge werden nun vom Ausgangspunkt der Nicht-Artikuliertheit aus betrachtet. Und das Subjekt auf Stadium (3) ist diese unendliche Klarheit des Bewußtseins der Nicht-Artikuliertheit. Der berühmte Spruch des Meisters Chōsha[7] bezieht sich hier auf: «Das ganze Universum ist das Licht des

---

6 Ein Schüler von Baso und einer der hervorragendsten Meister des 8. Jahrhunderts.

7 Chōsha Keishin (Daten unbekannt) war ein großer Zen-Meister der T'ang-Dynastie.

Selbst», wobei das Wort «Selbst» hier das bedeutet, was Dōgen[8] «dein ursprüngliches Gesicht, das du hattest, bevor deine Eltern geboren wurden», nennt und damit das Subjekt meint, das sich seines völligen Einsseins mit dem Nicht-Artikulierten bewußt ist.

Metaphysisch stellt die erste Hälfte des oben angegebenen Diagramms den Prozeß dar, durch den die Welt der Vielfalt mit ihrer unendlichen Anzahl unterschiedlicher Dinge und Geschehnisse endgültig auf die Einheit reduziert wird, so daß die Dinge ihre ontischen Unterschiede verlieren und in der absoluten Undifferenziertheit untertauchen. Dieser Zustand der Undifferenziertheit wird mit dem Terminus technicus des «Nichts» oder der «Nichtigkeit» bezeichnet. Es ist selbstverständlich, daß ein solches Nichts die Fülle des Seins bedeutet, da es der *Urgrund** aller existentiellen Formen ist.

Die zweite Hälfte des Diagramms stellt wieder (metaphysisch) einen Prozeß dar, durch den alles Existierende aus dem Nichts, das seine letzte Quelle ist, auftaucht und die phänomenale Welt konstituiert. Es muß unbedingt festgehalten werden, daß die wiedergekehrten Dinge, die einmal in der Undifferenziertheit des Noumenalen verschwunden waren, dieselben Phänomene wie die des ersten Stadiums (1) sind. Andererseits sind die Phänomene des Stadiums (3) jedoch völlig verschieden von denen des ersten, denn jetzt sind es «offene» Einheiten, wohingegen sie vorher «geschlossene» waren. In diesem Stadium sind alle Dinge ontologisch durchsichtig, was wir auch beschreiben könnten, indem wir sagten: Alle Dinge sind zugleich artikuliert und nicht-artikuliert. Natürlich sind sie artikuliert – «ein Berg ist ein Berg, und ein Fluß ist ein Fluß». Aber sie sind auf so subtile Art und Weise artikuliert, daß sie nicht in der eigenen Form der Artikulation verfangen sind. Es ist, als würde eine besondere Art ontischer Flüssigkeit alle Dinge durchtränken, so daß sie einander durchdringen und ineinander verschmelzen. Jedes einzelne Ding kann, während es ein begrenztes, besonderes Ding ist, alle Dinge sein und *ist* alle anderen Dinge: Fürwahr, es ist alle anderen Dinge.

3. Sprache und Artikulation

Das Problem der Artikulation war – wenigstens implizit, auch wenn es nie explizit als solches formuliert wurde – immer von zentraler Wichtigkeit für den Zen-Buddhismus. Dieses Problem wurde immer wieder aufgeworfen und in den verschiedensten Formen von den unterschiedlichsten Gesichts-

* Im Original dt.

8 *Shōbōgenzō*, a. a. O., LV.

punkten aus besprochen. Ich möchte hier zuerst zwei typische Fälle aufgreifen, in denen die Artikulation Brennpunkt der Diskussion ist, und dann übergehen zu dem wichtigsten Problem, das sich in bezug auf die Artikulation stellt, nämlich dem Problem der absoluten Freiheit der Artikulation im Zen.

Der erste Fall beschäftigt sich mit dem Problem der Benennung. Benennen ist nichts anderes als Artikulieren. Ein Name ist das Ergebnis der Artikulation eines gewissen Anteils der Wirklichkeit durch den Menschen. Eine seiner wichtigsten Funktionen ist es, die Wirklichkeit in eine gewisse Anzahl von Einheiten zu artikulieren und sie in genauso viele diskrete Wesen zu kristallisieren, die dann untereinander ein kompliziertes Netz von nah oder fern verbundenen Dingen, Qualitäten, Handlungen und Beziehungen bilden.

Da die Sprache semantisch von solcher Art ist, lautet das Kernproblem des Zen: Wie kann Sprache mit ihrer benennenden (das heißt artikulierenden) Funktion die besondere Situation, die wir früher beobachteten, zwischen dem Nicht-Artikulierten und dem Artikulierten meistern? Wenn wir dieses Problem angehen, müssen wir uns vor Augen halten, daß vom Zen-Standpunkt aus weder das Nicht-Artikulierte allein (sei es das Absolute, das Eine, das Ganze oder das Noumenale genannt) noch das Artikulierte allein (sei es das Relative, die phänomenalen Dinge oder das Viele) die letzte Wirklichkeit, das heißt die Wirklichkeit in ihrem Sosein darstellt. Die Wirklichkeit in ihrem Sosein ist viel eher das Nicht-Artikulierte, das in Myriaden von Dingen der phänomenalen Seinsordnung artikuliert ist und jedes der artikulierten Dinge als Verkörperung des Nicht-Artikulierten. Das Nicht-Artikulierte und das Artikulierte müssen als zwei Aspekte der endgültigen Wirklichkeit angesehen werden, wobei jeder der beiden Aspekte jeweils – außer in der Abstraktion – hinter dem anderen steht, von welcher Seite auch immer man die Wirklichkeit angehen mag. Die Frage lautet nun: Kann die Sprache diese beiden Aspekte des Soseins der Wirklichkeit mit Worten fassen? Die Antwort muß natürlich «Nein» sein. Denn wir haben eben gesehen, daß die Funktion der Worte die des Artikulierens ist, niemals die des «Nicht-Artikulierens». Diese immanente Schwierigkeit der Sprache, die beiden Aspekte – Artikulation und Nicht-Artikulation – gleichzeitig darzustellen, ist Gegenstand des folgenden berühmten *Kōans*:[9]

Ein Mönch fragte einst Meister Fūketsu:[10] «Das Sprechen verdirbt die Transzendenz (der Wirklichkeit), während das Schweigen die Manifestation verdirbt. Wie

---

9 *Mu Mon Kan*, Nr. XXIV.

10 Fūketsu (chin.: Fêng Hsüeh, 896–973), chinesischer Zen-Meister der T'ang-Dynastie. «Konan» ist die japanische Aussprache von Chiang Nan, einer Provinz Südchinas. Dieses *Kōan* wurde in dem Essay «Two Dimensions of Ego Consciousness» (in *Toward a Philosophy of Zen*, Kap. V), besprochen.

könnte man das Sprechen mit dem Schweigen vereinen, ohne die Wirklichkeit zu verderben?»

Der Meister antwortete: «Ich erinnere mich immer an die Frühlingslandschaft, die ich einst in Konan sah. Die Rebhühner riefen inmitten duftender Blumen in voller Blüte.»

Das von dem Mönch aufgeworfene Problem ist implizit ein philosophisches. Indem er diese Frage stellt, befindet er sich im Bereich der Überlegung. Es ist klar, daß er wenigstens theoretisch die eigenartige Beziehung zwischen dem Artikulierten und dem Nicht-Artikulierten, auf die wir gerade verwiesen haben, kennt. Der Kern seines Arguments kann folgendermaßen zusammengefaßt werden: Ob wir sprechen oder schweigen, wir können so die endgültige Wirklichkeit niemals bezeichnen. Wenn wir versuchen, die Wirklichkeit mit Worten darzustellen, dann wird diese notwendigerweise sofort artikuliert, und folglich werden nur die Phänomene sichtbar sein und des *Urgrundes** verlustig gehen; schweigen wir, so kann dadurch das Nicht-Artikulierte symbolisch dargestellt werden, der Aspekt der Artikulation wird weiterhin im dunkeln verbleiben.

Wie wir schon oben bemerkten, ist die Sprache semantisch ein Instrument der Artikulation. Worte artikulieren Wirklichkeit in streng festgelegte Wesen (Einheiten). Auf der Ebene der linguistischen Darstellung kann es daher niemals eine freie Verbindung zwischen dem Vogel und der Blume geben. Als linguistische Artikulation ist jedes Ding nur es selbst, nichts anderes. Ironischerweise artikuliert selbst das Wort «nicht-artikuliert» die ursprüngliche Undifferenziertheit der Wirklichkeit in etwas, was sich eindeutig von den «artikulierten» Dingen unterscheidet, und dadurch wird das Nicht-Artikulierte zu einem artikulierten Ding. Ähnlich bestimmen wir den metaphysischen *Urgrund**, indem wir ihn «Absolutes» nennen (das heißt, wir nehmen ihm die «absolute» Natur), und bringen ihn dadurch auf die Ebene des «Relativen» herab.

Enthalten wir uns aber der Sprache, so geraten wir in eine andere Falle. Natürlich könnten wir unser Schweigen als Symbol des Nicht-Artikulierten gebrauchen; dadurch gerät der artikulierte Aspekt des Nicht-Artikulierten völlig aus dem Blickfeld. Mit anderen Worten: Das Nicht-Artikulierte würde als reines «Nichts» im «negativen» Sinne des Wortes dastehen, was gerade das Gegenteil wäre von dem, was Zen behauptet. Denn für Zen kann das, was wir *vorübergehend* als das «Nicht-Artikulierte» artikuliert haben, niemals getrennt von der unendlichen Vielfalt der Formen seiner Artikulation bestehen. Von seiten der menschlichen Erkenntnis aus betrachtet, könnten wir dies angemessen als phänomenale Welt beschreiben, die ständig und ununterbrochen aus dem Nichts emporsteigt und sofort wieder in die metaphysische Tiefe des Nichts versinkt; und indem sich so jedes Phänomen

---

* Im Original dt.

für einen Augenblick manifestiert, enthüllt sich das Nicht-Artikulierte für den Bruchteil einer Sekunde. Das Nicht-Artikulierte kann nur in solchem metaphysischen Aufleuchten gefunden werden.

So, schließt der Mönch, könne weder das Sprechen noch das Schweigen der Wirklichkeit in ihrer ursprünglichen Ganzheit völlig gerecht werden. Was soll man dann tun?

Interessanterweise antwortet Meister Fūketsu auf diese intellektuelle Frage mit der Darstellung der artikulierten und nicht-artikulierten Wirklichkeit, indem er eine spezielle Funktion der menschlichen Sprache benutzt: Er gebraucht die Sprache dichterisch.

Natürlich ist Lyrik eine linguistische Kunst, und als solche benutzt sie Sprache und muß sie Sprache benutzen. Und da sie Sprache benutzt, artikuliert sie auch. Die artikulierende Funktion der dichtenden Sprache ist jedoch völlig verschieden – wenigstens in den Händen eines wahren Dichters – von der artikulierenden Funktion der Prosa. Im undichterischen Gebrauch der Sprache bedeutet die Artikulation Bestimmung, Diskriminierung oder Begrenzung; sie deutet immer ganz besonders auf *X*. Jedes Wort ist eine geschlossene semantische Einheit. Daher ist das *X*, das durch das Wort bezeichnet wird, notwendigerweise ein geschlossenes Wesen. Das Wort «Blume» scheidet zum Beispiel einen Teil der Wirklichkeit aus, unterscheidet es von dem Rest und kristallisiert es in ein unabhängiges Wesen. Die so artikulierte Blume unterscheidet sich scharf von dem Stengel, dem Blatt oder der Wurzel. Sie ist nicht Erde; sie ist nicht Sonne; sie ist nicht Luft. Und noch viel weniger ist sie mit den Rebhühnern inmitten der duftenden Blumen identisch. Was, semantisch gesehen, die Worte im undichterischen Gebrauch der Sprache charakterisiert, ist ihre Geschlossenheit. Die Blume schließt sich fest um das Blume-Sein.

Dagegen sind die Worte in der Lyrik in ihrem Wesentlichen offen oder durchsichtig, wie wir sagen könnten. Dort *ist* die Blume, der Stengel, das Blatt, die Wurzel. Sie *ist* die Sonne, die Erde, der Frühlingswind, die Vögel. Es liegt der poetischen Sprache nicht hauptsächlich daran zu diskriminieren. Ihre hauptsächliche Funktion besteht eher in der Verschmelzung der einzelnen Dinge ineinander. In der Dichtkunst öffnet sich die Blume allen anderen Dingen der Welt. Eine einzelne Blume enthält das ganze Universum.

So beschwört das zitierte Gedicht von Fūketsu eine wunderschöne Frühlingsszene in Konan (gleichzeitig eine ewige und zeitlose[11] metaphysische Szene) herauf dank der «verschmelzenden» Funktion der dichterischen Sprache, das heißt durch den besonderen Gebrauch der Sprache, der die Artikulation sofort wieder in Nicht-Artikulation verwandelt. Die duftenden Blumen blühen, und die Rebhühner rufen freudig inmitten der Blumen. In dieser Dimension stehen Rebhühner und Blumen einander offen gegen-

11 Bemerke, daß der Dichter sagt: Ich erinnere mich *immer*.

über; sie durchdringen einander und verschmelzen in eins. Da diese Worte, «Blume» und «Vogel», alle anderen Worte kraft des semantischen Geflechts der andeutenden Assoziationen enthalten, erscheint das Dargestellte letztendlich als Durchdringung aller Dinge. Die gegenseitige Durchdringung aller Dinge durch die «Blume» und den «Vogel» *ist* das Auftauchen des Frühlings. Und das Auftauchen des Frühlings ist nichts anderes als das Auftauchen der Wirklichkeit in ihrem Sosein, das sich in diesen besonderen Formen artikuliert und doch ewig in dem Zustand der Nicht-Artikulation verbleibt. In bezug auf die Ausgangsfrage, die von dem Mönch gestellt wurde, muß hier bemerkt werden, daß Sprechen und Schweigen miteinander verbunden sind und dadurch die wesentlichen Begrenzungen eines jeden transzendiert werden.

Der zweite Fall, den wir nun untersuchen wollen, beschäftigt sich mit demselben Problem (nämlich der Beziehung zwischen dem Artikulierten und dem Nicht-Artikulierten), jedoch auf philosophischere Weise. Wie es sehr oft geschieht, wird auch hier der philosophische Gedanke in Form eines Dialogs zwischen einem Meister und einem besuchenden Mönch entwikkelt.[12] Zuerst möchte ich das ganze *mondō* übersetzen, um dann die wichtigsten Stellen des Arguments unter dem Licht der Artikulation und der Nicht-Artikulation zu erläutern.

(1) Mönch: «Besitzt der Hund die Buddha-Natur oder nicht?»
(2) Meister: «Natürlich.»
(3) Mönch: «Meister, besitzt du die Buddha-Natur?»
(4) Meister: «Nein.»
(5) Mönch: «Alle empfindenden Wesen besitzen (laut einigen Sūtras) die Buddha-Natur. Warum nur du nicht?»
(6) Meister: «Weil ich kein alles-empfindendes Wesen bin.»
(7) Mönch: «Du bist kein empfindendes Wesen! Bedeutet das, daß du ein Buddha bist?»
(8) Meister: «Nicht ein Buddha.»
(9) Mönch: «Was ist es dann?»
(10) Meister: «Nichts.»
(11) Mönch: «Ist es sichtbar oder überhaupt begreifbar?»
(12) Meister: «Das Denken kann es nicht erfassen. Das Streitgespräch kann es nicht erreichen. Deswegen wird behauptet, es sei undenkbar und unbegreifbar.»

(1)–(2): Der Mönch bezieht sich auf das berühmte *Kōan*[13] von Jōshū und fragt zuerst, ob der Hund die angeborene Fähigkeit besitzt, ein Buddha zu

12 Die dramatische Hauptperson ist Meister Ikan (755–817), ein hervorragender Schüler des Meisters Baso der T'ang-Dynastie. Der Dialog befindet sich im *Keitoku Dentōroku* (chin.: *Ching Tê Ch'üan Têng Lu*, «Die Überlieferung der Lampe»), Vol. VII.

13 Dies ist ein *Kōan*, das als das «*Mu*-Wort-*Kōan* des Meisters Jōshū» große Berühmtheit genießt. Eine kürzere Fassung dieses *Kōans* wurde früher zitiert (Essay II, Kap. 5). Die chinesische Aussprache von Jōshū ist Chao Chou.

werden, das heißt erleuchtet zu werden. Die Buddha-Natur (im westlichen Denken würde man es göttliche Natur, die Wahrheit, das Absolute usw. nennen) ist nichts anderes als das «Nicht-Artikulierte» als *Urgrund** des Seins. Es sei bemerkt, daß hier der Nicht-Artikulation einfach eine ihrer Artikulationen, nämlich der Hund, gegenübergestellt wird. Die Buddha-Natur und der Hund (oder das Nicht-Artikulierte und das Artikulierte) werden als zwei streng voneinander getrennte Wesen veranschaulicht. Die ursprüngliche Nicht-Artikulation wird daher nicht in ihrem Sosein, sondern als etwas Artikuliertes dargestellt. Mit diesem Verständnis wird der Meister beinahe gezwungen, die ontologische Beziehung zwischen den beiden so zu beschreiben, daß das Artikulierte sich im Besitz des Nicht-Artikulierten befände. Das ist gleichbedeutend mit der Behauptung, daß der Hund, indem er eine artikulierte (oder manifeste) Form des Absoluten ist, linguistisch als das Absolute in dem Hund beschrieben werden muß. Daher des Meisters Antwort: «Ja, der Hund besitzt die Buddha-Natur.»

(3)–(4): Meister Ikan ist sich jedoch seiner Anwesenheit in dem Nicht-Artikulierten, über seine völlige Identität mit diesem, bewußt. So kann er nicht sagen, er *habe* (oder besitze) die Buddha-Natur. Er *ist* viel eher die Buddha-Natur. Deswegen sagt er: «Ich besitze die Buddha-Natur nicht.»

(5)–(6): Der Mönch versteht dies überhaupt nicht, deswegen fragt er weiter (5). Der Meister antwortet, indem er ihm sagt, daß in der geistigen Dimension, in der er sich momentan befindet – besser: in der ER sich befindet –, ER noch nicht als empfindendes Wesen artikuliert ist.

(7): Wenn der Meister keines der empfindenden Wesen ist, muß er ein Buddha sein.

(8): Der Meister behauptet, daß er (oder ER) selbst jenseits des artikulierten Buddha-Seins steht. Dies impliziert, daß er (oder ER) gerade deshalb ein Buddha ist, im tiefgreifendsten und echtesten Sinn des Wortes. Das Nicht-Artikulierte verliert notwendigerweise seine Absolutheit und wird sofort dann relativ, wenn es als Ding (sei es selbst ein Buddha) artikuliert wird, und kristallisiert sich in jener besonderen Form. Wie wir früher bemerkten, wird das «Absolute», das als Absolutes vorgestellt wird, zum «relativen» Ding.

(9)–(10): Auch diesmal versteht der Mönch das Gesagte nicht. Der Meister wiederholt, daß das Nicht-Artikulierte in seiner absoluten Unartikuliertheit «kein Ding», das heißt kein artikuliertes Ding ist.

(11)–(12): Das Nicht-Artikulierte kann niemals Objekt eines Gedankens oder einer Begriffsbildung sein. Seine Natur bedingt die Unmöglichkeit, jemals als Begriff erfaßt zu werden. Sowie es als etwas vorgestellt wird – selbst als Buddha –, verfällt es in den «unnatürlichen» Zustand der Artikulation. Dies muß streng unterschieden werden von der natürlichen Artikulation der Wirklichkeit, die, wie wir weiter oben sahen, innigst mit der Struktur der endgültigen Wirklichkeit in ihrem Sosein verbunden ist.

---

* Im Original dt.

4. Die absolute Freiheit der Artikulation

Das eben analysierte *Kōan* stellt ganz knapp die Grundlehre des Zen-Buddhismus vor, nämlich, daß das Nicht-Artikulierte unter dem Aspekt der absoluten Unartikuliertheit mit keinen seiner artikulierten Formen, sei es auch dem sogenannten Absoluten, verwechselt werden darf. Viel wichtiger ist jedoch die dadurch unmittelbar implizierte Aussage, daß das Nicht-Artikulierte, gerade wegen seines wesentlichen Losgelöstseins von jeglicher artikulierten Form, alle artikulierten Formen annehmen kann. Tatsächlich wird das Zen durch die Behauptung der absoluten, unbegrenzten Freiheit der Artikulation durch den «Menschen» – das Wort «Mensch» bezeichnet einen erleuchteten Menschen – charakterisiert. Bemerkenswert daran ist, daß diese Freiheit der Artikulation des Zen in allem und in den verschiedensten Dimensionen zum Vorschein kommt. Geschichtlich gesehen, hat es eine besondere *Weltanschauung** geschaffen. Hier ein typisches Beispiel dafür:

> Ein Mönch fragte Um Mon:[14] «Woher kam der Buddha?» Um Mon antwortete: «Lo! Der östliche Berg fließt über das Wasser.»

Ein Berg, der nur hinsichtlich seines Berg-Seins betrachtet wird, ist auf den ersten Blick etwas Festes und Unbewegliches. So gesehen, wird das Nicht-Artikulierte nicht sichtbar; es wird durch die artikulierte Form des Berges völlig verdeckt. Rein äußerlich ist allein der artikulierte Aspekt der Wirklichkeit sichtbar, in der besonderen Form des «Berges» kristallisiert. Als solcher unterscheidet er sich wesentlich von allen anderen Dingen. In bezug auf den ontologischen Nullpunkt der Nicht-Artikulation ist der Berg überhaupt nicht *wesentlich* unterschieden von den anderen Dingen. Er kann sich zum Beispiel in etwas «Wäßriges» verwandeln und zu jeder Zeit wie Wasser anfangen zu fließen. Er ist vielmehr (während er «Berg» ist) schon «Wasser»; er *fließt*. Der Nullpunkt der Nicht-Artikulation löst alle wesentlichen Festlegungen der Einzeldinge auf und schafft dadurch eine völlig neue Sicht der Welt, in der alle Dinge einander durchdringen. In einer solchen Welt wird von den Menschen, die mit ihren eigenen Augen die gegenseitige Durchdringung der Dinge wahrnehmen, die Freiheit der Artikulation ausgeübt.

Die Freiheit der Artikulation, die hier zur Erörterung steht, wurde des öfteren in der besonderen Zen-Weise von vielen Meistern behandelt. Die Zen-Literatur ist angefüllt mit solchen Beispielen. Das berühmteste ist Meister Isans «umgekippte Wasserflasche».[15] Um seine Schüler zu prüfen,

---

* Im Original dt.

14 Um Mon (chin.: Yün Mên, 864–949), einer der größten Zen-Meister Chinas (T'ang-Dynastie), der für mysteriöse, tiefgründige Äußerungen bekannt ist.

15 Isan (771–819), ein Schüler des Hyaku Jō. Dieser Vorfall wird in dem *Mu Mon Kan*, Fall XL, geschildert. Diese Anekdote wurde schon weiter oben analysiert (Essay II, Kap. 5).

holte Meister Hyaku Jō (chin.: Pai Chang) eines Tages eine Wasserflasche hervor, stellte sie auf den Boden und fragte: «Wenn ihr dies nicht Wasserflasche nennen würdet, wie würdet ihr es dann nennen?» Der Abt des Klosters, der als erster antwortete, sagte: «Sie könnte auf keinen Fall Holzstück genannt werden!» Hyaku Jō gab sich mit dieser Antwort nicht zufrieden. Daraufhin stand Isan (chin.: Wei Shan) auf und warf die Wasserflasche um, womit der Meister zufrieden war. Es ist verständlich, daß sich Meister Hyaku Jō mit Isans nichtverbaler Antwort zufriedengab, weil diese Handlung eine unmittelbare Darstellung des obengenannten Nullpunktes der Nicht-Artikulation war, der sowohl durch eine Wasserflasche als auch durch alle anderen Dinge artikuliert werden kann.

Das folgende *Kōan*[16] geht dasselbe Problem, nämlich das der Artikulation und Nicht-Artikulation, von einer anderen Seite an:

Bashō sagte einmal zu den versammelten Mönchen: «Habt ihr einen Stock, so werde ich euch einen geben. Habt ihr dagegen keinen, so werde ich ihn euch wegnehmen.»

«Habt ihr einen Stock», das heißt, wenn ihr unbeweglich mit der artikulierten Erscheinung der Wirklichkeit verbunden seid, indem ihr zum Beispiel euren Stock als eine selbständige Substanz betrachtet, dann werde «ich euch einen geben», das heißt, ich werde euch den wirklichen (das heißt den absoluten) STOCK (der nichts anderes ist als das Nicht-Artikulierte hinter der artikulierten Form des Stockes) zu Bewußtsein führen. «Habt ihr dagegen keinen Stock», das heißt, wenn ihr *keinen Stock* habt, oder, wenn ihr euch mit dem intellektuellen Verständnis, daß euer Stock in Wirklichkeit Kein-Stock ist, zufriedengebt, weil es die artikulierte Form des Nicht-Artikulierten ist, dann «werde ich ihn euch wegnehmen», das heißt, dann werde ich eure Überzeugung zerschmettern, durch die anfaßbare Tatsache, daß ein Stock wirklich ein Stock ist in der phänomenalen Dimension der Wirklichkeit (eben weil es eine artikulierte Form des Nicht-Artikulierten ist), denn ansonsten wäre der Stock nichts als ein substanzloser Traum.

Es wird klar, daß sich dieses *Kōan* auf die absolute Freiheit der Artikulation bezieht, die denjenigen zukommt, die die Wirklichkeit in ihrem unmittelbaren Sosein gesehen haben.

Es könnten noch viel mehr solcher Beispiele angeführt werden. Ich glaube jedoch, daß das, was wir zitiert haben, für unser Vorhaben genügt. Statt dessen wollen wir unsere Aufmerksamkeit Dōgen[17] widmen, der allgemein als der schöpferischste aller Denker des Zen-Buddhismus angesehen wird

16 *Mu Mon Kan*, XLIV. Bashō war ein koreanischer Zen-Meister des 9. Jahrhunderts.

17 In bezug auf Dōgen und das *Shōbōgenzō* siehe oben, Essay I, Fußn. 3.

und für die Tiefe und Weite seiner philosophischen Gedanken berühmt ist. Wir wollen sehen, wie dieser «Zen-Philosoph» das Problem der absoluten Freiheit der Artikulation behandelt hat. Sein Argument[18] geht von der Beobachtung aus, der Mensch würde von Natur aus die Wirklichkeit, wie er sie sieht, auf sehr willkürliche Art und Weise artikulieren, dem grundlegenden Muster der Erkenntnis entsprechend, das hauptsächlich durch die Sinnesorgane und nebensächlich durch die Vernunft geformt und bestimmt wird. So kommt es zustande, daß ein Berg zum Beispiel als festgelegte Form des «Berges», Wasser als ewig unveränderliches Ding mit dem Namen «Wasser» artikuliert wird, wobei diese beiden Formen niemals miteinander verwechselt werden können. Auf diese Weise werden alle Dinge als streng bestimmte Dinge festgelegt durch die «natürliche» Artikulation der Wirklichkeit – «natürlich», weil sie den natürlichen Funktionen der Sinnesorgane entspricht. Ein gewöhnlicher Mensch könnte sich niemals einen Berg als Nicht-Berg oder Wasser als Nicht-Wasser vorstellen. Der Mensch ist sich der sehr willkürlichen Natur – so Zen – der «natürlichen» Artikulation nicht bewußt.

Dōgen beginnt damit, daß er die Willkür der menschlichen Artikulation (obwohl er ausdrücklich kein Wort mit dieser Bedeutung benutzt) unterstreicht. Der Mensch artikuliert die Wirklichkeit – die letztendlich die ursprüngliche Nicht-Artikulation ist, deren Struktur eben besprochen wurde – auf natürliche (das heißt willkürliche) Weise in eine Anzahl mehr oder weniger streng abgegrenzte Abschnitte. Die menschliche Natur führt dazu – behauptet Dōgen –, selbst in dieser engen Begrenzung ein *wesentlich* festgelegtes Wesen zu sehen (und wehrt sich in vielen Fällen stur dagegen, etwas anderes sehen zu können), das sich durch eine *wesentliche* Eigenschaft oder Eigenschaften kennzeichnet. Dabei werden hundert andere ontologische Möglichkeiten, die diesem Ding immer offenbleiben, unbeachtet. Wasser wird zum Beispiel immer als flüssige Substanz, die immer «abwärts fließt», verstanden, wohingegen gerade das Wasser unendlich flexibel ist, sich in vielen Formen und an vielen Orten befindet und in alle Richtungen fließt.

Gewöhnlich betrachtet der Mensch das Wasser auf sehr begrenzte Weise; er kennt das Wasser nur als etwas ohne Ende abwärts Fließendes. Dies ist jedoch nur eine der vielen Möglichkeiten menschlichen Verständnisses des Wassers. Sogar das «Fließen» des Wassers hat in Wirklichkeit viele Arten. Selbst innerhalb der Grenzen der Artikulation des Wassers als «etwas Fließendes» zeigt sich das Wasser als etwas unbegrenzbar Flexibles. Es fließt in die Erde. Es fließt durch den Himmel. Es fließt aufwärts. Es fließt abwärts. Manchmal fließt es in ein Dorf; manchmal fließt es in einen bodenlosen Abgrund. Es steigt und bildet Wolken. Es schlägt sich in tiefen Tümpeln nieder.

---

18 Das Folgende stützt sich auf ein wichtiges Kapitel seines *Shōbōgenzōs* mit dem Titel *Sansui Kyō* («Berg-und-Wasser-Sūtra»).

Die sinnliche Erfahrung des Wassers weist eine überraschende Vielfalt der Formen und Funktionen auf. Dōgen behauptet, dieses sinnliche Wasser mit all seinen ontologischen Möglichkeiten sei nur ein einziger Aspekt dessen, was vorübergehend als die Wasser-Wirklichkeit dargestellt werden kann. Was gewöhnlich als «Wasser» anerkannt wird, ist ein kleiner Teil der Wasser-Wirklichkeit, denn es ist nur der sinnliche Aspekt derselben. Sie umschließt darüber hinaus einen großen Bereich der übersinnlichen Artikulation. Aus diesem Verständnis heraus behauptet Dōgen die ubiquitäre Anwesenheit des Wassers. So gesehen existiert das Wasser überall und in jeglicher Form, da es nichts anderes ist als das Nicht-Artikulierte. Es kann «Wasser» genannt werden, weil es in dem besonderen Status der Bereitschaft zur Artikulation (oder Offenbarung) als Wasser-Wirklichkeit beobachtet wird. Es kann daher gesagt werden, daß alle Dinge der Welt eine spezielle Form der Wasser-Wirklichkeit sind. In der Welt gibt es nur Wasser. Das ganze Universum ist fürwahr Wasser, das sich in jedem Augenblick in Myriaden sinnlicher und nichtsinnlicher Dinge verwandelt. Dōgen sagt:

> Die Ansicht, es gäbe Orte, wo kein Wasser existiert, ist den Hinayanisten oder Häretikern eigen. Denn das Wasser ist selbst im brennenden Feuer. Es ist im menschlichen Akt des Denkens, Erkennens und Überlegens. Es ist in der höchsten Weisheit der Erleuchtung. Es ist selbst in der Buddha-Natur.

Das gewöhnlich verstandene «Wasser» ist daher das Ergebnis der willkürlichen Artikulation der ursprünglichen Wirklichkeit als engbegrenztes Wesen. Selbst der Wasser-Aspekt (das heißt die Wasser-Wirklichkeit) der Wirklichkeit übersteigt die sinnliche Erfahrung des Menschen. Der erleuchtete Mensch hat, laut Dōgen, die Begrenzung einer so willkürlich artikulierten Welt überschritten und transzendiert, er hat das Stadium der absoluten Freiheit der Artikulation des Nicht-Artikulierten erreicht.

Als ersten Schritt zum Überwinden der Willkür, die in unserer angeborenen Tendenz, Wirklichkeit in starr bestimmten Einheiten zu artikulieren, zu beobachten ist, schlägt Dōgen vor, uns wenigstens in unserer Vorstellung des «natürlichen» Rahmens unserer sinnlichen Erfahrung zu entledigen, um uns vorzustellen, wie zum Beispiel ein nichtmenschliches Wesen Wasser sehen würde. Die von Dōgen im folgenden Abschnitt benutzte Bildlichkeit gehört dem alten, traditionellen Buddhismus an, die philosophische Reichweite seines Arguments kann jedoch leicht dahinter erkannt werden.

> Verschiedene Wesen sehen das Wasser verschieden. Es gibt Wesen (das heißt himmlische Wesen), die das, was wir als «Wasser» sehen, als wunderschöne, mit Edelsteinen geschmückte Ketten sehen. Das besagt jedoch nicht, daß sie das, was wir sonst als «Halsketten» sehen, als «Wasser» sehen. Das, was sie als «Wasser» ansehen, kann völlig verschieden sein von dem, was wir unter «Wasser» verstehen. Was mag es sein? Darüber sind wir uns nicht gewiß. Sicher ist (gestützt durch die Autorität der Sūtras), daß das, was für sie eine Halskette ist, für uns «Wasser» ist.
>
> Es gibt Wesen, die unser «Wasser» als wunderschöne Blumen sehen. Das bedeutet jedoch nicht, daß sie das, was wir «Blume» nennen, als «Wasser» verstehen.

Die hungrigen Geister sollen unser «Wasser» als brennende Flammen oder blutigen Eiter sehen. (Sie können es nicht trinken, auch wenn sie noch so durstig sind.)
Es kann auch sein, daß für die Fische unser «Wasser» ein Schloß oder ein Gartenhaus ist.
Es könnte Wesen geben, die unser «Wasser» als Edelsteine sehen, andere, denen unser «Wasser» als Bäume, Wände oder Zäune erscheint.

...

Wir Menschen sehen es als «Wasser».
Die aufmerksame Erwägung dieser Tatsache ist der Schlüssel zur Lösung eines lebenswichtigen Problems. Verschiedene Seinsarten haben verschiedene Ansichten? Denke darüber nach. Wie etwa wird ein und derselbe Aspekt der Wirklichkeit auf verschiedene Weisen gesehen? Oder ist es vielmehr so, daß verschiedene Aspekte der Wirklichkeit mißverständlich als dasselbe gesehen werden? Richte deine Aufmerksamkeit auf diese Frage und verfolge sie immer weiter, immer weiter.

Das Nicht-Artikulierte kann auf unendlich verschiedene Weisen artikuliert werden. Der Kern von Dōgens Argument ist die Behauptung, wir sollten nicht an unserer falschen Ansicht hängenbleiben, wir Menschen würden das «Wasser» auf die *einzig* richtige Weise sehen. Das «Wasser» muß nämlich von einem offenen Gesichtspunkt aus betrachtet werden, der die enge Sicht, die durch die Struktur unserer Sinnesorgane bestimmt wird, transzendiert. Wir müssen lernen, das «Wasser» mit den Augen der Fische, der himmlischen Wesen, der hungrigen Geister usw. zu sehen, um so unsere Sicht unendlich zu erweitern. Denn die *menschliche* Art und Weise der Ansicht des «Wassers» ist nur eine der unendlichen Weisen, Wirklichkeit zu sehen.

Dōgen fährt fort, indem er sagt, all diese möglichen Weisen, Wasser zu sehen, müßten letztendlich transzendiert werden. Wir müssen das Stadium des Wasser-sehenden-Menschen (oder jeglichen anderen Wesens) transzendieren, bis das Stadium des Wasser-sehenden-Wassers erreicht ist.

Lerne, das «Wasser» in allen Seinsdimensionen zu sehen, sieh es von allen verschiedenen Standpunkten aller Seinsdimensionen. Ihr solltet euch nicht beschränken, das «Wasser» nur von dem Standpunkt der Menschen oder der himmlischen Wesen allein zu sehen. Du mußt nämlich lernen, das «Wasser» so, wie «Wasser» «Wasser» sieht, zu sehen. Denn in einem solchen Stadium, in dem «Wasser» das «Wasser» sieht, erleuchtet und erklärt sich das «Wasser» notwendigerweise selbst. Du mußt lernen, «Wasser» genauso zu sehen.

Das «Wasser-sehende-Wasser» ist für Dōgen ein «Wasser», das sich als ursprüngliches Nicht-Artikuliertes erleuchtet und enthüllt. Insofern sich hier «Wasser» deutlich als «Wasser» ausdrückt in allen Seinsdimensionen, wird die nicht-artikulierte Wirklichkeit artikuliert. Da das «Wasser» auf dieser Ebene der geistigen Erfahrung nicht mehr als geortetes Objekt betrachtet wird – sei das Subjekt dabei menschlich, himmlisch oder ähnliches – und da das «Wasser» selbst «Wasser» sieht, vernichtet die ontologische Artikulation der Wirklichkeit ihren eigenen Akt der Artikulation. Das Ergebnis ist nur scheinbar widersprüchlich: Die Wirklichkeit *wird* und *wird nicht* als «Wasser» artikuliert. Vor den Augen eines Erleuchteten artikuliert sich die Wirklichkeit blitzschnell als Wasser, um sofort wieder in den ursprünglichen Zustand der Unartikuliertheit zurückzukehren.

Für Dōgen ist dies das unergründbarste Geheimnis der ontologischen Artikulation. Die Wirklichkeit aller Dimensionen artikuliert sich andauernd als eine Myriade konkreter Formen. Diese begrenzen sich jedoch nicht auf das, was wir darunter verstehen. Denn es gibt ganz im Gegenteil dazu eine unendliche Anzahl solcher Formen, die unserer Erkenntnis völlig fremd und für sie unerreichbar sind. Und selbst die Formen, die uns bekannt sind, haben keine strenge Entsprechung mit einem Wirklichkeitsanteil, den wir gewöhnlicherweise damit in Verbindung setzen.

Die Wirklichkeitsartikulation, die eine solche metaphysische Freiheit genießt, findet – laut Dōgen – überall und immer statt. In diesem Sinne ist das Universum dynamisch. Er bemerkt jedoch gleichzeitig, daß die Wirklichkeit, die sich in tausend Formen artikuliert, sich selbst artikuliert, so daß der universelle Akt der Artikulation von Augenblick zu Augenblick seine eigene Artikulation vernichtet und das All letztendlich ewig in der Stille und Ruhe der ursprünglichen Nicht-Artikulation verbleibt. Artikulation ist Nicht-Artikulation. Dies ist das ontologische Paradoxon, das Dōgen mit dem Ausdruck «Wasser sieht Wasser» (das heißt die Wirklichkeit artikuliert sich als sie selbst) umschreibt, denn wenn es nichts anderes als Wasser gibt, dann vernichtet die Wirklichkeit-die-sich-als-Wasser-artikuliert notwendigerweise ihre eigene Bedeutung.

Angesichts einer solchen Beobachtung drängt uns Dōgen, die engen Grenzen der «natürlichen» Funktion unseres Geistes zu überschreiten und das Stadium der unendlichen Freiheit der Artikulation der Wirklichkeit zu erreichen. In Entsprechung mit der absoluten Freiheit der Selbst-Artikulation der Wirklichkeit muß der Erleuchtete eine unendliche Freiheit der Wirklichkeitsartikulation ausüben. Wir müssen, unterstreicht Dōgen, die geistige Fähigkeit entwickeln, Dinge nicht mehr unter den kulturell bedingten Mustern zu betrachten oder unter den menschlich vorbestimmten Kategorien der Erkenntnis, sondern als grenzenlose ontologische Möglichkeiten des Nicht-Artikulierten. Nur auf einer solchen Stufe der Freiheit der Artikulation konnte Meister Um Mon, ohne zu zögern, die Frage des Mönchs über die Quelle und Grundlage des Buddhismus mit der Aussage beantworten: «Lo! Der westliche Berg fließt über das Wasser.»

IV. Denken und Nicht-Denken durch das Kōan*

1. Der Zweifel am Denken

Auf den vorangehenden Seiten wurde mehrmals das «*Kōan*» erwähnt, ohne daß eine systematische Erklärung des Wortes gegeben wurde. Da die Zen-Wirklichkeit nicht verstanden werden kann ohne ein genaues Verständnis des *Kōans* und seiner Anwendungsweise, werde ich in dieser Abhandlung versuchen, die wesentliche Struktur des *Kōans* und seine Verwendung im Zen-Kontext zu erläutern. Das Problem soll unter besonderer Berücksichtigung der Beziehung zwischen Verstehen und Meditieren, wie sie traditionsgemäß von Zen verstanden werden, behandelt werden. Das Wort «Verstehen» wird hier im Sinne eines Aktes der Erkenntnis oder diskriminierenden Funktion des diskursiven Intellekts benutzt. Dies vorangesetzt, scheint das Problem, so wie es gestellt wird, auch schon die einzig richtige Antwort zu ermöglichen. Denn all diejenigen, die auch nur die geringste Kenntnis des Zen, sei sie theoretischer oder praktischer Natur, haben, werden sofort der Tatsache zustimmen, daß die beiden Begriffe Meditation und Verständnis völlig unvereinbar sind.

Denn Zen verabscheut jegliche Art von Intellektualismus, Verbalismus und Begrifflichkeit, wobei die zufälligen Gedanken noch nicht berücksichtigt wurden, die dauernd im Geist auftauchen, ihn durchqueren und dabei seine Ungetrübtheit stören. Damit soll nicht etwa behauptet werden, daß die «Meister», das heißt diejenigen, die die Erleuchtung erreicht haben, sich dauernd in einem Zustand der geistigen Leere und Stille befänden. Ganz im Gegenteil; sie verfügen über ihr ganzes Denkvermögen, dessen sie sich frei und spontan bedienen. Denn in einem gewissen Sinne denken auch sie. Dabei muß jedoch festgehalten werden, daß sich ihr Denken völlig anders entfaltet und auf einer anderen Bewußtseinsebene befindet als das, was uns unter gewöhnlichen Umständen geläufig wäre. Wir werden diesen Aspekt später erläutern. Den «Schülern», das heißt denjenigen, die die Erleuchtung noch nicht erreicht haben, wird von ihrem Meister das Denken streng

---

* Dieser Essay wurde als selbständiger Aufsatz veröffentlicht unter dem Titel «Meditation and Intellection in Japanese Zen Buddhism» von der Imperial Iranian Academy of Philosophy in *Traditional Modes of Contemplation and Action*, Hg. Yusuf Ibish und Peter L. Wilson.

verboten. Es wird ihnen erklärt, daß sich jemand, je ernster er denke, um so weiter von der Erfahrung eines endgültigen «Durchbruchs» entferne. Der erste Schritt in der Ausübung der Zen-Meditation besteht darin, daß der Schüler aus seinem Geist alle gewöhnlichen Denkmuster, die darin tief verwurzelt sind, entfernt.

Das *cogito* Descartes', das in dem eigenen Feld völlig wirksam und gültig sein mag, ist, für den Zen-Standpunkt, weit davon entfernt, uns unmittelbar zum Bewußtsein der menschlichen Existenz zu führen; ganz im Gegenteil, das *cogito* wird als Quelle aller Existenzillusionen angesehen; das *cogito* ist gleichbedeutend mit Ablenkung vom unmittelbaren Erfassen der wirklichen Wirklichkeit.

Zen birgt in sich ein tiefes Mißtrauen gegen Einsicht und Denken im allgemeinen. Zen betrachtet die Philosophie mit skeptischem Auge, denn sie ist ein typisches Beispiel der diskriminierenden Funktion des Intellekts. Diese negative Haltung des Zen gegenüber dem Verstehen kann leicht durch die Tatsache erklärt werden, daß im Zen hauptsächlich und ausschließlich die direkte Erfahrung der Wirklichkeit in ihrer Undifferenziertheit von Bedeutung ist; diese Undifferenziertheit wird in der Zen-Terminologie oft als «ursprüngliches Gesicht, das du vor der Geburt deiner Eltern hattest», wiedergegeben. Die «Reinheit» des «ursprünglichen Gesichtes» wird durch die diskriminierende Aktivität des diskursiven Denkens befleckt. Das mag die Abscheu gegen jegliche Art des abstrakten und theoretischen Denkens erklären.

Das Mißtrauen des Zen gegen das abstrakte Denken, besonders gegen die Philosophie, hat auch einen geschichtlichen Hintergrund. Zen entstand in China als kräftige Reaktion gegen die Vielfalt der Systeme des Mahayana-Buddhismus, die sich in China und Indien entwickelt hatten und in denen sich die buddhistischen Denker oft äußerst schwierigen und haarspalterischen abstrakten Streitfragen hingaben. Indem es diese Streitfragen als nutzlose Verwirrungen des diskursiven Intellekts erklärte, begann Zen, die hochtrabenden philosophischen Systeme zu zerstören, und versuchte dabei, den Buddhismus auf seine einfachste und ursprünglichste Form zurückzuführen, das heißt auf das zu beschränken, was für Zen die grundlegende persönliche Erfahrung des geschichtlichen Buddha selbst war. Diese Einstellung hat sich durch die geschichtliche Entwicklung hindurch erhalten, und der Anti-Intellektualismus war und ist der Kern der Zen-Lehre in China und Japan.

Der Zen-Mensch geht daran, alle geschichtlichen Formen des Buddhismus auf die Erleuchtungserfahrung des Buddha zu reduzieren, sie in ihrer ursprünglichen Form wieder-zu-erleben und die Tiefen des geistigen Lebens auszuloten, das im Bereich der Psyche jenseits der Grenzen des Intellekts liegt. Daher erscheint es mehr als gerechtfertigt, daß der Zen-Mensch in der Praxis und im Prinzip den Gebrauch des Intellekts zum Verständnis der

Kernlehre des Zen ablehnen sollte. Im «Lotos-Sūtra» lesen wir: «Dieses Dharma kann weder durch Denken noch Begreifen erfaßt werden.» Für einen Zen-Menschen ist eine solche Aussage noch reine Untertreibung. Denn jegliche verstandesbetonte Auffassung muß methodisch und systematisch schlechterdings beseitigt werden. Denn solange der Intellekt auch nur minimal aktiviert wird, kann man nicht hoffen, die ursprüngliche Erleuchtungserfahrung des Buddha wieder-zu-erfahren. Dies könnte nicht anders sein, aus dem einfachen Grund, weil Zen die ursprüngliche Erfahrung des Buddha einfach als Erwachen zu einer Dimension des Über-Bewußtseins oder einer ontologischen Bewußtheit des Seins in seinem reinen So-sein sieht, vor der Artikulation in Myriaden von Dingen und Geschehnissen durch die diskriminierende Tätigkeit des Intellekts.

Seit dem Entstehen des Zen in China haben alle Meister ohne Ausnahme ihre Schüler aufgefordert, das Denken sofort beiseite zu lassen. Absolut kein Denken! Versuche nicht etwas zu verstehen, da es eigentlich nichts gibt, das verstanden werden könnte. Was sollte der Schüler anstatt des Denkens tun, um die Erleuchtung zu erreichen? Er muß seine ganze innere Konzentrationsfähigkeit sammeln, um die immer wieder aufwallenden Gedanken niederzudrücken und um endgültig alle Bilder, Ideen und Begriffe aus seinem Bewußtsein zu verbannen. Erst dann wird er fähig sein – wird ihm gesagt –, dem Öffnen eines völlig neuen Bereichs seiner Psyche, der sich in den tiefsten Tiefen seines Geistes befindet, beizuwohnen.

Bodhidharma, der schon legendäre erste Patriarch des Zen in China, soll einmal seinem Nachfolger E Ka (chin.: Hui K'o) auf die Frage, wie man in den Bereich der absoluten Wirklichkeit (Tao) eindringen könnte, geantwortet haben:

Keine Unruhe mehr in der Außenwelt,
Keine Bilder mehr innen im Geist,
Erst wenn dein Geist wie eine senkrechte Wand ist,
Kannst du in den Bereich der Wirklichkeit treten.

Dies ist nichts anderes als eine nachdrückliche Aufforderung zur Meditation. Bodhidharma führt seinem Nachfolger die ausdrückliche Notwendigkeit der Schulung der Psyche durch ungestörte Meditation vor Augen, wobei der Geist dadurch in etwas verwandelt wird, das wie eine geradestehende Wand ist.

Nur nebenbei: Bodhidharma soll – so will es die Legende – nach seinem Rückzug in den Shorin-(chin.: Shao-Lin-)Tempel in der Provinz Honan neun Jahre lang vor einer Felswand meditiert haben. Wie dem auch sei, wir können behaupten, daß Zen von Anfang an eine Religion war – und wir können uns erlauben, es «Religion» zu nennen –, die auf der Meditation und nichts anderem als der Meditation beruhte. Die Meditationslehre des Zen wird *zazen* (chin.: *tso ch'an*) genannt, das heißt In-*dhyana*- oder In-Meditation-Sitzen. *Zazen* bedeutet noch ausführlicher das Sitzen in der ganzen oder halben Lotos-Haltung in einem Zustand der tiefen, auf ein einziges Ziel gerichteten Konzentration des Geistes.

Es kann festgehalten werden, daß die Meditation ein Phänomen ist, das wenigstens in gewissem beschränktem Ausmaß in allen Religionen beobachtet werden kann. Kein Zweig des Buddhismus zeichnet sich jedoch dadurch aus, daß er von Anfang an und der Struktur nach eine Religion ist, die sich ausschließlich auf die Meditation gründet. Wie wir oben im Anschluß an Bodhidharmas Worte bemerkten, ist die hauptsächliche, um nicht zu sagen ausschließliche Aufgabe des Zen-Menschen die des Eintretens in den «Bereich der absoluten Wirklichkeit», und das Eintreten in diesen Bereich wird allein durch das meditierende Sitzen ermöglicht. Aus der Sicht des Zen müssen wir noch weiter gehen und sagen, daß das Sitzen in Meditation das Eintreten in den Bereich der absoluten Wirklichkeit *ist*. Die Bedeutung dessen wird noch klarer werden, wenn wir die Position des Sōtō-Zen in Japan anhand der Darstellung durch seinen Gründer Dōgen im 13. Jahrhundert erläutern. Es drängt sich an dieser Stelle eine natürliche Frage auf: Was unterscheidet Zen von den verschiedenen Yoga-Systemen Indiens? Auch dies wird später deutlicher werden, wenn wir die Züge der Meditationstechnik des Zen untersuchen, die sich im Laufe seiner Geschichte in China und in Japan entwickelt haben. Wir wollen unsere Aufmerksamkeit nur noch eine Weile dem anti-intellektuellen Aspekt des Zen schenken.

2. Ausschaltung des diskursiven Denkens

Es ist bemerkenswert, daß sich hinter dem Anti-Intellektualismus des Zen ganz eindeutig eine Philosophie abzeichnet, obwohl die Zen-Anhänger selbst niemals geneigt wären, dies als «Philosophie» anzuerkennen. Es ist auf jeden Fall eine sowohl metaphysische als auch psychologische Grundidee, die, obwohl sie keine «Philosophie» im gewöhnlichen Sinne ist, zur großen Metaphysik oder Tiefenpsychologie entwickelt werden könnte. Diese Grundidee oder -vision, die, wie wir sehen werden, die ganze Struktur der Zen-Gedanken und -Praxis untermauert, wurde zuerst durch den ersten Patriarchen, Bodhidharma, formuliert, dessen zitierte Verse die erste Bekanntmachung der Zen-Schule in China sein sollen. Der zweite Teil dieser Strophe lautet:

> Unmittelbar auf den eigenen Geist zeigend.
> Erlangen der Buddhaschaft durch das Sehen in die eigene Selbst-Natur.

Diese beiden Zeilen weisen darauf hin, daß in der existentiellen Tiefe eines jeden Menschen ein Noumenon versteckt liegt, das wir als Selbst-Natur – oder Buddha-Natur – kennen und dessen plötzliche Verwirklichung nichts anderes ist als das Erlangen der Buddhaschaft, das heißt *satori* oder Erleuchtung im buddhistischen Sinne. Die Selbst-Natur ist das Noumenon als Urgrund aller Phänomene. Es ist die metaphysische Tiefe des Seins, die Einheit aller Dinge, wobei das Wort «Einheit» hier nicht mit der Bedeutung der «Vereinigung» vieler Dinge an einem Ort gebraucht wird, sondern im Sinne der ursprünglichen Undifferenziertheit verstanden wird. Und diese ursprüngliche Undifferenziertheit ist der metaphysische Grund aller Dinge vor der Zweiteilung in Ich-Wesen und objektive Welt – es ist «dein ursprüngliches Gesicht, bevor deine Eltern geboren wurden».

In diesem Falle können wir nur metaphysisch von der Selbst-Natur sprechen, die in den existentiellen Tiefen eines jeden versteckt liegt. Die Selbst-Natur kann sich nicht auf ein einzelnes Sein begrenzen; sie durchdringt und durchläuft die ganze Welt des Seins; sie ist über-individuell. Auffallend ist dabei, daß dieses Noumenon nur in konkreten einzelnen Dingen existieren (oder ex-istieren) und daß es nur im konkreten Bewußtsein eines Individuums verwirklicht werden kann. Jeder einzelne Mensch hat in diesem Sinne eine doppelte Persönlichkeit: Er ist zugleich Individuum und Über-Individuum. Damit soll gesagt werden, daß er als individueller Punkt lebt, auf den sich alle universellen Existenzenergien konzentrieren, die seine engen persönlichen Grenzen überschreiten. Der Mensch ist sich gewöhnlich dieser Tatsache nicht bewußt; das heißt, er hat kein Bewußtsein von diesem hier und jetzt über-individuellen Noumenon in seinem Körper. Das Denken hindert ihn daran. Selbst die geringste Aktivierung des diskursiven Denkens verhindert das unmittelbare Erfassen der ursprünglichen Undifferenziertheit, denn sowie es einsetzt, wird das ursprünglich Undifferenzierte auch schon differenziert: Das Noumenon verwandelt sich in ein Phänomen; das «Ich», das empirische Ich, wird sich seiner selbst als Gegenüberstellung zur Außenwelt bewußt, und der sich daraus ergebende Dualismus des «ich selbst» und des «nicht ich selbst» schleicht sich ein und verunreinigt die ursprüngliche Undifferenziertheit.

Nichts beschreibt diesen subtilen Übergang von der ursprünglichen Undifferenziertheit zur Differenziertheit, der durch das Denken hervorgerufen wird, besser als der gerühmte Passus der «Rinzai-Niederschrift» *(Lin Chi Lu)*[1], in dem Rinzai, der außergewöhnliche Zen-Meister der T'ang-Dynastie, das beschreibt, was er den «Wahren Menschen ohne (jeden) Rang» nennt. «Ohne (jeden) Rang» bedeutet ohne Begrenzung. Dies ist ein typisch chinesischer Ausdruck für das, was der Bodhidharma in den zitierten Versen als Selbst-Natur oder Geist bezeichnete. Dabei ist es interessant, daß das,

---

1 Über Rinzai und «Rinzai-Niederschriften» siehe Essay I, Fußn. 4. Das Rinzai-Zen wurde im 12. Jahrhundert von Eisai (1141–1215) nach Japan gebracht, der dadurch zum geschichtlichen Begründer des Rinzai in Japan wurde. Wie wir später sehen werden, blüht diese Schule noch immer im Land und zählt 6000 Tempel.

was in den Bodhidharma-Versen als abstrakter Begriff erschien, von Rinzai in menschlicher Form, voller Kraft und auffällig lebendig dargestellt wird: Der Wahre Mensch, der sich nicht auf sein empirisches Selbst beschränkt, sondern sich in dem und durch das empirische Selbst offenbart. Der Passus lautet:

Eines Tages setzte sich der Meister in die Vorlesungshalle und sagte: «Über der platzraubenden Masse eures rötlichen Fleisches (das heißt des physischen Körpers) gibt es einen Wahren Menschen ohne jeden Rang. Er kommt und geht ständig durch die Tore eures Gesichts (das heißt eure Sinnesorgane). Falls ihr ihm noch nicht begegnet seid, faßt ihn, faßt ihn hier und jetzt!»

In diesem Augenblick trat ein Mönch hervor und fragte: «Was für ein Gefährte ist dieser Wahre Mensch?»

Der Meister kam plötzlich von seinem Podest herunter, ergriff den Mönch und drängte ihn: «Sag mir, sag mir!»

Der Mönch zuckte einen Augenblick zusammen.

Der Meister schob ihn sofort von sich weg und sagte: «Ach, was für eine unnütze Fußmatte dein Wahrer-Mensch-ohne-jeden-Rang doch ist!»

Der Mönch zuckte einen Augenblick zusammen, mit anderen Worten, er zögerte; er überlegte kurz, um eine angemessene Antwort auf die drängende Frage des Meisters geben zu können. In diesem Augenblick wurde sein diskursives Denken auch schon aktiviert. Wurde es bemerkt, daß sich im selben Augenblick der Wahre-Mensch-ohne-jeden-Rang in eine nutzlose Fußmatte verwandelte? [2]

Überlegen oder Denken, welche Form es auch annehmen mag, impliziert schon immer das «Ich» (das Ich-Wesen), welches sich etwas bewußt wird. Seine Grundstruktur ist das «Wissen um». Das denkende Ich und das gedachte Objekt sind voneinander getrennt; sie stehen einander gegenüber. Zen hat es jedoch vor allem darauf abgesehen, das reine und einfache «Bewußtsein» und nicht das «Wissen um» zu verwirklichen. Obwohl sie einander wörtlich ähneln, sind das «reine-und-einfache-Bewußtsein» und das «Bewußtsein um» unendlich entfernt voneinander. Denn ersteres ist eine absolute, metaphysische Bewußtheit, die ohne denkendes Subjekt und gedachtes Objekt auskommt. Es ist nicht *unser* Bewußtsein der Außenwelt. Es ist vielmehr die ganze Seinswelt, die sich in uns und durch uns ihrer selbst bewußt wird. Auf diese metaphysische Bewußtheit des Seins beziehen sich Bodhidharma mit den Worten Geist oder Selbst-Natur und Rinzai mit dem eigenartigen Ausdruck: der Wahre-Mensch-ohne-jeden-Rang. Der hier in Frage stehende metaphysische Zustand kann auch als reine Subjektivität interpretiert werden. Oder sogar als reine Objektivität. Eigentlich befindet er sich sowohl über der Subjektivität als auch über der Objektivität. Es ist jedoch ein Zustand, der jederzeit bereit ist, sich in Form des absoluten

---

2 Essay I, Kap. 4.

Subjekts oder des phänomenalen Dinges zu verwirklichen. Es wird nun verständlich werden, warum Zen jegliche Form des Denkens als tödlichen Feind der Erleuchtung betrachtet. Das diskursive Denken muß um jeden Preis eingestellt werden. Selbst das dem Erlangen der Erleuchtung huldigende Denken wirkt sich im Geiste des Schülers als Hindernis aus. Wie Daie (chin.: Ta Hui)[3] in einer seiner «Episteln» bemerkt: «Wenn du die kleinste Anstrengung machen mußt, um die Erleuchtung zu erreichen, wirst du sie niemals besitzen. Solch eine Anstrengung kann verglichen werden mit dem Versuch, den grenzenlosen Raum zu fassen – reiner Zeitverlust!»

Shōsan Suzuki, eine der berühmtesten Zen-Gestalten im Japan des 17. Jahrhunderts,[4] antwortete auf die Frage über das Erreichen der Buddhaschaft folgendes:

> Das Erlangen der Buddhaschaft bedeutet eigentlich «leer werden». Es bedeutet, daß du zum ursprünglichen Zustand zurückkehrst (dem Zustand der Undifferenziertheit), in dem kein Fleckchen «Ich», «das Andere», die Wahrheit oder der Buddha vorhanden ist. Es bedeutet, daß du alles wegwirfst, deine Hände von allem wäschst und dir selbst einen unendlichen Raum der Freiheit schaffst. Dies kann nicht verwirklicht werden, solange noch irgend etwas in deinem Geist übrigbleibt, selbst nicht der Gedanke an die Erleuchtung.

Die Entleerung des Geistes ist keine einfache und leichte Aufgabe, es ist nämlich nicht nur ein einfaches Unterdrücken der aufkommenden Gedanken. Denn das bewußte Unterdrücken der aufkommenden Gedanken ist selbst ein Gedanke; das alleinige Denken an das Nichtaufkommenlassen einer Illusion ist allein schon eine Illusion. Bankei[5], ein anderer Zen-Meister Japans, erklärt dies folgendermaßen:

> Falls du, mit dem Wunsch, den Ungeborenen-Zustand zu erreichen, versuchst, aufsteigenden Ärger, Unwillen, Bedauern, Gelüste oder ähnliches zu unterdrücken, dann wird dieser Versuch, die aufkommenden Emotionen zu unterdrücken, nur den ursprünglichen einen Geist in zwei wandeln. Es ist, als würde ein Mensch einem anderen nachjagen, der genauso schnell rennt. Solange du bewußt versuchst, nicht dem Auftauchen wilder Gedanken nachzugeben, werden sie niemals aufhören, denn die auftauchenden Gedanken und der Gedanke, daß du sie aufhalten mußt, werden immer in einen verzweifelten Kampf gegeneinander verwickelt sein ... Das einzige, was du wirklich tun mußt, ist zu verhindern, daß der eine Geist entzweit wird.

Es ist verständlich, daß ein so gründliches Wegwischen aller Gedanken und Ideen nur durch ein strenges und methodisches Einüben des Geistes

---

3 Daie Sōkō (chin.: Ta Hui Tsung Kao, 1089–1163), ein berühmter Zen-Meister der Sung-Dynastie. Seine «Episteln» wurden uns unter dem Titel *Ta Hui Shu* überliefert.

4 Shōsan Suzuki (1579–1655), ursprünglich ein Samurai und Schriftsteller populärer Werke, wurde später zum Zen-Mönch und schuf ein sehr besonderes Zen, das sich auf seine früheren Erfahrungen stützte.

5 Von der Rinzai-Schule, 1619–1690, berühmt für seine Rede in umgangssprachlichem Japanisch.

möglich wird. Denn es wird nicht nur die Reinigung des Geistes von allen ablenkenden Gedanken gefordert, sondern auch die Reinigung des Geistes um seiner selbst willen. Der ungeschulte Geist kann dies nie erreichen. Als wirksamste Methode der Reinigung des Geistes hat Zen im Laufe seiner geschichtlichen Entwicklung zwei verschiedene Meditationspraktiken entwickelt, die Methode der «schweigenden Erleuchtung» der Sōtō-Schule und die *Kōan*-Übung, die der Rinzai-Schule eigen ist. Bevor wir darangehen, die innere Struktur dieser beiden Formen des *zazen*, «mit übergeschlagenen Beinen in Meditation sitzen», zu untersuchen, müssen wir noch einige Zeit der Besprechung des positiven Aspekts der geistigen Reinigung im Zen widmen. Denn die Übungsmethoden, die hier vorgestellt werden sollen, sind weit davon entfernt, den Schüler in einen rein negativen Zustand der quietistischen Untätigkeit oder der totalen Leere des Bewußtseins versetzen zu wollen. Ganz im Gegenteil: Ihre Hauptaufgabe besteht hauptsächlich darin, eine Geistigkeit, eine dynamische Bewußtheit zu kultivieren, die dem Geist erlauben soll, straff und konzentriert zu bleiben. Darin besteht der positive Aspekt der Meditationslehre des Zen. Das Verständnis dieser Sachlage wird uns in die unmittelbare Nähe eines der Kernprobleme des Zen-Verständnisses führen.

3. Das nicht-denkende Denken

Bis jetzt schenkten wir unsere Aufmerksamkeit einzig und allein dem negativen Aspekt des Zen, und besonders der negativen Zen-Haltung gegenüber dem Intellekt. Diese Haltung ist eine Tatsache. Es kann nicht geleugnet werden, daß der Anti-Intellektualismus einer der hervortretenden Züge der Zen-Praxis und Zen-Theorie ist.

Wir wollen jedoch erneut betonen, daß die Ausschaltung des diskursiven Denkens (die für sich allein zu einem negativen Zustand, das heißt zum völligen Ausschalten des Bewußtseins führen könnte) Hand in Hand geht mit der Zen-Meditation, die dazu erdacht wurde, den Prozeß der stetigen Vereinigung des Geistes, der den Geist auf einen Punkt konzentriert, anzuregen. Und ein solcher Prozeß kann nur zur «Aufmerksamkeit» und nicht zur «Geistlosigkeit» – im negativen Sinne des Wortes – führen. Während der Meditationsübungen muß der Schüler aufmerksam bleiben, indem er seinen Geist bei klarem Bewußtsein erhält und ihm niemals erlaubt, schlaff und untätig zu werden. Um dies zu erreichen, müssen die dynamischen Kräfte der Konzentration wachgerufen werden. Und dies unterscheidet das *zazen* von der Technik der passiven Introversion (im westlichen Denken als «Gebet der Stille» beschrieben), durch die das Sitzen in geistiger Stille gelernt wird, wobei der Geist von allen erregenden Gedanken und Vorstellungen befreit wird und stetig in einen leeren Zustand der Geistlosigkeit verfällt. Der Unterschied zwischen den beiden Meditationstechniken wird dann sehr klar werden, wenn wir das untersuchen, was in den traditionellen *Kōan*-Übungen des Zen «Kampf um Leben und Tod» genannt wird. Alle *Kōans* sind solcher Art, daß sie den Geist des Schülers ungewöhnlich aufmerksam und wach halten; indem der Schüler mit dem gestellten *Kōan* ringt, wird er davon abgehalten, ruhig und friedlich in der klaren Heiterkeit der gedankenlosen Leere zu ruhen. Sollte er einen solchen Zustand der Heiterkeit erfahren, so muß er sich selbst aufrichten und den heiteren Zustand des Geistes durchbrechen.

Zen benutzt sehr gerne negative Worte und Ausdrücke. Viele der Schlüsselworte des Zen sind in der Tat linguistisch negative Ausdrücke – «Nichts», «Leere», «Nichtigkeit», «Nicht-Geist», «Am-Anfang-war-Nichts» usw. Diese negativen Ausdrücke können psychologisch gesehen Trance, Unbewußtheit und ähnliches nahelegen, wenn nicht sogar Apathie oder Erstarrung. Das Untätig-werden-Lassen des Geistes ist jedoch gerade das Gegenteil von dem, was Zen anstrebt. Die Nicht-Geistigkeit bedeutet nicht einen rein negativen Zustand, in dem der Geist aufhört, tätig zu sein. Wie wir oben bemerkten, ist die Nicht-Geistigkeit Aufmerksamkeit; es ist ein besonderer Zustand, der an der Grenze der Geistigkeit erreicht wird, eine scheinbare Untätigkeit, die durch die ungewöhnlich verstärkte Aktivität des Geistes herbeigeführt wird. So paradox es auch scheinen mag, wir können behaupten, daß das völlige Aufheben des Denkens das DENKEN aktiviert. Mit anderen Worten: Das Aufheben des Denkens auf der Ebene der Vorstellungen und Begriffe aktiviert ein anderes «Denken» im unbewußten Bereich des Geistes. In diesem Sinne ist die Zen-Meditation letztlich noetisch. Sie hat eine noetische Qualität, indem sie ein aktives Bewußtsein, eine besondere Art des «Denkens» (oder DENKENS) einschließt, durch das ein metaphysisches Wissen des Seins in der über-begrifflichen Dimension des Bewußtseins erreicht wird.

Es ist von höchster Wichtigkeit und von großem Interesse, hier festzuhalten, daß wir inmitten des bekannten anti-intellektuellen Kontextes des Zen immer noch die Möglichkeit haben, von einer besonderen Art des Denkens zu sprechen, obwohl dies von so besonderer Natur ist, daß es gewöhnlich nicht als Denken anerkannt wird, denn «Denken» ist – wenigstens in der westlichen Tradition Descartes' – eine bewußte Handhabung klarer und distinkter Ideen.

Wir wollen nun auf die innere Struktur des Denkens zurückkommen. Ich möchte hier nur allgemein darauf aufmerksam machen, daß das, was wir nun als DENKEN bezeichnen, kein neu erfundener Begriff ist. Es ist ganz im Gegenteil ein Begriff, der in der Geschichte des Zen-Buddhismus seine Wurzeln hat, obwohl auch hier Zen wieder einen negativen Ausdruck benutzte: «Nicht-Denken» *(hi-shiryô)* oder vielmehr «Un-Denken» anstatt «Denken». Der locus classicus der Behandlung dieses Problems ist der berühmte *mondō* (oder Zen-Dialog) zwischen Yakusan (chin.: Yao Shan),[6] einem außergewöhnlichen Zen-Meister der T'ang-Dynastie, und einem besuchenden Mönch.

Einst saß Meister Yakusan in tiefer Meditation, als ein Mönch auf ihn zutrat und ihn fragte: «Fest sitzend wie ein Fels, was denkst du?»

Der Meister antwortete: «Ich denke an etwas, das völlig undenkbar (*fu-shiryô*, ‹worüber-man-nicht-denken-kann›) ist.»

Der Mönch: «Wie kannst du über etwas nachdenken, was völlig undenkbar ist?»

Meister: «Durch ein nicht-denkendes Denken (*hi-shiryô*, ‹Denken-das-kein-Denken-ist›).»

Im Kommentar zu diesem *mondō* sagt Dōgen,[7] daß es im Falle von Meister Yakusan überhaupt keinen Widerspruch gibt zwischen dem «Denken» und dem, «was völlig un-denkbar» ist, wie der Mönch annahm, denn, so behauptet er, «Denken» bedeutet hier nicht das gewöhnliche Denken auf der Stufe der Ideen und Begriffe, sondern ein Tiefen-Denken, ein «Tief-Denken, das bis zum Mark der Wirklichkeit vordringt». Das Tiefen-Denken, durch das man das Undenkbare denken kann, geht keineswegs konform mit dem gewöhnlichen Verhalten des Denkens, in dem das denkende Subjekt über ein gedachtes Objekt nachdenkt und beide, sowohl das Subjekt als auch das Objekt, auf der gleichen Bewußtseinsebene verbleiben. In diesem Sinne ist das Tiefen-Denken kein Denken; es ist ein «Un-Denken». Wir könnten genauso sagen, es sei ein Denken, das kein Denken ist, weil es nicht der Akt des Denkens-über-etwas als sein Objekt ist.

Normalerweise kann unser Denken nur dann tätig sein, wenn es ein Objekt des Denkens gibt. In diesem Sinne können wir behaupten, daß der Geist nicht in der Leere funktionieren kann. Denken ist immer Denken-über oder Denken-des; es braucht einen Anhaltspunkt. Auch in dem eben zitierten *mondō* stellt der erste Satz Yakusans das DENKEN *wörtlich* als Denkendes dar, als würde er das gewöhnliche Denken meinen, das auf ein bestimmtes Objekt gerichtet ist. Da dieses «Objekt» jedoch solcher Art ist, daß es völlig-undenkbar ist, wird das Denken in diesem Fall ohne bestimmtes Objekt in der Leere zurückbleiben. Das DENKEN, wie es Yakusan versteht, ist ein objektloses Denken.

Ein Denken, das kein Objekt hat, ist gleichzeitig auch ein subjektloses Denken, das heißt, es hat kein denkendes Subjekt. Ein vollkommen «objekt»-loses Denken ist, laut Zen, nicht möglich, solange in dem denkenden Subjekt das «Subjekt»-Bewußtsein, das heißt das Ich-Bewußtsein verbleibt. DENKEN ist objekt- und subjektlos, was gerade das ist, was Yakusan mit dem Ausdruck «Un-Denken» meinte, das heißt ein Denken-das-kein-Denken-ist.

---

6 Yakusan Igen (chin.: Yao Shan Wei Yen, 751–834).

7 Dōgen: *Shōbōgenzō* (a. a. O., Iwanami Series of Japanese Thought XII–XIII), Tokyo 1970–1972, Vol. I, S. 127.

Es ist sehr wichtig hierbei zu bemerken, daß für Zen «objekt- und subjektloses DENKEN» nicht etwa einen Bewußtseinsakt bedeutet, von dem sowohl das Bewußtsein des Objekts als auch das des Subjekts entfernt wurden. Falls dies der Fall wäre, wäre DENKEN nur ein besonderes psychologisches Geschehnis. Zen meint damit viel eher eine dynamische metaphysische Bewußtheit des Seins selbst oder reine Existenz *vor* der Zweiteilung in Subjekt und Objekt, das Wissende und das Gewußte, oder – wie wir sagen könnten – das «Ich» und die Welt. Dies wird vorzüglich dargestellt in einem anderen, nicht minder berühmten *mondō*, in dem der Meister auf die Frage, wie man die Erleuchtung erreichen könnte, dem Schüler antwortet: «Die Erleuchtung kann nur erreicht werden, indem man in das Nichts schaut!»

Der Schüler fragt den Meister weiter: «Du sagst: Nichts. Aber ist das nicht schon ‹etwas›, das es zu sehen gilt (das heißt das Objekt des Denkens)?»

Meister: «Natürlich gibt es ‹Sehen›, dessen Objekt ist aber nicht ‹etwas›!»

Schüler: «Wenn es nicht ‹etwas› ist, was ist dann das ‹Sehen›?»

Meister: «Das Sehen, wenn es überhaupt kein Objekt gibt, das ist das wahre ‹Sehen›.»

Dies bezieht sich auf die scheinbare Gedankenlosigkeit des *Samādhi*. Auf der Oberfläche des Denkens gibt es keine Gedankenbewegung mehr, weil der entzweiende Intellekt aufgehört hat zu funktionieren. In diesem Zustand ist der Geist kein «Geist» mehr, sondern viel eher die Fülle des Seins, die sich spontan als erleuchtete Bewußtheit enthüllt und dazu berufen ist, «dort zu sehen, wo es kein Objekt gibt» – dem wir hinzufügen müssen: «und kein Subjekt gibt». «Wo es weder Subjekt noch Objekt gibt», kann es nur vollkommene «Leere» geben. Diese «Leere» ist jedoch kein psychologischer Zustand der Leere des Bewußtseins. Es ist eher ein metaphysischer Zustand der Leere, der, eben weil er sich nicht auf ein einzelnes Ding, sei es objektiv oder subjektiv, begrenzt, die Fülle des Seins selbst ist.

So besteht das DENKEN (oder die un-denkende Form des Denkens), das den Mittelpunkt der Meditationslehre bildet, darin, den Menschen in die existentiellen Tiefen seines Selbst, die jenseits der unterbewußten Bereiche des sogenannten Unbewußtseins zu finden sind, tauchen zu lassen. Indem er dies tut, erforscht der Mensch nicht mehr die Tiefen seines eigenen Seins; er erforscht viel eher die Tiefen des metaphysischen Seinsgrundes, der niemals von dem Fluß der Bilder und Begriffe erfaßt wird, die das empirische Bewußtsein durchlaufen. Hier wird weder das Ich-und-Du noch das Ich-und-Es verwirklicht. Denn es gibt auf dieser Stufe weder ein Ich als subjektives, noch ein Du oder Es als objektives Wesen. Es bleibt nur ein IST zurück, ein selbst-erleuchtendes «ist», das dieses DENKEN ist.

4. Sōtō-Zen und Rinzai-Zen

Während der ersten Zeit seiner geschichtlichen Entwicklung hatte Zen keine systematische Meditationslehre, obwohl schon seit den Anfängen Meditation geübt wurde. Bis zum Ende der T'ang-Dynastie meditierte jeder für sich selbst auf seine Weise. Im Laufe der Geschichte des Zen wurde jedoch eine besondere Lehrmethode ausgearbeitet, die dem Schüler-Kandidaten helfen sollte, das DENKEN oder das Denken, welches ein Nicht-Denken ist, wie es im vorangehenden Abschnitt erklärt wurde, zu entwickeln. Die Lehrmethode umfaßte zwei Hauptzweige, die als «Nur-*zazen*»-Methode und als *Kōan*-Methode bezeichnet werden, wobei erstere der Sōtō-(chin.: Ts'ao-Tung-) Schule eigen ist und letztere der Rinzai-(chin.: Lin-Chi-)Schule angehört. Zen wurde von China aus in das Japan der Kamakura-Zeit (12.–13. Jahrhundert) eingeführt, durch den Kanal der beiden rivalisierenden Schulen, die zur gleichen Zeit in China blühten und sich durch die beiden verschiedenen Meditationslehren unterschieden. Diese beiden Schulen überlebten bis zum heutigen Tag in Japan, und die beiden Lehrmethoden werden heute noch an tausend verschiedenen Orten ausgeübt.

Die Sōtō-(Ts'ao-Tung-)Schule, die durch Dōgen (1200–1253) in Japan eingeführt und aufgebaut wurde, geht auf zwei große Meister der T'ang-Dynastie in China zurück, Tō Zan Ryō Kai (chin.: Tung Shan Liang Chieh, 807–869) und seinen Schüler-Nachfolger Sōzan Honjaku (chin.: Ts'ao Shan Pên Chi, 840–901). Wie der populäre Titel «Zen der schweigenden Erleuchtung» (*moku shō*, chin.: *mo chao*), unter dem diese Schule bekannt ist, besagt, unterstreicht Sōtō vor allem die Wichtigkeit des meditierenden Stillsitzens. Dabei ist die zugrunde liegende Idee die, daß die Erleuchtung nur durch die völlige Teilnahme und die Verwandlung der ganzen Persönlichkeit des Schülers erlangt werden kann. Das Erreichen der Erleuchtung kann und sollte kein plötzliches Geschehnis sein, sondern ein stufenweiser Prozeß der geistigen Reifung. Nur indem man über lange Zeit hinweg in Meditation sitzt, kann die völlige Verwandlung der Persönlichkeit erreicht werden, und nur am Ende und als Ergebnis eines solchen stufenweisen Prozesses der ruhigen Geist-Erleuchtung kann die wirkliche Natur des Selbst, das heißt die wirkliche Natur des Seins verwirklicht werden. Wegen dieser Stellung kennt man die Sōtō-Schule auch als die Schule der «stufenweisen Erleuchtung», in Abgrenzung zum Rinzai, das als Schule der «plötzlichen Erleuchtung» bekannt ist.

Die Rinzai-(chin.: Lin-Chi-)Schule geht zurück – worauf die Benennung selbst hinweist – auf den berühmten Zen-Meister der T'ang-Dynastie Rinzai Gigen (chin.: Lin Chi I Hsüan, ?–866), der für seine gewaltsame Lehrmethode berühmt war und seine Schüler mit Schlägen und Schreien belehrte. Das Rinzai-Zen läßt sich in der uns bekannten Form, mit den charakteristischen *Kōan*-Übungen, eher auf einen hervorragenden Sung-Meister dieser

Schule zurückführen, Daie (chin.: Ta Hui),[8] der die repräsentativen *Kōans* sammelte und ordnete, um sie systematisch im Lehrprozeß zu benutzen. Diese besondere Form des Rinzai-Zen wurde von Eisai (1141–1215) in Japan eingeführt.

Die Rinzai-Schule vertritt die «plötzliche Erleuchtung», im Gegensatz zu der «stufenweisen Erleuchtung» des Sōtō. Das Rinzai ist dynamisch, während das Sōtō statisch ist. Indem es die Handlung und Dynamik über alles hebt, verdammt Rinzai die heitere Meditationssitzung. Dies soll nicht bedeuten, daß er die ganze Meditationsübung verurteilt. Ganz im Gegenteil. Aber die Übungen, durch die die Schüler geschult werden, gehören nicht zu dem Typ der statischen Meditation. Für Rinzai ist das heitere und ruhige Sitzen, nachdem der Geist von allen Bildern und Gedanken gereinigt worden ist, mehr oder weniger das «Fallen in des Teufels Abgrund» der blanken Leere.

Verglichen mit der statischen Meditation der Sōtō-Schule, vertritt Rinzai eine dynamische Meditation, das heißt eine besondere Art der Meditation, in der eine kräftige, dynamische Aktivität des Geistes beobachtet werden kann. Das *Kōan* wird für diesen Zweck benutzt. Dem Schüler wird mit großer Strenge vom Meister auferlegt, ein gewisses *Kōan* durch Meditation zu lösen; es wird ihm auferlegt, mit dem «Körper-und-Geist» zu ringen, während er in Meditation sitzt. Die Meditation wird dadurch notwendigerweise ein geistiges Schlachtfeld. Das *Kōan* wird zur «Eisenkugel des Zweifels» und erschöpft alle geistigen Kräfte des Schülers, bis diese Eisenkugel plötzlich in Trümmern liegt und die Selbst-Natur verwirklicht wird. Die Rinzai-Schule vertritt deswegen die Auffassung, daß die Erleuchtung nicht stufenweise erlangt werden, sondern nur als abruptes und plötzliches geistiges Geschehnis auftreten kann.

Nun wollen wir uns der ausführlicheren Untersuchung der inneren Struktur der Meditationsübungen der Sōtō- und Rinzai-Schule zuwenden. Wir wollen zuerst die Stellung des Sōtō erklären.

Wie wir oben bemerkten, wird die Stellung des Sōtō gegenüber der Meditation meistens als «Nur-*zazen*» oder «schweigende Meditation» bezeichnet. Diese Stellung, die geschichtlich auf Jinshū (chin.: Shên Hsin, ?–706), den Gründer der sogenannten Nördlichen Schule des Zen, zurückgeführt werden kann, wird eindeutig durch einen gewissen Quietismus gefärbt. Sie hebt die Bedeutung der heiteren, quietistischen Kontemplation einer «ursprünglichen Reinheit des Geistes» hervor. Diese Stellung begründet sich auf der grundlegenden theoretischen Annahme, daß das Bewußtsein eine Zwei-Stufen-Struktur habe, bestehend in einer «Oberflächen-Stufe» und einer «Tiefen-Stufe». Es versteht sich von selbst, daß dies nur eine Verbildlichung ist, denn in der authentischen Ansicht des Zen kann es keine

8 Daie Sōkō, siehe oben, Fußn. 3.

wirklichen «Stufen» geben, die im Bewußtsein unterschieden werden könnten; das Bewußtsein, wie es Zen versteht, ist kein Wesen mit irgendeiner Struktur. Aber der Erklärung wegen ist eine solche Theorie der Zwei-Stufen-Struktur sehr angebracht.

Die «Oberflächen-Stufe» ist unser Wachbewußtsein, dessen Merkmal die Unruhe ist, die durch das unkontrollierte Wachsen der Bilder, Begriffe und Gedankenformen verursacht wird und besonders durch die Aktivität des diskursiven Denkens, das niemals aufhört, den Dingen der Außenwelt nachzujagen, gekennzeichnet ist. Die «Tiefen-Stufe» bezieht sich auf dasselbe Bewußtsein, das trotz der ständigen Unruhe auf der Oberfläche heiter und ungestört bleibt. Zen stellt diese Struktur des Bewußtseins gern durch das Bild des Ozeans dar, dessen Oberfläche von den Wellen erschüttert wird, dessen Tiefen jedoch ein Bereich der ewigen Ruhe sind.

Anhand einer solchen bildlichen Darstellung wird es ein einfaches sein, das hauptsächliche Ziel des *zazen* zu verstehen, das in der Sōtō-Schule darin gesehen wird, die ganze psychische Energie in einen konzentrierten Zustand der Einheit zu leiten, so daß der Geist dann völlig zugespitzt seine eigene «Tiefen-Stufe», die unter gewöhnlichen Umständen gänzlich unsichtbar bleibt, unter den «Wogen» der Gedankenformen sehen kann.

Die typische Meditation des «Nur-*zazen*» besteht in physischer Hinsicht darin, ganz fest und gleichmütig zu sitzen, «unbeweglich fest, wie ein Felsen», in der vollen oder halben Lotos-Haltung mit übergeschlagenen Beinen, den Rücken aufrecht und gerade haltend bei rhythmisch reguliertem Ein- und Ausatmen aus dem unteren Bereich des Brustkorbes.

Während der Körper so festgepflanzt ist, versucht man, die zugespitzte innere Konzentration zu verdichten, während der Geist wachsam und aufmerksam bleiben soll. Interessanterweise gibt es nichts, worauf sich dieses zugespitzte Bewußtsein richten könnte. Damit soll gesagt werden, daß es kein berührbares Objekt der Konzentration gibt. Die Konzentration soll hier nicht unterstützt werden, wie etwa durch die alles umfassende Sorge, im *zazen* des Rinzai das *Kōan* zu lösen. Sie wird auch nicht durch die kontinuierliche Vorstellung einer Gestalt oder eines Musters unterstützt oder durch die Tätigkeit der andauernden Vorstellung einer Idee. Es wird auch nicht die einfachste aller Yoga-Übungen zu Hilfe genommen, die darin besteht, den einströmenden und ausströmenden Atem zu verfolgen. Es soll nur eine verstärkte Konzentration aufrechterhalten bleiben, wobei der Geist tiefer und tiefer gleitet, jenseits des Bereichs der Ideen und Begriffe, dann über den unterbewußten Bereich der Visionen hinaus in die zugespitzte Bewußtheit des Seins hinein.

Dies ist in Kürze die Idee, die der Meditationslehre der Sōtō-Schule oder der «Nur-*zazen*»-Schule zugrunde liegt. Dieses Verständnis des *zazen* erreichte seinen Höhepunkt in Dōgen, dem japanischen Gründer der Sōtō-Schule, der im Ausüben des meditativen Sitzens die Aktualisierung der

Buddha-Natur selbst, das heißt der eigentlichen undifferenzierten Einheit des Seins, sah. Für Dōgen ist das *zazen* keine künstlich erdachte Methode, um die Erleuchtung zu erlangen. Denn das höchste Prinzip des Zen ist, so will es Dōgen, daß die Erleuchtung und die Methode ein und dasselbe sind. Ein Mensch wird erleuchtet, indem er in Meditation sitzt, ob er sich dessen bewußt ist oder nicht. Denn das Sitzen in einer solchen Haltung ist nicht nur eine Körperhaltung. Es ist viel eher die klarste Bewußtheit der höchsten Stufe der existentiellen Fülle. «Er» ist ein lebendiger Kristallisationspunkt des universellen Lebens. Dōgen sagt: [9]

Zazen besteht einzig darin, in Ruhe zu sitzen. Es ist kein Mittel, etwas zu suchen. Das Sitzen selbst ist Erleuchtung. Wenn, wie gewöhnliche Menschen glauben, die Übung verschieden wäre von der Erleuchtung, dann würde das eine sich des anderen bewußt werden (das heißt, man würde der Erleuchtung bewußt werden, während man im *zazen* sitzt, und man würde sich des Prozesses der Selbstdisziplin bewußt bleiben, nachdem man den Zustand der Erleuchtung erlangt hat). Solch eine Erleuchtung, die durch diese Art von Bewußtsein befleckt wird, ist keine echte Erleuchtung.

Die Meditation der «ruhigen Erleuchtung» ist natürlich rein statisch und kann zu einem reinen Quietismus führen. Die Rinzai-Schule lehnt sich entschlossen gegen diese Tendenz auf, mit der Behauptung, diese Haltung würde sich gegen den Geist des Zen stellen. Dadurch hält die Rinzai-Schule den Dynamismus des sechsten Patriarchen E Nō (Hui Nêng) hoch.

Meister Nangaku (chin.: Nan Yüeh),[10] der Nachfolger E Nōs in der Überlieferung der Lehren der Südlichen Schule, soll einen Schüler mit folgenden Worten zurechtgewiesen haben:

Möchtest du Meister des *zazen* werden, oder möchtest du die Buddhaschaft erreichen? Falls es deine Absicht ist, Zen zu lernen, mußt du wissen, Zen besteht nicht in Sitzen und Liegen. Möchtest du etwa die Buddhaschaft durch das Mit-übergeschlagenen-Beinen-in-Meditation-Sitzen erreichen? Der Buddha hat doch keine bestimmte Form . . . Der Versuch, die Buddhaschaft einzig durch das Mit-übergeschlagenen-Beinen-in-Meditation-Sitzen zu erlangen, ist gleichbedeutend mit dem Mord am Buddha. Solange du an einer solchen Sitzhaltung festhältst, wirst du niemals fähig sein, den Geist zu erreichen.

Die Rinzai-Schule, die die Lehre des sechsten Patriarchen in diesem Hinblick sehr getreu befolgt, nimmt eine starke Stellung gegen die Meditationsmethode der Sōtō-Schule ein. So sagt Daie (chin.: Ta Hui), der obenerwähnte Meister der Rinzai-Schule: [11]

Wenn du mit deinem Gast sprichst, so konzentriere deine ganze Energie auf dein Gespräch mit ihm. Wenn du gerne ruhig in Meditation sitzen willst, dann gehe und setze dich, indem du deine Energie auf das ruhige Sitzen konzentrierst. Dieser Tage

---

9 *Shōbōgenzō* (a. a. O.).
10 Nangaku Ejô, 677–744.
11 Über Daie und seine «Episteln» siehe oben, Fußn. 3.

gibt es eine Menge falscher Zen-Meister, die ihre Schüler irreführen, indem sie sie lehren, das ruhige Sitzen in «schweigender Meditation» sei das Grundprinzip des Zen.

Es ist ganz klar, daß Daie mit dem Ausdruck «falsche Zen-Meister» die Meister der Sōtō-Schule meint.

Die Rinzai-Schule verzichtet trotzdem nicht auf die Meditation, ganz im Gegenteil: Auch für die Rinzai-Anhänger ist das Sitzen in Meditation ein Wendepunkt des ganzen Prozesses, durch den man sich der Erleuchtung nähert. Die innere Struktur der Rinzai-Meditation ist jedoch völlig verschieden von der des Sōtō. Denn das *zazen*, wie es die Rinzai-Schule versteht, besteht nicht im Sitzen in der ruhigen Heiterkeit der Meditation, wobei der Geist aller Gedanken entleert ist; das *zazen* besteht viel eher darin, den Geist so ausschließlich mit einem lebenswichtigen, existentiellen Problem oder Gedanken zu beschäftigen, daß er völlig dieses Problem, dieser Gedanke *wird*; man könnte sagen: Das «Ich» verliert sich und wird sozusagen völlig in den Gedanken verwandelt. Dies ist in Kürze das, was Rinzai unter DENKEN versteht, «das Denken, das kein Denken ist». Und diese existentielle Verwandlung wird durch die *Kōans* herbeigeführt.

5. Kōan

Kōan (chin.: *kung an*) war ursprünglich, das heißt in der T'ang-Dynastie, ein juristischer Begriff für einen Rechtsfall, der als Präzedenzfall galt und auf den man sich berufen konnte, wenn es dazu kam, ein Urteil über einen ähnlichen Fall auszusprechen. Er wurde von Zen während der späten Sung-Dynastie als Terminus technicus aufgegriffen, mit der Bedeutung eines besonderen Problems oder Themas für die Meditation. Die *Kōan*-Übung wurde von Daie im 11. Jahrhundert geregelt und blieb seit jener Zeit durch acht Jahrhunderte allgemein beliebt in der Rinzai-Schule Chinas und Japans. Es wurden viele *Kōan*-Sammlungen zusammengestellt; das *Hekigan Roku* (chin.: *Pi Yen Lu*, 1125 zusammengestellt) und das *Mu Mon Kan* (chin.: *Wu Mên Kuan*, 1228 zusammengestellt) sind die berühmtesten unter ihnen.

Diese *Kōans* sollen Meditationsthemen sein, die künstlich zusammengesetzt wurden 1. aus den berühmten alten *mondōs*, das heißt Fragen-und-Antworten zwischen Schüler und Meister in der T'ang- und frühen Sung-Dynastie, 2. aus den Fragmenten mancher buddhistischer Sūtras, 3. aus bedeutungsvollen Abschnitten der Reden der Meister, 4. aus Anekdoten, die sich auf verschiedene Aspekte der Meister beziehen.

So vielfältig auch die Inhalte der *Kōans* sein mögen, sie haben doch dieselbe Struktur, insofern sie als Meditationsthemen betrachtet werden. Jedes ist, in paradoxer, schockierender oder verblüffender Sprache, ein Ausdruck der letzten Wirklichkeit, wie sie Zen versteht. Es soll eine unmittelbare, kräftige verbale Darstellung des Seins sein, die, wie wir im vorangehenden Abschnitt erklärt haben, eine nackte, individuelle Kristallisation der ursprünglichen Undifferenziertheit ist. Als Problem, das dem Schüler vom Meister gestellt wird, ist es in den meisten Fällen durch einen beabsichtigten Unsinn gekennzeichnet,[12] es ist dergestalt, daß es von Anfang an das diskursive Denken verwirrt mit der Absicht, den Schüler für einen besonderen Bereich des existentiellen Verständnisses zu erwecken, indem seine ganze Persönlichkeit, sein Körper und Geist jenseits der Reichweite seines Intellekts ergriffen werden.

Es wäre jedoch ein Fehler zu glauben, das *Kōan* sei nur unvernünftig und bedeutungslos. Wenn wir uns nochmals vergegenwärtigen, daß die *Kōans* ursprünglich aus alten *mondōs*, Anekdoten usw. zusammengestellt wurden, dann wird es sehr leicht zu sehen sein, daß sie auch im Bereich des intellektuellen Verständnisses eine gewisse Bedeutung abgeben, falls wir fähig sind, sie auf den fiktiven oder wirklichen geschichtlichen Kontext zurückzuführen und sie unter diesem Aspekt zu betrachten. Es gibt – mit anderen Worten – immer einen besonderen Sinn, in dem jedes *Kōan* als Abriß der Zen-Philosophie betrachtet werden kann.

Daher rührt die Vorstellung, daß das *Kōan* im Prinzip ein zweidimensionales Gebilde sei. Es gibt zwei völlig verschiedene Dimensionen, in dem es gehandhabt werden kann. Darüber hinaus ist es wichtig, dies hervorzuheben, weil die beiden Dimensionen leicht miteinander verwechselt werden können, was nicht selten geschah und das angemessene Verständnis des Rinzai-Zen oft fatal verwirrte.

In einer der beiden Dimensionen (die wir «erste Dimension» nennen wollen) muß das *Kōan* als bedeutungsvoller Spruch oder Anekdote behandelt werden, wie sinnlos auch immer es auf den ersten Blick erscheinen mag. In dieser Dimension hat das *Kōan* eine feste philosophische Bedeutung, die vom Intellekt begriffen werden kann. Jedes *Kōan* ist, so gesehen, ein «geschichtliches» Dokument, das eine intellektuelle Interpretation erlaubt. Es mag zuerst ein unüberbrückbar erscheinendes Hindernis für die intellektuelle Thematisierung darstellen; dies ist aber solcher Art, daß es letztlich doch überwunden werden kann.

In der zweiten Dimension ist das *Kōan* ganz im Gegenteil weder bedeutungsvoller Spruch noch Anekdote in jeglichem Sinne; es muß wenigstens nicht als solches verstanden werden. In dieser Dimension ist das *Kōan* ein völlig irrationales Problem, mit der Aufgabe, den Geist in eine Sackgasse zu führen, die alle Wege der gewöhnlichen Denkmuster abschließt und den Geist in eine außergewöhnliche Spannung, die der Psychose nahekommt, führt, um ihn so zum endgültigen Durchbruch gelangen zu lassen.

Jedes *Kōan* ist in diesem Sinne ein künstliches Mittel, dem Schüler einen

---

12 Über das Problem der «Bedeutungslosigkeit» im Zen siehe Essay III.

psychologischen Schock zu verabreichen. Unser Geist scheint jedoch so sehr an das Denken auf der Ebene des intellektuellen Verstehens gewöhnt zu sein und deswegen niemals stillzustehen, bevor es die «Bedeutung» einer verbalen Äußerung oder Aussage gefunden hat, daß es ihm beinahe unmöglich erscheint, mit einem *Kōan* als einem gewaltigen, drastischen psychologischen Schock zu ringen. Deswegen die strenge Warnung der Zen-Meister vor dem «Denken», vor jeglichem Versuch von seiten des Schülers, die Bedeutung des *Kōans* «verstehen» zu wollen.

Um die beiden Dimensionen der *Kōans* zu illustrieren, wollen wir zum Beispiel folgendes berühmte *Kōan* der «Zypresse im Hof» von Jōshū (chin.: Chao Chou)[13] näher betrachten.

Einst fragte ein Mönch Jōshū: «Sag mir, was für eine Bedeutung hat die Reise des ersten Patriarchen aus dem Westen (das heißt: Was ist die letzte Wahrheit des Zen-Buddhismus)?»

Jōshū antwortete: «Die Zypresse im Hof!»

Was für eine Beziehung gibt es zwischen der Zypresse im Hof und der wirklichen, lebendigen Essenz des Buddhismus, die von Bodhidharma von Indien nach China gebracht wurde? Unter normalen Umständen würde Jōshūs Antwort sinnlos erscheinen, ohne jegliche Bedeutung. Für die Zen-Philosophie (das heißt die «erste Dimension») sind Jōshūs Worte als Antwort auf die Frage des Mönchs sinnvoll. In Kürze: Jōshūs Zypresse bezieht sich auf das gleiche wie der obenerwähnte Wahre-Mensch-ohne-Rang. Der einzige Unterschied zwischen den beiden besteht darin, daß letzterer die ursprüngliche Undifferenziertheit als reine Subjektivität vorstellt, während erstere die gleiche Undifferenziertheit als reine Objektivität offenbart. Wie wir früher sahen, befindet sich die ursprüngliche Undifferenziertheit, wie sie von Zen verstanden wird, jenseits sowohl der Subjektivität als auch der Objektivität. Sie ist jedoch gleichzeitig so frei, daß sie sich im absoluten Subjekt oder im absoluten Objekt – oder selbst in beiden zugleich, das heißt dem Subjekt-Objekt – offenbaren kann.

Dabei ist es wichtig zu bemerken, daß das Undifferenzierte nicht in seiner ursprünglichen Un-Differenziertheit ex-istieren kann, es muß sich notwendigerweise differenzieren, um ex-istieren zu können, das heißt, es muß sich ganz konkret in einem subjektiven oder objektiven Ding kristallisieren. Und da sich das Undifferenzierte als Ganzes, das heißt, ohne einen Rest übrigzulassen, in Myriaden von Dingen differenziert, unterscheidet sich keines dieser Dinge von dem Undifferenzierten, außer unter dem Aspekt der Nicht-Artikulation oder Artikulation.

---

13 Jōshū Jūshin (chin.: Chao Chou Tsung Shên, 778–879), ein hervorragender Meister der T'ang-Dynastie. Das hier erläuterte *Kōan*, das *Kōan* Nr. 37 im *Mu Mon Kan*, wurde im Essay I, Kap. 6, analysiert.

Die Zypresse im Hof! Die ganze Welt erhebt sich wie herbeigezaubert aus ihrem metaphysischen Grund, der Leere *(sūnyatā)*.

Die ganze Welt ist die Zypresse. Jōshū ist die Zypresse. Der Mönch ist auch die Zypresse. Es gibt eigentlich nichts anderes mehr als das Bewußtsein der Zypresse, denn an diesem metaphysischen Nullpunkt erleuchtet sich das Sein in seiner Undifferenziertheit als der einzigartige und zugleich universelle Zypressenbaum.

Wir wollen versuchen, noch ein anderes *Kōan* zu interpretieren, wohlverstanden auch diesmal auf der «ersten Dimension», und damit eine etwas andersartige Form der Zen-Metaphysik illustrieren. Das *Kōan* besteht aus einem einzigen und imperativen Satz:

Hört den Klang einer klatschenden Hand!

Anders als die Mehrzahl der gewöhnlich in den Zen-Lehrbüchern erwähnten *Kōans*, die chinesischen Ursprungs sind und sich auf die Sprüche und Taten der Meister der T'ang-Dynastie beziehen, ist dieses kurze *Kōan* ein Meditationsthema, das von Hakuin,[14] dem größten aller Rinzai-Meister Japans, im 18. Jahrhundert erdacht wurde. Das *Kōan*, welches weitgehend als *Skishu* (Eine Hand) des Meisters Hakuin bekannt ist, erwies sich als so wirkungsvoll in den Zen-Übungen, daß es in Japan beinahe so berühmt wurde wie Jōshūs *Mu!* (Nein!).

Hakuin fordert seine Schüler auf, den Klang einer klatschenden Hand zu hören. Ein Ton entsteht, wenn man in die Hände klatscht. Welches ist der Klang des Klatschens einer Hand? Unter normalen Umständen wäre dies nichts als eine sinnlose Frage. Wie im Falle der Zypressen verbirgt auch dieses *Kōan* eine versteckte metaphysische Bedeutung, die sich dem Intellekt auf der «ersten Dimension» erschließen wird.

Ich schlage vor, daß wir zuerst eine bekannte Zen-Anekdote der Allgegenwart des Windes lesen, um diese philosophische Bedeutung leichter erfassen zu können. Die *dramatis personae* sind Meister Mayoku (chin.: Ma Ku) aus der T'ang-Dynastie und ein Mönch.

Einst benutzte Meister Mayoku Hotetsu einen Fächer, als ein Mönch auf ihn zutrat und fragte: «Die Wind-Natur (das heißt der Wind-an-sich oder die noumenale Wirklichkeit des Windes) ist dauernd und allgegenwärtig, so daß es auf der ganzen Welt keinen Ort gäbe, der nicht durch ihn erfüllt wäre. Falls dies wahr ist, warum benutzt du dann einen Fächer?»

Mayoku: «Was du weißt, ist nur (die Theorie), der Wind sei in der ganzen Welt verbreitet.»

---

14 Hakuin Ekaku (1686–1769) war ein bemerkenswerter Zen-Meister, Kalligraph und Maler. Er ordnete systematisch die wichtigsten *Kōans*, die zu seiner Zeit überliefert worden waren, und belebte die *Kōan*-Methode im Zen. Er wird als der Gründer der sogenannten modernen Rinzai-Schule des Zen bewundert.

Der Mönch: «Was ist dann die wahre Bedeutung der weltweiten Verbreitung des Windes?»

Der Meister fuhr einfach fort zu fächeln.

Der Mönch verneigte sich ehrfurchtsvoll.

Die «Wind-Natur» unterscheidet sich tatsächlich kaum von dem, was wir unter den Bezeichnungen «Buddha-Natur», «Selbst-Natur», «Geist» usw. kennen und das sich auf das «Absolute», wie es Zen versteht, das heißt die Wirklichkeit vor der Zweiteilung in Subjekt und Objekt, das ursprüngliche Undifferenzierte, das zwar noch undifferenziert, aber zugleich bereit ist, sich als phänomenaler Wind zu differenzieren, zuspitzt.

Die «Wind-Natur» erfüllt die ganze Welt; es gibt keinen Ort, der nicht vom Wind durchzogen wäre. Und dies ist der Grund, den Zen dafür gibt, daß überall dort, wo jemand fächelt, ein kühler «Wind» entsteht. Dabei ist jedoch das wichtigste, daß diese ubiquitäre «Wind-Natur» sich hier und jetzt nicht aktualisieren könnte, ohne daß ein Mensch fächelte; der universelle Wind kann nur durch den einzigartigen Akt des fächelnden Menschen *ex-istieren*. Das bringt uns zurück zu unserer altbekannten metaphysischen These, nämlich daß das Undifferenzierte nur durch seine eigene Differenzierung *ex-istiert*.

Nun zurück zu dem «*Eine-Hand*-Kōan» von Hakuin. Nachdem das «Wind»-*Kōan* von Mayoku verständlich geworden ist, wird es ein einfaches sein, die innere Struktur des einhändigen Klatschens zu erfassen. So wie die «Wind-Natur» ubiquitär ist, ist der Klang einer einzigen Hand – die «Klang-Natur» sozusagen – dauernd ubiquitär. Die «Klang-Natur», die in diesem Fall als der Klang einer einzigen klatschenden Hand beschrieben wird, befindet sich überall, bereit, sich zu jeder Zeit als empirisch hörbarer Klang zu aktualisieren, wo immer und wann immer jemand bereit ist, in zwei Hände zu klatschen. Zen geht noch weiter, indem es behauptet, der Geist würde diesen Klang hören, bevor er empirisch aktualisiert wäre, selbst im Stadium der einen-klatschenden-Hand. So begegnen wir in dem «Klang einer klatschenden Hand» oder in der «Klang-Natur» wieder dem Undifferenzierten in seiner besonderen ontologischen Neigung zur Aktualisierung als physikalisch hörbarer Klang. Zen besteht in dem «Hineinsehen» in die «Klang-Natur» genau in dem Moment, wo sich diese bewegt und ihre innere Neigung zur Artikulation enthüllt. Dies ist, was mit dem Klang der einen klatschenden Hand gemeint ist. Es sei bemerkt, daß, wenn zwei Hände ineinander klatschen, die Artikulation schon stattgefunden hat und sich die «Klang-Natur» hinter dem physikalisch hörbaren Klang versteckt.

Zu dieser Situation bemerkt Meister Bankei,[15] ein eminenter japanischer Zen-Meister, hinsichtlich des Klanges einer Tempelglocke, bevor sie erklingt:

---

15 Siehe oben, Fußn. 5. Das Zitat stammt aus den «Sayings of Master Bankei» (in *Sayings of Various Zen Schools*, Chikuma Series of Japanese Thought, Vol. X, Hg. Karaki, Tokyo 1969, S. 270).

Höre, eine Glocke erklingt; du kannst den Klang hören.

(Eigentlich) bist du dir dauernd und ununterbrochen des Klanges der Glocke bewußt, bevor sie geschlagen wird und bevor der Klang hörbar ist. Die durchsichtige Bewußtheit des Klanges der Glocke, bevor diese geschlagen wird – das ist, was ich den ungeborenen Buddha-Geist nenne. Wenn man sich des Klanges bewußt wird, erst nachdem die Glocke erklang, dann folgt man nur der Spur dessen, was schon stattgefunden hat. Dann bist du schon in eine zweitrangige Position verfallen (das heißt, du befindest dich nicht länger in der vorrangigen Position des Undifferenzierten).

Das reine, absolute Subjekt – der «ungeborene Buddha-Geist» des Bankei – bleibt immer wach und hört unaufhörlich den Klang der Glocke. Deswegen werden wir uns, sowie die Glocke geschlagen wird, unmittelbar, das heißt ohne Zögern, des Klanges als des Klanges einer Glocke bewußt. Es gibt keinen Platz für Überlegung. Und vom Zen-Standpunkt aus ist das absolute Subjekt in einem solchen Kontext völlig identisch mit dem Klang (oder der «Klang-Natur»); das absolute Subjekt *ist* dieser Klang.

Diese und ähnliche Interpretationen gehören jedoch zu der «ersten Dimension» des *Kōans*. Sie sind für Zen nebensächlich. Wir können natürlich nicht einfach diese Dimension des intellektuellen Verstehens verneinen. Vom methodischen Standpunkt der Zen-Meister aus können und müssen alle intellektuellen Interpretationen der obengenannten «zweiten Dimension» des *Kōans* als wesentlich unwichtig, zwecklos und schädigend angesehen werden.

Indem man nämlich ein vollkommenes intellektuelles Verständnis des *Kōans* erhält, erreicht man nichts Bedeutendes. Das *Kōan* ist nämlich gerade von der Art, daß man sich um so weiter von dem eigentlichen Geist entfernt, je tiefer man in dieses intellektuelle Verständnis eindringt. Das unmittelbare Erfassen des *Kōans* ist jedoch die einzige Aufgabe der Zen-Lehre. Deswegen stellt für Zen *jedes* Verständnis des *Kōans* durch den Intellekt, egal wie tief und exakt es auch sei, nur ein Hindernis dar für den, der den Weg der Zen-Lehre beschreiten will.

Es muß festgehalten werden, daß die Zurückweisung jeglichen intellektuellen Verständnisses des *Kōans* im Zen absolut und kompromißlos ist. Die intellektuelle Haltung des Verstehenwollens eines *Kōans* ist genau das, was wir verhindern und ausschließen müssen. Denn das Stadium, in dem der Intellekt so funktioniert, muß unbedingt überwunden werden. Dies ist der Grund, warum Zen jegliches *Philosophieren** abweist. Es mag glücken, ein System tiefgreifender Philosophie auf der Basis intellektueller Interpretation der *Kōans* zu errichten, man wird sich dann aber immer noch im Stadium des diskriminierenden Intellekts befinden; es wird nichts erreicht worden sein bezüglich der völligen Verwandlung des Menschen auf dem

---

* Im Original dt.

Wege zur unmittelbaren Erfassung des Undifferenzierten, dem eigentlichen und einzigen Interesse des Zen.
Das *Kōan* ist in seiner «zweiten Dimension», das heißt als praktisches Lehrmittel, als «Methode», nichts, was durch den Intellekt verstanden werden sollte. Es sollte ganz im Gegenteil als Technik behandelt werden, deren einzigartige Aufgabe es eigentlich ist, den Studenten in eine solche existentielle Situation zu drängen, daß es überhaupt keine Möglichkeit mehr gibt, seinen Intellekt funktionieren zu lassen. Deswegen wird dem Studenten auferlegt, in Meditation zu sitzen, Tag und Nacht seinen Geist auf ein *Kōan* zu konzentrieren, nicht daran zu denken und nicht zu versuchen, seine Bedeutung zu verstehen, sondern einfach, es völlig und gänzlich *zu lösen*. Wie können wir ein Problem lösen, das von Anfang an unlösbar ist? Dies ist die Frage, die ihn vom ersten Augenblick an beschäftigen muß. Der einzige echte Weg, ein *Kōan* zu lösen, ist für den traditionellen Gesichtspunkt des Rinzai-Zen das «Einswerden mit dem *Kōan*». Die Lösung der «Zypresse des Jōshū» besteht darin, zum Beispiel die Zypresse zu *werden*. Die Lösung von Hakuins «Einer Hand» besteht darin, der «Klang einer klatschenden Hand» zu *werden*. Aber was ist eigentlich die Bedeutung des «Einswerdens» mit einem *Kōan*? Es scheint, als würde das Einswerden mit einem *Kōan* einen existentiellen Prozeß implizieren. Was ist in diesem Falle der innere Mechanismus eines solchen Prozesses?

Nichts könnte uns eine bessere Antwort darauf liefern als die Betrachtung der Benutzung des berühmten *Kōans* von Jōshūs *Mu*! (Nein! oder Nichts!), das von der Rinzai-Sekte als bestes Mittel zur Belehrung des Studenten angesehen wird. Das *Kōan* selbst, das allgemein als «Jōshūs Hund» oder als «Jōshūs *Mu*-Wort» bekannt ist, sagt folgendes: [16]

> Ein Mönch fragte einst Meister Jōshū: «Besitzt der Hund die Buddha-Natur?»
> Der Meister antwortete: «*Mu* (chin.: *Wu*)!»

Das Verständnis der «ersten Dimension» dieses *Kōans*, das heißt die «philosophische» Bedeutung des *Kōans*, wird inzwischen klargeworden sein und keiner längeren Erklärung bedürfen. Auf dem Hintergrund der Mahayana-Metaphysik, die behauptet, die Buddha-Natur (das heißt das Absolute) sei in allen Dingen, fragt der Mönch Jōshū, ob auch ein Tier wie ein Hund die Buddha-Natur besitzt oder nicht, um dadurch die Tiefe der Zen-Ergriffenheit des Meisters zu prüfen. Wie gewöhnlich zertrümmert der Meister den begrifflichen Boden, auf dem der Student während seiner Frage steht, indem er ihm unmittelbar das *Mu*, die über-begriffliche Wirklichkeit selbst, vorstellt. Es scheint, als wolle er darauf hinweisen, daß das Absolute das «Besitzt der Hund es» oder «Besitzt er es nicht» transzendiert. Das Problem des «Besitzens» oder «Nicht-Besitzens» existiert einfach nicht auf der Stufe, auf der Jōshū steht. Ein solches Problem kann nur im Stadium der

---

16 *Mu Mon Kan*, Nr. 1.

intellektuellen Entzweiung aufgeworfen werden. Solange man jedoch im Stadium der Entzweiung hängenbleibt, ist die richtige Lösung des Problems unerreichbar. Deswegen stellt Jōshū, anstatt eine bejahende oder verneinende Antwort zu geben, den Mönch einfach vor die Buddha-Natur selbst in Form des Nichts, das heißt in Form des ursprünglich Undifferenzierten. Das *Mu* hat in diesem Sinne die Funktion der Zypresse oder des «Klanges der einen klatschenden Hand».

Nebenbei bemerkt: An dieser Stelle kann es wichtig sein zu erfahren, daß es eine noch einfachere – oder sollen wir sagen noch primitivere – Dimension dieser Anekdote im Prä-*Kōan*-Zustand gibt. Diese Anekdote war ursprünglich, bevor sie als *Kōan* formuliert und benutzt wurde, viel länger und dogmatischer, wobei Jōshū zwei sich widersprechende Antworten gab, ja und nein, als Antwort auf dieselbe Frage, die von zwei Mönchen zu verschiedenen Zeitpunkten gestellt wurde. Als gutes Beispiel für die Prä-*Kōan*-Anekdote möchte ich hier den ersten Teil der ursprünglichen Formulierung wiedergeben, in der Jōshū die negative Antwort gibt: [17]

Ein Mönch fragte Jōshū: «Besitzt der Hund die Buddha-Natur oder nicht?»
Jōshū: «Nein!»
Mönch: «(Den buddhistischen Sūtras zufolge) sind alle empfindenden Wesen mit der Buddha-Natur ausgestattet. Wie ist es möglich, daß der Hund nicht an der Buddha-Natur teil hat?»
Jōshū: «Weil der Hund durch sein eigenes *Karma* existiert.»

Die letzte Behauptung Jōshūs können wir in unserer eigenen Sprache folgendermaßen wiedergeben: Die Buddha-Natur (die omnipotent ist) wird völlig vernichtet durch die Tatsache, daß die Buddha-Natur durch das hündische Karma (das heißt durch die innere ontologische Neigung zur Aktualisierung als Hund) die Form eines einzelnen Hundes angenommen hat. Solange es in uns das Bewußtsein eines einzelnen differenzierten Hundes gibt, gibt es keine Spur des über-zeitlichen und über-räumlichen Bewußtseins des Undifferenzierten. Ob diese Interpretation richtig ist oder nicht, bleibt dahingestellt; auf jeden Fall ist gewiß, daß die Anekdote einen Aspekt des buddhistischen Dogmas berührt und daß Jōshūs *Mu* in diesem besonderen Kontext als ein gewöhnliches Nein verstanden werden kann, das die Existenz der Buddha-Natur in dem Hund verneint, was höchstens bedeuten würde, wie Dōgen bemerkt, daß die Buddha-Natur, die selbst unbegrenzt ist, nicht in ihrer ursprünglichen Reinheit in einem Begrenzten existiert und existieren kann. So deutet schon die Anekdote in ihren Prä-*Kōan*-Zustand auf das, was später den *Kōan*-Zustand der erwähnten «ersten Dimension» konstituieren wird.

---

17 Dieser Teil der Anekdote wird so wiedergegeben, wie er in Dōgens *Shōbōgenzō* zitiert wird. Die ganze Anekdote befindet sich in den *Sayings of Jōshū*.

Ein solches Verständnis ist jedoch, wie wir schon öfter erwähnten, nichts als eine unnötige intellektuelle Verstrickung auf der Ebene der «zweiten Dimension». In dieser letzten Dimension muß das *Mu* eine völlig andere Funktion ausüben. In der Stellung des *Kōans* muß diese Anekdote als psychische Technik arbeiten und das *Mu* als eine Triebkraft, die eine völlige Verwandlung des ganzen psychischen Mechanismus des Zen-Studenten verursachen kann.

Anstatt die Bedeutung des *Kōans* zu suchen, wird der Student angehalten, das *Mu* so lange anzuschauen, bis sich seine ganze Subjektivität in dieses *Mu* auflöst und verwandelt. Er muß sich dem ungreifbaren *Mu* stellen, ohne darüber nachzudenken. Meister Mu Mon[18] (chin.: Wu Mên), der berühmte Herausgeber des *Mu Mon Kan*, warnte: «Verwechsle das *Mu* nicht mit der absoluten Leere oder dem Nichts. Verstehe es auch nicht mit den Worten ‹ist› oder ‹ist nicht›.» Mit anderen Worten: Jōshūs *Mu* soll nicht als Negation der Existenz des Absoluten in dem Hund verstanden werden. Das Problem befindet sich jenseits der Existenz oder Nicht-Existenz aller Dinge. In einer davon völlig verschiedenen Dimension muß das *Problem* in «etwas wie eine glühende Eisenkugel verwandelt werden, die du verschluckt hast und, auch wenn du noch so sehr möchtest, nicht ausspeien kannst».[19]

Im Zustand der tiefen, zugespitzten Konzentration muß der Student das *Mu* dauernd beharrlich und intensiv anschauen, dabei das Wort *Mu* laut oder still für sich wiederholen, bis endlich sein ganzer Geist-und-Körper verlorengeht und sich in den Zustand begibt, der mit dem Wort *Mu* bezeichnet wird, das heißt, bis er endlich den Bewußtseinszustand jenseits der Entzweiung in Objekt und Subjekt erreicht, in dem sich Jōshū selbst befand, als er das Wort «*Mu!*» aussprach. Es kann nicht bezweifelt werden, daß das Singen des einzelnen Wortes *Mu* in einem solchen Zustand der intensiven Konzentration dieselbe Wirkung hat wie das Hersagen eines *Mantras*. Der besondere semantische Inhalt des Wortes *Mu* («Nichts» – NICHTS) trägt auch dazu bei, in dem Studenten einen besonderen psychischen Zustand herzustellen, in dem Subjekt und Objekt in eine absolute Einheit der reinen Bewußtheit verschmolzen werden. Denn der Student, der anfänglich das *Mu* versachlichte, muß früher oder später, wenn er es als «Etwas» vor sich stellt und betrachtet, verstehen, daß die semantische Struktur des *Mu* es nicht ermöglicht, es als Objekt zu erfassen, und daß es nur erfaßt werden kann, indem er sein eigenes Bewußtsein von Grund auf verändert und sich völlig der neuen Dimension öffnet, in der das *Mu* in seiner metaphysischen Wirklichkeit, in seinem «Diessein» als NICHTS im Sinne der völlig undifferenzierten Fülle des Seins, aktualisiert wird. Er wird dann gewahr werden,

18 Mumon Ekai (chin.: Wu Mên Hui K'ai, 1183–1260). Seine hier zitierten Worte stammen aus seinem Kommentar zu diesem *Kōan*.

19 Ebenfalls aus demselben Kommentar.

daß «er» nicht mehr da ist, daß er weder «Ich» noch «Nicht-Ich» ist, sondern *Mu*, nur *Mu*, ohne jeglichen Dualismus.

Dies ist grob skizziert der instrumentelle Aspekt (der «zweiten Dimension») des *Kōans*. Selbst unsere kurze Zusammenfassung wird Klarheit darüber gebracht haben, wie verschieden ein und dasselbe *Kōan* in zwei verschiedenen Dimensionen erscheinen mag. In der «ersten Dimension» ist das *Mu* das Noumenon, das Metaphysische, die Aktualisierung der Zen-Metaphysik an sich und für sich. Dahingegen ist das *Mu* in der «zweiten Dimension» eine Methode, ein Mittel zur Schulung des Zen-Studenten, das zu enthüllen, was wir früher den «Tiefenbereich» des Bewußtseins genannt hatten. Dies bringt jedoch zugleich eine enge Verbindung zutage, die die beiden Dimensionen des *Kōans* verbindet. Denn erst im «Tiefenbereich» des Bewußtseins wird durch den methodischen Gebrauch des Wortes *Mu* einsichtig, daß das *Mu* als Noumenon im Hier und Jetzt aktualisiert wird.

In diesem Abschnitt haben wir versucht, die Meditationstechniken des Zen in ihrer geschichtlichen Entwicklung durch die Sōtō- und die Rinzai-Sekte zu erläutern. Dabei war es unser hauptsächliches Ziel, mehr Klarheit über die Tatsache zu schaffen, daß das *zazen* oder meditierende Stillsitzen im Zen keineswegs eine Technik der Entleerung des Geistes ist, im Sinne des Herbeiführens geistiger Leere, daß es, ganz im Gegenteil, die Aktivierung einer der intensivsten und konzentriertesten geistigen Tätigkeiten auf einer Bewußtseinsebene bedeutet, die Subjekt und Objekt nicht voneinander differenziert; und weiter, daß eine solche geistige Tätigkeit zu Recht als eine gewisse Art des «Denkens» angesehen werden kann. Dies ist am augenscheinlichsten im Gebrauch der *Kōan*-Methode des Rinzai, aber selbst in der «Nur-*zazen*»-Methode der Sōtō-Schule sieht man es am Werke als das, was wir vorher «Tiefen-Denken» nannten, obwohl weniger vordergründig.

V. Die Ausschließung der Farbe in der fernöstlichen Kunst und Philosophie*

1. Die farbige und die farblose Welt

Obwohl die Empfindlichkeit für Farben und deren Schönheit allen Menschen ungeachtet ihrer geographischen, geschichtlichen, ethnischen und kulturellen Unterschiede gemeinsam ist, wird jede Nation und Kultur durch eine angeborene Neigung für oder Abneigung gegen gewisse Farben und Farbkombinationen gekennzeichnet. Dies zeigt sich in vielerlei Form, wovon wir als auffallendste die negative oder positive Haltung gegenüber der ästhetischen Bewertung der Farbe nennen könnten.

Ich möchte zu Beginn die Aufmerksamkeit auf die Tatsache lenken, daß die negative Haltung gegenüber der Farbe ein Merkmal der östlichen ästhetischen Erfahrung ist, sei es nun im Bereich der Malerei, der Poetik, des Dramas, des Tanzes oder der Kunst des Tees. In diesem Essay möchte ich einige Aspekte der östlichen Philosophie erläutern, die eine theoretische Begründung für die bemerkenswerte natürliche Haltung der chinesischen und der japanischen Kultur gegenüber der Ausschließung aller Farben, Schwarz und Weiß ausgenommen, liefern können. Ich möchte weiterhin erläutern, daß selbst «Schwarz» und «Weiß» in einer solchen Situation nicht mehr die Funktion der Farbe ausüben und daß sie als etwas von ganz anderer Natur aufgefaßt werden.

Viele Abendländer, die eine echte ästhetische Kenntnis des Fernen Ostens hatten, neigten dazu, seine Kunst in Form schwarzweißer Tuschzeichnungen wiederzugeben. Die Kunst der Tuschzeichnung Chinas und Japans ist tatsächlich eine der besten Veranschaulichungen der negativen Haltung gegenüber der Farbe, auf die ich mich eben als das Merkmal der Kunst des Fernen Ostens bezog. Denn in dieser monochromen Welt der künstlerischen Schöpfung wird die unerschöpfliche Verstrickung der natürlichen Farben und Formen auf vereinfachte und strenge Schemata der schwarzen Umrisse und wenige diskrete Tuschstriche oder hier und da dünn aufgetragene Wasserfarben, die manchmal glänzend schwarz, manchmal dunstig verwaschen grau sind, reduziert. Manchmal bildet ein leichter grauer Nebel den Hintergrund; meistens ist es jedoch ein leerer weißer Raum –

* Eranos-Vortrag, gehalten 1972 in Ascona, Schweiz, publiziert im Eranos-Jahrbuch 41, 1972; Verlag E. J. Brill, Leiden.

das heißt reine Seide oder Papier –, der vom Pinsel nicht berührt wurde. Die angenehme Erregung oder Befriedigung des Farbsinnes fehlt hier natürlich ganz.

Worin liegt der wirkliche Charme solcher Tuschzeichnungen? Wir wissen, daß nicht nur die Orientalen von der «besonderen Schönheit» des Schwarz-und-Weiß angezogen werden. Denn wir wissen, daß viele Kunstkenner des Westens den Tuschzeichnungen des Fernen Ostens eine enthusiastische Einschätzung entgegenbringen. Wie können wir diese Tatsache erklären? Dies ist in Kürze das zentrale Problem, das uns auf den folgenden Seiten beschäftigen soll. Dabei möchte ich das Problem jedoch nicht vom Standpunkt eines Kunstkritikers, der ich nicht bin, angehen, sondern ich will vielmehr diejenigen Ideen ans Licht bringen, die die Grundlage der Ausschließung der Farbe liefern. Ich möchte es als Problem eines besonderen ästhetischen Bewußtseins oder als besonderes geistiges Phänomen behandeln, wobei sich dies als eines der grundlegendsten Merkmale der fernöstlichen Kultur herausstellen soll.

R. H. Blyth schrieb einst über eine besondere Art der japanischen Dichtkunst, die als *Haiku* bekannt ist und eine der verschwiegensten Dichtformen der Welt sein soll, da sie nur aus siebzehn Silben, die in drei aufeinanderfolgenden Einheiten von 5/7/5 Silben angeordnet sind, besteht, folgende Worte: «*Haiku* ist eine asketische Kunst und eine künstlerische Askese.»[1] Der Ausdruck «künstlerische Askese» kennzeichnet nicht nur das *Haiku*; er kann sogar – wenn nicht noch treffender – auf die Kunst der schwarzweißen Tuschzeichnungen angewandt werden. Man muß sich jedoch daran erinnern, daß die künstlerische Askese, das heißt die Unterdrückung aller Äußerlichkeiten und die Reduktion der Farben auf Schwarz und Weiß, sich nur als echte künstlerische asketische Funktion manifestieren kann auf dem Hintergrund einer höchst ausgeprägten Empfindsamkeit für die Farben und deren subtile Schattierungen. Die Tiefe und Schönheit des Schwarzweiß erschließt sich, mit anderen Worten, nur den Augen, die die Großartigkeit prächtiger und glänzender Farben mit all ihren feinen Schattierungen und Tonalitäten wirklich schätzen können. Sonst wäre das endgültige Ergebnis der Achromatisierung nichts als der einfache Mangel an Farbe im negativen Sinne, der niemals fähig wäre, eine ästhetische Emotion hervorzurufen.

Es mag sein, daß das Klima des Landes und die farbige und malerische Erscheinung ihrer Natur dem Japaner schon seit der Antike dazu verhalf, eine bemerkenswerte Empfindsamkeit für die Farben und ihre Töne, die sich

1 R. H. Blyth, *History of Haiku*, Vol. I, Tokyo 1963. R. H. Blyth, Autor einer Anzahl von Büchern über den Zen-Buddhismus, *Haiku* und andere Aspekte der japanischen Kultur, verstand die Tradition Japans sehr gut. Er starb 1964.

im Laufe des Jahres verwandeln, zu entwickeln.[2] Die Natur Japans ist hinsichtlich ihrer Farben, wie Y. Yashiro bemerkt, einem schönen Brokat und dessen glänzender unendlicher Farbvielfalt vergleichbar. Diese Farben der japanischen Natur, sagt Yashiro weiter, sind von blendender Schönheit; sie sind schön genug, um unser ästhetisches Gefühl zu berauschen. Der Glanz der Farben wird jedoch andererseits auf charakteristische Weise ausgeglichen durch das, was wir eine chromatische «Verschwiegenheit» nennen könnten, eine Art natürlicher Zurückhaltung, ruhiger Besonnenheit (die im Westen allgemein als *shibui* geläufig ist), das wie ein feiner Nebelschleier die Farben einhüllt, wodurch ihr nackter Widerschein matt und ihre ungezügelte äußere Schönheit beherrscht wird. Es wird behauptet, daß die Merkmale der japanischen Natur zur Entwicklung der typischen ästhetischen Empfindsamkeit der Japaner für Farben und deren feine Nuancen positiv beigetragen haben.[3]

Wie dem auch sei, eine Anzahl konkreter historischer Zeugnisse beweist, daß die Japaner von alters her mit besonderer Farbempfindsamkeit begabt waren. Ich möchte hier zwei bemerkenswerte Beispiele anführen. Das erste stammt aus der ästhetischen Kultur der Heian-Periode (794–1185).

Die Heian-Periode (wörtlich: Periode des Friedens und der Ruhe), während der sich die Fujiwara-Familie auf der Höhe des Wohlstandes und der Herrschaft im Umkreis des kaiserlichen Hofes in Kyoto befand, war der erste Höhepunkt in der Entwicklung ästhetischer Sensibilität in Japan. Dabei muß bemerkt werden, daß die ästhetische Empfindsamkeit der Fujiwara-Höflinge die Schönheit der Farbe betraf. Sie waren äußerst farbbewußt. Die Heian-Periode war eine wirklich «farbige» Zeit. Während des 10., 11. und 12. Jahrhunderts, des Höhepunkts der Fujiwara-Kultur, erreichte das ästhetische Gefühl ein unübertroffenes Ausmaß an Genauigkeit, Eleganz und Vornehmheit. Dies kann am besten am Gebrauch der Farbe und an der Farbauswahl und -kombination der Kleider der Hofdamen beobachtet werden.

Unglücklicherweise blieben keine Heian-Kleider erhalten; der Mangel an materiellen Zeugnissen wird jedoch ausgeglichen durch unzählige Hinweise auf die Hofkleider und deren Farben in der damaligen Literatur und in den Bilddarstellungen vornehmer Szenen des Hoflebens auf den Schriftrollen späterer Zeiten, vor allem den Bilderrollen der berühmten *Erzählung von Genji*. Die Kleidung wurde in den meisten Fällen sowohl bildhaft als auch schriftlich peinlich genau beschrieben, weil in der Heian-Periode die Kleider ein direkter Ausdruck der Persönlichkeit des Trägers waren. «Das Kleidungsstück war die Person; es war ein direktes Symbol seiner oder ihrer Persönlichkeit.»[4] Für unsere Erläuterung ist es äußerst wichtig, dabei zu

2 Siehe Yukio Yashiro, *Nihon Bijutsu-no Tokushitsu* («Merkmale der japanischen Kunst»), Tokyo, 4. Aufl. 1954, S. 235.

3 Ebenda, S. 236.

4 Yoshio Araki, *Genji Monogatari Shōchō Ron* («Symbolismus in der ‹Erzählung von Genji›»), in: Journal *Kaushaku to Kansho*, Vol. 142, Tokyo 1948.

bemerken, daß die symbolische Funktion des Kleidungsstücks beinahe ausschließlich durch die ästhetische Wirkung der Farben und ihrer Kombination ausgeübt wurde.

Die Prosa jener Zeit – die romantischen Erzählungen der Hofdamen, ihre Tagebücher und Essays – erwähnt die Namen verschiedener Farben, deren Anzahl mehr als hundertsiebzig betrug.[5] Es ist keine Übertreibung, hier zu behaupten, die Prosa jener Zeit sei ein blumiges Farbenfeld gewesen.

All diese Farben wurden auf verschiedene Art und Weise kombiniert, durch die kunstvollste und reichhaltigste Mischung der Kleider und Futter, Unterkleider und Überkleider, wodurch eine Abstufung der Farbharmonien erzielt wurde. Die Zusammenstellung verschiedener Farben war tatsächlich eine höchst raffinierte Kunst, die in dem vorgegebenen Kodex des ästhetischen Geschmacks entfaltet werden konnte. Bei der Überlagerung von Seidenstoffen scheint die untere Farbe durch die obere Schicht hindurch und schafft so einen unbeschreiblich feinen neuen Farbton. Hier nur ein Beispiel: Die Farbe *kobai*, «Rosa-Pflaume», war eine eigene Farbe, die an die rosa Farbe blühender Pflaumenblüten erinnerte. «Rosa-Pflaume»-Schicht war eine andere Farbe, die durch die Überlagerung zweier Farben entstand, wobei die äußere Schicht rosa oder weiß und die innere Schicht dunkelrot wie das Sapang-Holz war. Darüber hinaus war die «Duftende-rosa-Pflaume»-Schicht wieder eine andere Farbe, die durch die Lagerung einer äußeren Schicht dunkler «Rosa-Pflaume» über eine innere Schicht sehr heller «Rosa-Pflaume» entstand. Ein weiteres Beispiel noch: *yamabuki*, «Gelbe-Rose», war ein Hellgelb, das an die Blüte einer japanischen Pflanze gleichen Namens erinnerte. Dagegen entstand *hana-yamabuki*, «Blumig-gelbe-Rose», auch «Abendliche-gelbe-Rose» genannt, durch die Überlagerung einer Außenschicht im Farbton «Hellbraune-abgefallene-Blätter» und einer hellgelben Innenschicht. Und *yamabuki-nioni*, «Gelber-Rosenduft», war eine festgelegte Farbschichtung für Hofdamen, wobei die oberste Schicht hellgelb war und die darunterliegenden zahlreichen Schichten in zunehmend hellerem Gelb und das unterste Kleid tiefblau waren.

Noch wichtiger als dies war für die farbbewußten Frauen der Heian-Periode die Schichtung der harmonischen Farben, die sich zwangsläufig aus der Aufmachung ihrer formellen Hofkleidung ergab. Die Hofdamen trugen das sogenannte *juni-hitoé*, das «Zwölf-Schichten»-Kleid. Es bestand aus einem Überkleid aus wunderschönem, mit Stickereien verziertem Brokat und zwölf manchmal seidenen Unterkleidern, die so gearbeitet waren, daß jedes Kleid etwas kürzer und kleiner war als das darunterliegende – dies ergab eine wunderschöne Farbschichtung, die am Ausschnitt und den Ärmelsäumen sichtbar wurde.

Die Damen und Edelmänner des kaiserlichen Hofes hatten in der Regel

---

5 Siehe Aki Ihara, *Heianchō Bungaku-no Shikisō* («Der chromatische Aspekt der Literatur in der Heian-Periode»), Tokyo 1967, S. 8.

einen äußerst scharfen und strengen Blick, was Farbharmonien betraf. Selbst der kleinste Fehler der Farbkombination konnte ihren kritischen Augen nicht entgehen. In einem Passus der Hofdame Murasaki, die als Autorin der *Erzählung von Genji* berühmt wurde, finden wir eine Bemerkung, die diesbezüglich sehr interessant ist. Eines Tages, schreibt sie, als alle Damen des kaiserlichen Gefolges sich mit besonderer Sorgfalt ihrer Bekleidung gewidmet hatten, begab sich eine gewisse Dame zur kaiserlichen Audienz. Alle Anwesenden bemerkten ohne Ausnahme die fehlerhafte Farbkombination an der Ärmelkante. Es war kein schlimmer Fehler, fügt Dame Murasaki hinzu, aber die Farbe einer ihrer Unterkleider war eine Schattierung zu blaß.[6]

Wenn ich so ausführlich auf die Beschreibung der Heian-Bekleidung eingegangen bin, so vor allem deswegen, um das Ausmaß der eleganten Vornehmheit zu zeigen, die zu jener Zeit von den Japanern in der Entwicklung der Empfindsamkeit für die chromatischen Formen und deren ästhetischen Wert erreicht wurde. Es wurde genügend gesagt, um die frühere Aussage, die Heian-Periode sei wörtlich eine «farbige» Zeit der Kulturgeschichte Japans gewesen, zu untermauern. Bezüglich unserer früheren Unterscheidung zwischen der positiven und negativen Haltung gegenüber der Farbe kann die Heian-Periode mit Recht durch die positive Haltung der Höflinge jener Zeit gekennzeichnet werden. Diese Beobachtung wird uns zu einer anderen, für unser Vorhaben noch wichtigeren Beobachtung führen, nämlich, daß eine leidenschaftliche Liebe zur Schönheit der Farben und Farbtöne den Hintergrund bildet für die Ausschließung der Farben, die als maßgebendes Merkmal der Ästhetik des Fernen Ostens angesehen wird.

In diesem Zusammenhang müssen wir noch festhalten, daß selbst inmitten der glänzend farbigen Welt, die von den Heian-Aristokraten geschaffen wurde, noch eine gewisse Unauffälligkeit, Stille und Ruhe wahrgenommen werden kann, die entweder von der Qualität der ausgewählten Farben oder von der Farbkombination herrührt – oder selbst von beiden zusammen –, so daß die Farben in den meisten Fällen delikat gedämpft und gemildert erscheinen.

In diesem Sinne können wir behaupten, daß schon während dieser frühen Zeit eine deutliche Tendenz zur Dämpfung der Farben zu beobachten ist. Schwarz war jedoch für die Heian-Höflinge eine dumpfe, schwermütige,

---

6 *Murasaki-Shikibu Nikki* («Das Tagebuch von Dame Murasaki»), Iwanami Series of Classical Japanese Literature, Vol. 14, Tokyo 1961, S. 507f. Dieser Passus wird noch vollständiger in Englisch zitiert von Ivan Morris, *The World of the Shining Prince – Court Life in Ancient Japan*, A Peregrine Book, Oxford 1969, S. 206. Dieses Buch enthält eine wertvolle Beschreibung des Hoflebens in der Heian-Kultur. Über die Textilkunst und Kostüme in Japan siehe Helen B. Minnichs, *Japanese Costume*, Rutland und Tokyo 1963. Dies ist das beste Werk über das Thema in englischer Sprache.

unheilvolle und unangenehme Farbe. Sie erinnerte sie an den Tod oder wenigstens an das Verlassen der Lebensfreuden und an das Eintreten in das Mönchstum. Sie konnte nur düstere Emotionen wie Schwermut, Traurigkeit und Ärger hervorrufen. Das schwarzgefärbte Kleid wurde nicht selten als etwas Häßliches, Gemeines und Armes oder Hassenswertes und Verwerfliches geschildert. Selbst in einer solchen Welt gab es unter den Angehörigen der höchsten ästhetischen Kultur einige, deren Farbsinn so kultiviert war, daß sie sich über die gewöhnliche Norm des Geschmacks erheben konnten und im Schwarz die tiefste Schicht der Schönheit als letzte Vollendung aller Farben oder als unmittelbaren Ausdruck der Sublimierung und Reinigung aller Emotionen, die durch Erfahrung der unergründbaren Tiefen der Trauer menschlicher Existenz hervorgerufen werden, erblickten. In der *Erzählung von Genji*, werden wir manchmal überrascht feststellen, daß sich Dame Murasaki schon der sublimen Schönheit der dunklen, farblosen Welt jenseits der «farbigen» Frivolität der sinnlichen Freuden zuwandte.[7]

Der japanische Geschmack für die Überschwenglichkeit der glänzenden Farben und die Pracht der prunkvollen Dekoration erreichte einen zweiten Höhepunkt in der Momoyama-Periode, die von 1573 bis 1615 dauerte. Nie zuvor in der Geschichte Japans waren die Farben und Zeichnungen so verschwenderisch und wagemutig zur Schau gestellt worden. Im Gegensatz zu der übertrieben delikaten ästhetischen Kultiviertheit der Hofaristokraten der Heian-Zeit, die schon beinahe der Verweichlichung bezichtigt werden konnten, schuf die Momoyama-Periode, die eine Zeit der Krieger war, eine Kultur, die durch starken und kraftvollen Geist gesättigt war. Es war eine Kultur der virilen Vitalität. Der ästhetische Geschmack jener Zeit fand seinen kongenialen Ausdruck – immer in Einklang mit der kriegerischen Gesinnung und durch den unübertroffenen Wohlstand der Kaufleute unterstützt – in dem prächtigen Baustil der Schlösser und Paläste und in der Schönheit der Inneneinrichtung. Die schöpferische Kraft dieser Zeit wurde in der Tat verschwenderisch in der Errichtung riesiger Burg-Schlösser und Paläste verbraucht.

Nobunaga (1510–1551), der erste Militärdiktator jener Zeit, ließ das berühmte Azuchi-Schloß errichten. Hideyoshi (1536–1598), der ihm nachfolgte und die Pracht jener Zeit zu ihrem Höhepunkt brachte, ließ unter anderem das prächtige Schloß auf dem Momoyama (wörtlich: Pfirsichhügel) im Jahre 1594 errichten, das unter dem Namen Pfirsichhügel-Palast bekannt ist und der ganzen Periode ihren Namen verlieh. Sowohl Nobunaga als auch Hideyoshi ließen die Wände und Schiebetüren ihrer Schlösser von

---

7 Über die bestimmte ästhetische Bedeutung der schwarzen Farbe in der *Erzählung von Genji* siehe Aki Ihara (a. a. O., vgl. oben, Fußn. 5), S. 203–235, Kapitel mit dem Titel *Sumizone-no Bi* («Die Schönheit des schwarzgefärbten Kleides»); auch S. 23.

den berühmtesten Künstlern ihrer Zeit auf prachtvollste Art und Weise dekorieren. An der Spitze stand Eitoku Kanō (1543–1590), der mit der Hauptdekoration dieser Schlösser beauftragt wurde. Eitoku Kanō, Gründer der Kanō-Schule in der japanischen Malerei, ist mit seinem wagemutigen Pinselstrich, seinen großen Zeichnungen und dem dekorativen Gebrauch blendender und glänzender Farbmuster ein wahrer Stellvertreter des sogenannten Momoyama-Stils. Das Ergebnis der beharrlichen Arbeit Eitokus und seiner Mitarbeiter ist die Bemalung der weiten Wandflächen des riesigen Audienzsaales des Schlosses und der Schiebetüren mit abstrakten Flächen und dekorativen Mustern in Karmesinrot, Purpur, Lapis, Smaragd und Blau auf einem reinen Goldhintergrund, worin sich Bäume, Vögel und Felsen befinden, die mit einem gewissen Maß an realistischem Detail gemalt wurden: Ein blumiges Mosaik reicher Farben. Die Säle wurden noch prächtiger ausgestaltet durch die aufgestellten Paravents mit den üppigen Farbdarstellungen verschiedener Aspekte der belebten und unbelebten Natur, in Tönen des Lapislazuli, Jade, Vermeil, Austernschalenweiß.

So ist auch die Momoyama-Periode eine vorwiegend «farbige» Zeit gewesen, und dies noch glänzender und farbenprächtiger als die Heian-Periode, auch wie diese gekennzeichnet durch die positive Haltung zu den Farben, jedoch auf andere Art und Weise. Und doch – und dies ist der wichtigste Punkt für die vorliegende Untersuchung – gab es im Hintergrund dieser zur Schau gestellten Farbenpracht eine andere Welt, die der mächtigen Schwarzweißmalerei. Wir müssen uns daran erinnern, daß die Japaner zu jener Zeit schon die sehr nüchterne Kamakura-Zeit (1192–1333) erlebt hatten, in der der Zen-Buddhismus blühte und die Wichtigkeit des Findens der formlosen und farbigen Welt der ewigen Wirklichkeit hinter den phänomenalen Formen und Farben unterstrich. Nach dem Ende der Kamakura-Zeit und vor dem Anfang der Momoyama-Periode waren die Japaner auch durch die Muromachi-Zeit (1392–1573) gegangen, in der erstrangige Maler Kunstwerke der Schwarzweißmalerei im Geiste der strengen Zurückhaltung, die für Zen so typisch ist, und unter dem direkten Einfluß der poetischen Tuschmalerei der Sung-Zeit Chinas geschaffen hatten. Die meisten dieser Muromachi-Gemälde, die vorwiegend von Zen-Mönchen gemalt wurden, waren solcher Art, daß sie im Geist der Betrachter ein unbestimmbares und zugleich unwiderstehliches Sehnen nach der farblosen Dimension der Existenz, die von diesen Bildern so herrlich dargestellt wurde, entstehen ließen.

Deswegen sollte es überhaupt nicht befremden, in den grandiosen Schlössern der Momoyama-Zeit Privatzimmer im nichtfarbigen Stil zu finden, die sich scharf abheben gegen die verschwenderisch verzierten offiziellen Säle und Gänge. Die meisten hervorragenden Farbkünstler jener Zeit, die meistens in dem schönen Momoyama-Stil malten, waren zugleich gelehrsame Schüler der monochromatischen Malerei. Das bemerkenswerteste Beispiel ist Tōhaku Hasegawa (1539–1610), der ursprünglich zu der Kanō-Schule gehörte, Meisterwerke sowohl der farbigen als auch der Schwarzweißmalerei hinterließ und zuletzt eine eigene Schule gründete.

Unter diesem Aspekt könnte man behaupten, daß die Momoyama-Periode ein Zeitalter war, das durch die Zurschaustellung der Farbe auf dem Hintergrund eines ausgeprägten Gefühls für die Farbausschließung gekennzeichnet wird. Viel beredter als die darstellende Kunst ist diesbezüglich die sehr eigenartige Ausarbeitung der Kunst des Tees durch das ästhetische Genie des Tee-Meisters Rikyū (1521–1591).

Unter der leidenschaftlichen Gönnerschaft Hideyoshis, desselben Krieger-Diktators, der, wie wir gerade sahen, die Pracht der Farben und der wunderschönen Formen liebte und seine Schlösser prunkvoll dekorieren ließ, vervollkommnete Rikyū, der Tee-Meister, eine besondere Tee-Kunst, die als *wabi-cha* – wörtlich der Tee des *wabi*, oder die Kunst des Tees, die sich auf die geistige Haltung des *wabi* stützt oder von dieser erfüllt wird – bekannt ist. Der Tee des *wabi* war für den Autor des berühmten *Buches des Tees* «ein Kult, der sich auf die Vergötterung des Wunderschönen inmitten der häßlichen Tatsachen des Alltagslebens» begründete.[8] Dieser Tee des *wabi* führt uns zu dem Bereich der Farbausschließung.

Wabi ist eine der grundlegendsten ästhetischen Kategorien in Japan, und sein Geschmack wirft seinen graufarbenen Schatten über viele Aspekte der japanischen Kultur; denn *wabi* ist nicht nur ein Problem des ästhetischen Bewußtseins, sondern auch eine besondere Lebensform, eine Lebenskunst wie ein ästhetisches Prinzip.

Wabi ist ein schwierig zu definierender Begriff. Es ist jedoch nicht völlig unmöglich, wenigstens einen kurzen Eindruck seiner Struktur zu gewinnen, indem eine begrenzte Anzahl der konstituierenden Grundelemente analysiert wird. Der Kürze halber werde ich sie auf drei reduzieren und sie nacheinander erklären: 1. Einsamkeit, 2. Armut und 3. Einfachheit.

1. Der erste Faktor, Einsamkeit oder Einöde, das Leben fern des Staubs und Lärms mondänen Lebens, muß geistig und metaphysisch verstanden werden. Die Idee der Flucht, die durch ein solches Wort hervorgerufen wird, ist, im Sinn des gewöhnlichen Lebens verstanden, nichts als unsoziales Verhalten, das aber gerade das Gegenteil dessen wäre, was sich die Kunst des Tees als Ziel setzt. Denn die Kunst des Tees soll von einer Menschengruppe, die gleichzeitig an einem Ort versammelt ist, mit dem besonderen Vorhaben, den Tee zusammen zu trinken, genossen werden. Die Einsamkeit muß in diesem Kontext viel eher mit der Bedeutung verstanden werden, die so hervorragend von dem Zen-Meister Sengai (1750–1873) in dem *Gesang des Einsamen Lebens*[9] illustriert wird:

---

8 Kakuzo Okakura, *The Book of Tea,* Dower Publications, New York 1964, S. 1. Das Buch wurde ursprünglich 1906 geschrieben und veröffentlicht.

Ich komme allein,
Ich sterbe allein;
In der Zwischenzeit
Bin ich Tag und Nacht allein. (Klassisches Chinesisch)

Dieses Ich, das allein auf die Welt kommt
Und allein aus der Welt scheidet –
Ist dasselbe Ich, das in dieser bescheidenen Hütte allein lebt. (Japanisch)

Die Bedeutung des «Alleinseins» wird von Sengai an anderer Stelle folgendermaßen erklärt: «Was ich allein nenne, / ist allein wie auch nicht-allein zu vergessen. / Und dann den zu vergessen, der vergißt: / Dies ist das wahre Alleinsein.»

2. Der zweite Faktor, Armut («Armsein»), muß auch in einem besonderen Sinne verstanden werden. Es bedeutet hauptsächlich das Leben in einer absoluten Abwesenheit aller verzierten Dinge, das Existieren in einem leeren Raum, der sich fern von dem Luxus reicher Möbel befindet. Physisch *ist* es ein Leben in Armut. Diese materielle Armut muß jedoch natürlicher und unmittelbarer Ausdruck der geistigen Armut sein. Es muß eine materielle Armut sein, die zur metaphysischen Bewußtheit der ewigen Leere und des Nichts sublimiert worden ist. Sonst würde die Armut nichts als Mittellosigkeit und Not sein, die keine ästhetische Erfahrung vermitteln können.

3. Der dritte Faktor, Einfachheit, ist eng verbunden mit den beiden anderen Faktoren. Der Tee-Raum des sogenannten Rikyū-Stils, der ursprünglich von dem Tee-Meister zur Schöpfung der Kunst des *wabi* vorgesehen wurde, ist nur eine schmale Hütte, die nicht mehr als fünf Personen beherbergen kann. Die Inneneinrichtung ist von so auffälliger Einfachheit und Reinlichkeit, daß sie oft dürftig und trostlos erscheint. Es darf keine frechen Töne, keine platzraubenden Gegenstände geben. Diese Tee-Räume sind in der Tat beinahe leer, abgesehen von einigen Tee-Geschirren, die von vornehmer Einfachheit sind. Ruhe herrscht in dem Tee-Raum, nichts unterbricht die Stille außer dem Kochen des Wassers im Eisentopf – einem Laut, der für japanische Ohren wie das Säuseln der Fichten auf den entfernten Bergen klingt.

Vom Standpunkt der Farbe aus kann dieser Tee-Raum am besten als Zustand der Farblosigkeit beschrieben werden. Der Tee-Raum ist nicht genau und eigentlich farblos, denn alles, was in dieser Welt existiert, ist irgendwie farbig. In diesem Zusammenhang müßten wir, um genau zu sein, eher Gebrauch machen von dem sehr gebräuchlichen japanischen Ausdruck: «Die Farbe töten», das heißt alle Farben dämpfen und so unaufdringlich wie möglich machen. Es ist ganz natürlich, daß die äußerste Dämpfung oder «Tötung» der Farben zu nichts anderem als der Monochromie und dem

---

9 Daisetz T. Suzuki, *Sengai, The Zen Master*, hg. von Eva van Hoboken, Faber & Faber, London 1971, S. 23 f.

einfachen Schwarzweiß führen kann. Die Monochromie ist hier eine sichtbare Darstellung der völligen Abwesenheit der Farben. Wir sollten jedoch nicht vergessen, daß diese Abwesenheit der Farben durch die «Tötung» derselben hervorgerufen wurde. Das soll bedeuten, daß in der völligen Abwesenheit der Farben noch eine vage Erinnerung an die Farben, die «getötet» wurden, übrigbleibt. In diesem Sinne ist die Abwesenheit der Farben die negative Anwesenheit der Farben. Und die äußere Abwesenheit der Farben kann dadurch einen positiven ästhetischen Wert als innere Anwesenheit der Farben annehmen. Somit befindet sich in der ästhetischen Schätzung der Farblosigkeit oder des Schwarzweiß eine grundlegende Paradoxie.

Nichts illustriert die paradoxe Beziehung zwischen der Abwesenheit und der Anwesenheit der Farbe besser als das berühmte *waka*-Gedicht von Teika aus der Fujiwara-Familie[10] (1162–1241), das von den Tee-Meistern dauernd als Motto zitiert wird. Das Gedicht lautet:

> Rundum sind keine blühenden Blumen zu sehen.
> Ich sehe keine auffallenden Ahornblätter,
> Ich sehe nur eine einsame Fischerhütte,
> Am Meeresstrand, in der Dämmerung des Herbstabends.

Der Tee-Meister Jyō-ō (1503–1553), der Rikyū in den *wabi*-Tee einführte, soll der erste gewesen sein, der in diesem Gedicht den Geist des *wabi*-Geschmacks erkannt hat. Es sollte bemerkt werden, daß der Dichter nicht einfach sagt, es sei nichts Wahrnehmbares dagewesen. Er sagt hingegen: «Rundum sind keine blühenden Blumen zu sehen. Ich sehe keine auffallenden Ahornblätter.» Das bedeutet, daß unserer geistigen Schau zuerst ganz positiv glänzende Farben vorgestellt werden, um sofort wieder verneint und ausgelöscht zu werden. Was dabei geschieht, ist noch nicht einmal reine Verneinung der Farben. Denn die Negation der farbigen Worte stellt in diesem Kontext einen metayphysischen Prozeß dar, durch den die Farben nur auf eine Grundfarbe, das heißt auf die Farbe, die keine Farbe ist, zurückgeführt werden. Und die Natur wird poetisch in der Dimension der farblosen Farbe dargestellt, die durch die Fischerhütte symbolisiert wird, die allein am Meeresstrand im grauen Herbstabend steht. Die öde Wüste des Spätherbstes, die in diesem Gedicht beschrieben wird, konstituiert daher kein monochromes Bild im gewöhnlichen Sinne. Es ist ganz im Gegenteil die sinnliche Vorstellung der Gewinnung des *wabi* als einer Kunst der Farb-«Tötung», die dazu dienen soll, die Farben auf die Ebene der absoluten Leere zu führen.

---

10 Fujiwara Teika, Sohn des Fujiwara Shunzei, war ein *waka*-Dichter höchsten Ranges in der frühen Kamakura-Periode. Sein Werk vertritt den Geist und den Stil der *Shinkokin-shū*-Anthologie.

11 Die Echtheit des *Nambō Roku* wurde in Frage gestellt. Die Wichtigkeit des Buches als theoretische Abhandlung über die *wabi*-Kunst des Tees bleibt dadurch

Daß meine Interpretation nicht willkürlich ist, wird durch einen berühmten Passus aus den Nambō-Niederschriften[11] belegt, einem Buch, in dem der Mönch Nambō Sokei, einer der Meisterschüler Rikyūs, uns eine ziemlich systematische Auslegung des *wabi*-Teekostens gibt, das er von seinem Lehrer übernommen hatte. In diesem Passus bemerkt Nambō zu dem Zitat des *waka*-Gedichtes, das wir gerade lasen, in Übereinstimmung mit der Lehre Rikyūs:

Jyō-ō bemerkte immer wieder, daß der Geist des *wabi*-Teekostens genau von Teika in diesem Gedicht beschrieben wird. Die Pracht der farbigen Blumen und der gefärbten Ahornblätter (die in diesem Gedicht erwähnt werden), können mit der glanzvollen, formalen Teegesellschaft verglichen werden. Aber während wir die glänzende Schönheit der blühenden Blumen und der gefärbten Blätter ruhig und aufmerksam anschauen, merken wir, daß sie letztlich auf die geistige Dimension der absoluten Leere reduziert werden, die durch die «einsame Fischerhütte am Meeresstrand» angedeutet wird. Diejenigen, die vorher nicht die volle Schönheit der Blumen und der gefärbten Blätter geschätzt haben, werden niemals fähig sein, an einem verlassenen Ort, wie dem der Fischerhütte, zufrieden zu leben. Nur nachdem man Jahr für Jahr die Blumen und die gefärbten Blätter angeschaut hat, wird man endlich verstehen, daß das «Leben in einer Fischerhütte» die sublime Einmündung in die geistige Einsamkeit ist.

Diese paradoxe Beziehung zwischen Anwesenheit und Abwesenheit der Farbe wird genauso treffend in einem anderen Bereich erklärt, dem des No-Dramas, einer typisch japanischen Kunst, die während der Muromachi-Zeit – zwischen der Kamakura- und der Momoyama-Epoche – blühte. Die No-Kostüme waren und sind heute noch prachtvoll, meistens aus farbenfrohen Brokaten aus glänzendem Gold, glitzerndem Silber und blendenden Farben. Was die Farben anbetrifft, so ist das No-Drama unwiderlegbar eine Welt der farbigen Ausschweifung. Unter der Oberfläche dieser polychromen Pracht richtete sich jedoch die Anschauung eines Genies wie Zeami (1363–1443), des eigentlichen Gründers des No als Kunst, auf die Welt des Schwarzweiß. In seinen Augen sollte die Blume des No-Dramas und -Tanzes erst in der Dimension der geistigen Tiefe, in der all diese Farben letztlich auf die monochrome Einfachheit reduziert sind, blühen.[12] Denn das letzte Ziel des Ausdrucks im No-Drama ist wieder die Welt der ewigen Leere. In der metaphysischen Anschauung Zeamis war die letzte Stufe der Lehre, die von dem No-Schauspieler erreicht werden mußte, nachdem er durch alle Stadien der strengen geistigen Erziehung hindurchgegangen war, die der «Kühle», in der sich der Schauspieler jenseits der Blumenfarben in der Welt der Leere

---

unberührt – ob es nun ein echtes Werk Nambōs ist oder nicht. Der Passus wurde zitiert aus *Kinsei Geidō Ron*, Iwanami Series of Japanese Thought, Nr. 41, Tokyo 1972, S. 18.

12 Siehe Shōzō Masuda, *Noh-no Hyōgen* («Ausdruck im No»), Tokyo 1971, S. 27f.

befindet, in der alle phänomenalen Formen des Seins ausgelöscht sind. Die phantastische Farbenpracht der No-Kostüme wird durch die nüchterne Zurückhaltung der Körperbewegungen des Schaupielers ausgeglichen und ausgelöscht. Die ernüchternde Wirkung der äußersten Zurückhaltung des Ausdrucks der Emotionen, die niemals vergessen wird, ist derart, daß alle Farben ihre nackte sinnliche Natur verlieren und sich in vornehme Schattierungen der gedämpften Fülle verwandeln – gedämpft durch die äußerste Grenze des zurückhaltenden Ausdrucks. Auf der No-Bühne stellt die Bewegung Ruhe dar, und diese Ruhe ist nicht nur reine Unbeweglichkeit im negativen Sinne des Wortes. Denn in dieser besonderen Atmosphäre der geistigen Spannung spricht das Schweigen eine innere Sprache, die gesprächiger ist als der verbale Ausdruck, und die Bewegungslosigkeit ist eine innere Bewegung, die kräftiger ist als jegliche äußere Bewegung. So wird hinter dem äußeren Farbenglanz, den das No-Drama auf der Bühne zur Schau stellt, eine unergründbare Tiefe der ewigen Farblosigkeit, die vor den Augen der Zuschauer hervorgerufen wird, wahrgenommen.

Was ist dann die Farblosigkeit? Und warum eher Farblosigkeit als Farbigkeit? Ich werde versuchen, diese Frage auf den folgenden Seiten zu beantworten, indem ich die innere Struktur der schwarzweißen Welt erklären werde.

2. Die Kunst des Schwarzweiß

Im vorangehenden Abschnitt habe ich versucht, durch Angabe zahlreicher Beispiele der Kulturgeschichte Japans zu erklären, daß die Kunst des Schwarzweiß oder der Farblosigkeit im ästhetischen Bewußtsein des Fernen Ostens nicht nur Abwesenheit der chromatischen Farben ist; daß, ganz im Gegenteil, eine äußerst kultivierte Empfindsamkeit für die Farbenpracht den Hintergrund dazu liefert; und daß die Farblosigkeit eher als Vollendung des ästhetischen Wertes aller Farben betrachtet werden muß.

Ich werde mich nun wieder dem Problem der inneren Struktur des Schwarz-und-Weiß und der besonderen Philosophie der Schönheit zuwenden, die den monochromen Formen der Kunst, die in China und Japan entwickelt wurde, zugrunde liegen.

Ich möchte mit dem Zitat einer bemerkenswerten Aussage von Yün Nan T'ien (1633–1690), einem sehr bekannten chinesischen Maler des 17. Jahrhunderts, das heißt der Ch'ing-Periode, über die Wichtigkeit der äußersten Einfachheit in der Malerei beginnen.[13] Er sagt:

---

13 Der Satz ist eigentlich eine Bildinschrift. Ich zitierte ihn von Oswald Sirén, *The Chinese on the Art of Painting*, Schocken Book, New York 1936, S. 199. Die Kursivierung stammt von mir.

Moderne Maler lenken ihren Geist nur auf den Pinsel und die Tusche, wohingegen die Alten ihre Aufmerksamkeit nur auf die *Abwesenheit von Pinsel und Tusche* lenkten. Wenn es einem gelingt zu verstehen, wie die Alten ihren Geist auf die Abwesenheit von Pinsel und Tusche lenkten, wird man nicht weit davon entfernt sein, die göttliche Qualität der Malerei zu erreichen.

Die «Abwesenheit von Pinsel und Tusche» kann theoretischer als Prinzip des Nicht-Ausdrucks formuliert werden. Das Prinzip gründet sich auf das Wissen um die Ausdruckskraft des Nicht-Ausdrucks, das heißt die ausdrückliche Abwesenheit des Ausdrucks. Dies gilt für beinahe alle diejenigen Künste, die für die östliche Kultur charakteristisch sind. Im Fall der darstellenden Kunst wird das Prinzip des Nicht-Ausdrucks in der typischen Form schwarzweißer Tuschzeichnungen, die aus ein paar Pinselstrichen oder einigen leichten Tuschtönungen auf weißem Untergrund bestehen, dargestellt, wobei die Heiterkeit der weißen Fläche in vielen Fällen noch ausdrucksvoller ist als die höchst expressiven Linien und die glänzende Tusche.

Solange eine Zeichnung Zeichnung bleibt, kann sie nicht völlig ohne Linien und Tuschstriche auskommen. Die «Abwesenheit von Pinsel und Tusche» ist in diesem Sinne nur ein unerreichbares Ideal derjenigen Maler, die das Prinzip des Ausdrucks durch den Nicht-Ausdruck aktualisieren wollen. Man kann sich jedoch dieser absoluten Abwesenheit des Ausdrucks in Proportion zu der zunehmenden inneren Sammlung geistiger Energie nähern. Dies erklärt die großen Leistungen im Bereich der Tuschzeichnung in der Sung- und Yüan-Periode Chinas und der Kamakura- und Ashikaga-Periode Japans, als der Einfluß des Zen-Buddhismus in beiden Ländern zunahm. Dem ist weiterhin die Entwicklung der Techniken des «geizigen Pinsels» und der «Sparsamkeit der Tusche» in diesem Bereich der darstellenden Kunst zuzuschreiben. Diese beiden Redensarten entstanden aus der Erkenntnis der Tatsache, daß der Maler, um die Ungetrübtheit des Geistes in seiner absoluten Reinheit auszudrücken und die Wirklichkeit der Dinge an sich – in ihrem natürlichen Sosein, wie es Zen sagen würde – darzustellen, aus seiner Zeichnung alle nichtwesentlichen Elemente entfernen muß, indem er nur die geringstmögliche Anzahl von Pinselstrichen macht und die Tusche so sparsam wie möglich gebraucht.

Die stringente Anwendung dieses Prinzips führte viele Künstler dazu, mit weicher Tusche, die bis zum beinahe unsichtbaren Graudunst verdünnt worden war, zu malen. Li Ch'êng, der hervorragende Maler der Sung-Dynastie, soll zum Beispiel «mit der Tusche umgegangen sein, als sei sie Gold» gewesen. In der Yüan-Zeit soll Lao Jung «mit der Tusche umgegangen sein, als sei es sein eigenes Leben gewesen». Die Tuschzeichnungen dieser Meister erhielten den Namen «geheimnisvoll verschwommene Malerei» *(wei mang hua)*. Dem Zeugnis der Zeitgenossen Lao Jungs zufolge hüllte der Meister die ganze Fläche des Gemäldes in einen blassen Nebel, so daß man das Gefühl hatte, es sei etwas vorhanden; niemand aber wußte, was es sei.

Dies ist vollkommen vereinbar mit dem Geist des Taoismus, der, zusammen mit Zen, die Entwicklung der Tuschmalerei sehr beeinflußte. Lao Jungs Werke sind nichts anderes als eine bildliche Darstellung des Weges *(Tao)*, wie er von Lao Tzu beschrieben wird. In seinem *Tao Tê Ching* lesen wir:

Selbst wenn wir versuchen, den Weg zu sehen, kann er nicht gesehen werden. Deswegen kann er als «blaß und gestaltlos» beschrieben werden.

Selbst wenn wir versuchen, es zu hören, kann es nicht gehört werden. Deswegen können wir es als «unhörbar leise» beschreiben.

Selbst wenn wir versuchen, es zu fassen, kann es nicht berührt werden. Deswegen können wir es als «subtil und winzig» beschreiben.

So ist der Weg unergründbar. Und die drei Aspekte münden in einen.[14] (Das heißt, der Weg kann nur als blasses, nebliges und unergründbar tiefes Eines dargestellt werden).

Der Weg ist äußerst unbestimmt, äußerst undeutlich.

Äußerst unbestimmt, äußerst undeutlich, und doch gibt es in ihm ein Zeichen (von Etwas).

Äußerst unbestimmt, äußerst undeutlich, und doch ist Etwas da.[15]

Falls die «geheimnisvoll verschwommene Malerei» des Lao Jung eine bildliche Darstellung des Weges, des Absoluten, wie es Lao Tzu hier beschreibt, zum Ziel hat, dann könnte sich die Tuschzeichnung theoretisch in zwei Richtungen entwickeln: Erstens als Darstellung des absoluten Nichts als metaphysischer Urgrund des Seins. Der Autor des *Tao Tê Ching* beschreibt den Weg als eine widersprüchliche Einheit von Nichts und Etwas. Deswegen:

Tief und ohne Grund ist er wie der Ursprung und Grund aller Dinge . . .

Es ist nichts da, und doch scheint es, als wäre Etwas da.[16]

Sollte der Maler den ersten Weg wählen, so wird er natürlich das Nichts in seiner absoluten Nichtigkeit malen wollen und am Ende überhaupt nichts zeichnen. Dann müßte ein weißes Stück Papier oder Seide, das vom Pinsel unberührt blieb, als größtes Meisterwerk anerkannt werden. Es mag interessant sein, hier beiläufig zu bemerken, daß es Maler gab, die dieses Prinzip in die Praxis umsetzten. Das Ergebnis wird in der Geschichte der japanischen Malerei «Inschrift-auf-weißem-Papier» (*hakushi-san*) genannt und besteht darin, das Papier vollkommen leer zu lassen und am oberen Rand einige Verse hinzuschreiben, die die Aufgabe haben, das Bild, welches unten zu sehen sein sollte, zu interpretieren. Diese befremdende «weiße Malerei» soll von Yōken Fujimura, einem japanischen Tee-Meister der späten Tokugawa-Periode, eingeführt worden sein.[17] Das Anstreben eines solchen Extremis-

---

14 *Tao Tê Ching*, XIV.

15 Ebenda, XXI.

16 Ebenda, IV.

17 Siehe Yukio Yashiro, *Nihon Bujutsu-no Tokushitsu*, a. a. O., S. 143 f (s. oben, Fußn. 2).

mus führt unweigerlich zum Selbstmord der Malerei. Denn solange man auf graphische Mittel angewiesen ist, kann man, indem man *nichts* zeichnet, ästhetisch keine Vision der Leere des Lao Tzu oder des Nichts *(śūnyatā)* des Mahayana-Buddhismus heraufbeschwören.

Der einzige begehbare Weg scheint für den Maler der zweite zu sein; nämlich das absolute Nichts als metaphysischen Urgrund der phänomenalen Welt anzugehen. Die Grundidee, auf die sich diese Ansicht stützt, wird sehr knapp und genau angedeutet in den beiden folgenden Versen von Su Tung P'o (jap.: So To Ba, 1036–1101), dem hervorragenden Dichter-Maler der Nördlichen Sung-Dynastie:

> Wo nichts gefunden wird, wird alles gefunden,
> Es gibt Blumen, der Mond ist da und das Gartenhaus.

Eine Großzahl derjenigen, die mit «Wasser und Tusche» malen, stellen etwas Positives in schwarzer Tusche auf einem weißen Grund dar – eine Blume, einen Baum, einen Vogel usw. oder oft eine ganze Landschaft. Indem er das tut, erfaßt der Maler manchmal den genauen Augenblick, wenn die phänomenalen Dinge in seinem anschauenden Geist aus den Tiefen des formlosen und farblosen Seinsgrundes emporsteigen. Dies ist tatsächlich ein geistiges Ereignis. Die berühmte Landschaftsmalerei, die unter dem Namen *Haboku Sansui* (das heißt wörtlich «Zerteilte Tusche Berg und Wasser») des Sesshū (1420–1506) bekannt ist, ist ein schönes Beispiel für die Malerei als geistiges Ereignis. Sesshū war ein außergewöhnlicher japanischer Zen-Mönch der Muromachi-Periode und gleichzeitig einer der besten Tuschzeichner jener Zeit. *Haboku* oder «Zerteilte Tusche» ist eine besondere Technik der Tuschzeichnung, die eigentlich eher «Gespritzte Tusche» genannt werden sollte.[18] Kurz erklärt besteht diese Technik darin, daß der Maler erst die Hauptelemente seines Motivs in äußerst blasser Wassertusche zeichnet und dann, bevor die Tusche trocken wird, schnell und kühn über die nasse Fläche lebhafte Flecken mit schwarzer Tusche spritzt und noch einige Linien in tiefem Schwarz zeichnet.

In den Werken Sesshūs ist natürlich nichts klar umrissen. Die ganze Landschaft besteht aus undeutlichen Formen, unterschiedlichen Tuschschattierungen, Dunst und Umkreisungen der Leere. In der unendlichen Entfernung des Hintergrundes ragen hinter Nebelschleiern schroffe Säulen gen Himmel, vage und dunkel, geisterhaft. Im Vordergrund erhebt sich eine schroffe Felswand mit dicken Büschen (die mit einigen Pinselstrichen und reicher und dicker Tusche gezeichnet sind) aus dem Flußufer. Unter dem Felsen kann man ein kleines Haus sehen. Auf dem Wasser, das durch das Fehlen jeglicher Tusche angedeutet wird, treibt ein Boot, vielleicht ein

---

18 Eine ausführlichere Beschreibung befindet sich in Ichimatsu Tanaka, *Japanese Ink Painting-Shūbun to Sesshū*, Heibonsha Survey of Japanese Art, Nr. 12, New York und Tokyo 1972, S. 173 f.

Fischerkahn. Die restliche Papierfläche ist völlig freigelassen. Aber die leeren Flächen spielen in dieser Landschaft eine genauso wichtige – wenn nicht wichtigere – Rolle wie die gespritzten Tuschflecken. Denn nur in den umgebenden wolkigen Flächen wurde die positive Seite des Gemäldes (die aus einigen wenigen schwarzen Strichen und Flecken besteht) zu einer metaphysischen Landschaft, die einen flüchtigen Anblick der phänomenalen Welt kristallisiert, während sie aus dem Bereich hinter der sinnlichen Wahrnehmung emporsteigt. Andererseits hören die leeren Flächen gerade wegen der Andeutung der Figuren in schwarzer Tusche auf, nur Papier oder Seide zu sein, und verwandeln sich in einen unbegrenzten Raum, der nun in dem Gemälde die Funktion der formlosen und farblosen Tiefe aller phänomenalen Formen und Farben trägt.

Als weiteres hervorragendes Beispiel des Gebrauchs der offenen leeren Flächen können wir die ebenso berühmte Tuschzeichnung nennen, die dem chinesischen Maler Mu Ch'i (jap.: Mokkei, 13. Jahrhundert) zugeschrieben wird: «Die Abendglocke eines Tempels im Nebel.» Dies ist ein seltenes Meisterwerk der Tuschmalerei. Ein offener, dunkler Raum – eine Andeutung des Unendlichen – nimmt den Großteil des Blattes ein. Die dargestellten Formen sind auf ein Minimum reduziert: die schmale Ecke eines Hausdaches, die schwache Silhouette eines Tempels in weiter Ferne, die schattenhaften Wälder, die aus dem Nebel herausragen und in diesen eingetaucht sind, die unteren Stämme der Bäume, die völlig in der Dämmerung verschwunden sind. Im Gegensatz zu der Dynamik der Tuschflecken von Sesshūs Zerteilter-Tusche-Landschaft ist diese genauso nebelhafte Landschaft des Mu Ch'i statisch. Über der Landschaft liegt eine tiefe kosmische Ruhe. Man könnte behaupten, die Dynamik der Gemälde Sesshūs würde den Augenblick des gewaltvollen Emporsteigens der phänomenalen Welt aus der ewigen Leere darstellen, wohingegen Mu Ch'i die wesentliche Stille der phänomenalen Welt darstellt, die inmitten des alles umfassenden Schweigens ruht. In beiden Fällen zaubern die leeren Flächen dieselbe große Leere, die die Quelle aller Dinge ist, herbei. Der leere Raum verbildlicht – mit anderen Worten – einen metaphysischen oder geistigen Raum, der sich jenseits der Zeit befindet. Und dies gilt selbst für die Zerteilte-Tusche-Landschaft Sesshūs, die, wie ich sagte, das «Auftauchen» der phänomenalen Welt darstellt. Denn das hier angesprochene «Auftauchen» ist kein «zeitliches» Auftauchen, sondern ein metaphysisches und un-zeitliches Auftauchen der Dinge in dem geistigen Raum, der im Mahayana-Buddhismus oft durch das Wort «Geist» bezeichnet wird.

Nicht alle Tuschzeichnungen sind so schleierhaft und diffus gemalt. Ganz im Gegenteil – die Umrisse der Dinge werden oft ganz klar skizziert durch expressive Linien, die mal schwer und dick, mal beschwingt und leicht sind. Die grundlegende Beziehung zwischen der dargestellten Figur und dem leeren Hintergrund bleibt jedoch wesentlich dieselbe. Denn die erhöhte

Impression der positiven Anwesenheit eines Gegenstandes vergrößert ihrerseits die Impression der Unbegrenzbarkeit des kosmischen und metaphysischen Raumes, der die phänomenalen Formen, die aus ihm auftauchten, wieder in seine Tiefen versinken lassen würde.

Die besondere, eben erwähnte Beziehung zwischen der erhöhten Anwesenheit eines Gegenstandes und dem leeren Raum, der diesen umhüllt, ist am ehesten in den Gemälden, die im «Geizigen-Pinsel-Stil» gemalt wurden, vorzufinden. Man nehme zum Beispiel den berühmten «Mynah-Vogel auf der Fichte» von Mu Ch'i, das in äußerst strenger und trockener Tusche gezeichnete monochrome Bild eines einsamen tiefschwarzen Vogels, der auf dem zerfurchten Baumstamm einer alten Fichte sitzt. Der Hintergrund ist auch hier eine leere Fläche, die wegen der kraftvollen Anwesenheit des schwarzen Vogels im Vordergrund in eine kosmische Einsamkeit der letzten Wirklichkeit verwandelt wird. Das durchbohrende Auge des Vogels, das sich genau in der Mitte des Bildes befindet, scheint in die tiefste Dimension der Wirklichkeit einzudringen, die jenseits der Existenz des Vogels selbst liegt.

Das Bild des «Mynah-Vogels auf der Fichte» erinnert uns an das oft zitierte *Haiku*-Gedicht des Bashō (1664–1694), der in Japan als der unvergleichliche «*Haiku*-Heilige» populär ist. Das Gedicht lautet:

Auf dem Zweig eines ausgedörrten Baumes
Sitzt ein Rabe –
An diesem Herbstabend.

Dies ist wahrhaftig eine verbale Schwarzweißmalerei; die schwarze Figur des einsamen Raben, der auf einem toten Ast sitzt, gegen den Hintergrund der unbegrenzten Leere eines Herbstabends. Hier haben wir nochmals die vollkommene Verbildlichung des kosmischen Alleinseins, aus der die einsame Figur der phänomenalen Welt aufsteigt – diesmal nicht durch den Pinsel und die Tusche entstanden, sondern durch die wachrufende Kraft der Worte. Die veräußerten Formen des Seins sind wesentlich einsam, wie farbig sie auch als reine Phänomene sein mögen. Diese wesentliche Einsamkeit der phänomenalen Dinge wird am besten durch das Schwarz-und-Weiß verbildlicht. Der *Haiku*-Dichter Bashō muß dies vor Augen gehabt haben, als er die Grundhaltung der Verdichtung, die seiner Schule eigen ist, in Abgrenzung gegen alle anderen Schulen charakterisierte und dabei sagte: «Die *Haiku* der anderen Schulen sind wie farbige Gemälde, während die Werke meiner Schule wie monochrome Bilder sein müssen. Nicht, daß in meiner Schule alle Werke immer und unveränderlich farblos seien. Aber selbst wenn die Verse wunderschön farbige Dinge beschreiben, ist die innere Haltung völlig verschieden von der anderer Schulen. Denn die Hauptaufgabe meiner Schule ist die Dämpfung der äußeren Farben.»

Es ist verständlich, daß die *Haiku*-Dichtkunst, deren grundlegender Geist eben erklärt wurde, der «Abwesenheit von Pinsel und Tusche», um den

Ausdruck Yün Nan T'iens zu gebrauchen, solche Wichtigkeit beimaß. Mit anderen Worten: *Haiku* – wenigstens das der Bashō-Schule – kann nicht als Dichtkunst überleben ohne klare Bewußtheit des ästhetischen Wertes des leeren Raumes. Denn *Haiku* ist ein dichterischer Ausdruck des flüchtigen Anblicks der über-sinnlichen Dimension des Seins, durch das augenblickliche Erfassen einer leuchtenden Öffnung, die der Dichter in den sinnlichen Phänomenen findet. Letztere können durch Worte skizziert werden, aber die trans-sinnliche Dimension, das Jenseits, kann nur als das ausgedrückt werden, was nicht ausgedrückt wird. *Haiku* drückt diese beiden Dimensionen des Seins gleichzeitig aus, indem es die phänomenalen Formen der Natur positiv ausdrückt. Daher die äußerste Wichtigkeit des leeren Raumes, der durch den Nicht-Ausdruck geschaffen werden muß.

Der künstlerische Gebrauch des leeren Raumes kann in beinahe allen Kunstformen des Fernen Ostens beobachtet werden. Die Technik der Unbeweglichkeit des No-Dramas, die früher erwähnt wurde, ist ein taugliches Beispiel dafür. Die Unbeweglichkeit oder die absolute Abwesenheit jeglicher Körperbewegung ist der leere Raum, der vom Schauspieler auf der Bühne durch das Auslassen jeglicher Bewegung aktualisiert wird. Es ist ein Augenblick der äußeren Leere, in den der Schauspieler seine ganze geistige Energie konzentriert. Die Technik der Unbeweglichkeit wird als höchste Form des No-Tanzes angesehen. Es ist noch vergleichsweise einfach, starke dramatische Emotionen im Tanz durch lebhafte Körperbewegungen darzustellen. Zeami zufolge ist nur ein vollkommen ausgebildeter Schauspieler nach vielen Jahren der strengen technischen Schulung und geistigen Erziehung fähig, auf der Bühne einen kraftvollen Ausdruck der Emotionen durch die äußerste Kondensierung der inneren Energie in der sublimierten Abwesenheit der Bewegung zu aktualisieren. Der Schauspieler bewegt seinen Körper nicht. Er bleibt völlig ruhig, als ob er selbst in das Bild der Zeitlosigkeit kristallisiert wäre. In dieser außergewöhnlichen Dichte der geistigen Spannung tanzt er, ohne zu tanzen; er tanzt im Geist. Vor dem Hintergrund dieser Untätigkeit ist die kleinste Bewegung ausdrucksvoll, wie der winzigste schwarze Tintenfleck auf der leeren Fläche einer Tuschzeichnung.

Es könnte noch viel mehr gesagt werden über die Bedeutung der dramatischen leeren Flächen in der Theorie des No, die durch Zeami und seine Nachfolger entwickelt wurde. Noch viel mehr könnte gesagt werden über die Rolle, die der leere Raum in den verschiedenen Kunstformen und praktischeren Bereichen des Alltagslebens des Fernen Ostens spielt. Im Rahmen dieses Essays jedoch wurde dieser Aspekt des Problems schon genügend beleuchtet. Wir möchten uns nun der positiven Seite des Problems zuwenden, nämlich der Bedeutung der positiv dargestellten Formen, die sich von dem leeren Hintergrund abheben.

Dabei möchten wir gleich daran erinnern, daß es dem Geist der fernöstlichen Kunst entspricht, viel durch sehr wenig auszudrücken; es ist eine Kunst, die versucht, durch einen minimalen Ausdruck, der schon in den Nicht-Ausdruck mündet, eine maximale ästhetische Wirkung hervorzurufen. In der Tuschzeichnung können einige Pinselstriche und die daraus resultierenden zusammenfassenden Linien und Tuschschattierungen die gewichtige Anwesenheit eines Gegenstandes viel eindrucksvoller darstellen als die sorgfältige, treue Reproduktion seiner Farben und der Einzelheiten der Gestalt. Was ist das Geheimnis dieser Kunstgattung? Die richtige Antwort auf diese Frage erhalten wir, indem wir die innere Struktur der Dinge, wie sie bildlich mit der geringstmöglichen Anzahl von Linien und Strichen und unter Ausschließung aller Farben außer Schwarz dargestellt sind, analysieren.

Es wird inzwischen verständlich geworden sein, daß die monochrome Tuschzeichnung in Japan und China eine besondere Kunstgattung ist, die sich auf die ästhetische Würdigung der von ihr hervorgerufenen geistigen Atmosphäre konzentrierte. In dieser Kunst spielen die Natur und die natürlichen Gegenstände die Hauptrolle. Die typischsten Werke der Pinsel- und Tuschmalerei sind Landschaftsgemälde. Und die bildliche Darstellung der Landschaft und der verschiedenen natürlichen Gegenstände wird mittels Linien und Tuschschattierungen erzielt.

Das Wort «Landschaftsgemälde» bedarf in diesem Zusammenhang einer Erklärung. Denn das Wort «Landschaft» bedeutet nicht unbedingt eine ganze Landschaft. Es muß daran festgehalten werden, daß es in der traditionellen Begrifflichkeit der fernöstlichen Kunst keine eigentliche *nature morte* gibt.[19] Dieser Begriff existiert einfach nicht. Viele Bilder, die im Westen unter die Kategorie *nature morte* fallen würden, werden im Fernen Osten einfach als Landschaftsgemälde bezeichnet. Es ist unwichtig, ob hier ein «Landschafts»gemälde eine ganze Landschaft oder nur eine Blume, einen Grashalm oder eine Frucht darstellt. Manchmal wird nur ein einzelner Bambusstengel gezeichnet. Es ist jedoch kein einzelner Bambusstengel. Vor den Augen des Betrachters entfaltet sich zum Beispiel der einzelne Bambusstengel in einen dicken Bambuswald und darüber hinaus in die ausgedehnte Weite der Natur selbst. Es ist ein Landschaftsgemälde. Oder, um noch ein anderes Beispiel zu geben, man sieht eine einsame Herbstblume, die ruhig auf dem weißen Hintergrund blüht. Es ist nicht nur das Bild einer einzelnen Blume, denn diese Darstellung zaubert die Natur, die sich unendlich weit ausdehnt, herbei. Und indem dies geschieht, enthüllt die Blume vor unserem inneren Auge die kosmische Einsamkeit und Ruhe aller einsam in der Welt existierenden Dinge. Selbst eine Frucht oder ein Gemüse können in diesem Sinne Subjekt eines Landschaftsgemäldes sein. Das berühmte Gemälde der

19 Siehe Shogo Kinbara, *Tōyō Bijutsu* («Orientalische Kunst»), Kawade, Tokyo 1941, S. 102f.

«Sechs Persimonen», das Mu Ch'i zugeschrieben wird, ist ein gutes Beispiel hierfür. In der äußersten Vereinfachung der Form der Persimonen, die in verschiedenen Schwarztönen gezeichnet sind, wird der weite Kosmos dargestellt. Die zugrunde liegende Philosophie ist die der Hua-Yen-Metaphysik, die behauptet, in einem Ding, in jedem einzelnen Ding, seien alle anderen Dinge enthalten. R. H. Blyth formuliert diese philosophische Ansicht in einem kurzen, aber wunderschönen dichterischen Ausdruck. Er sagt, jedes «ist mit allen Dingen, weil . . . wenn ein Ding hochgehoben wird, alle Dinge mit ihm hochgehoben werden. Eine Blume ist der Frühling, das fallende Blatt der ganze Herbst, jeder Herbst, der zeitlose Herbst eines jeden Dinges und aller Dinge.»[20]

Wie wir früher festgestellt haben, beruht die monochrome Malerei auf nur zwei Faktoren: 1. der Linie und 2. dem Ton der Tusche. Sie schließt in der Definition alle chromatischen Farben aus, die die Natur in der Dimension der Sinneswahrnehmung erglänzen läßt. Notwendigerweise und unweigerlich wird die Natur auf besondere Weise verwandelt, wenn sie als einfarbige und linienhafte Welt dargestellt wird.

In der Tradition der fernöstlichen Tuschzeichnungen führt das Malen eines natürlichen Gegenstandes in Pinselstrichen unmittelbar zur Vergeistigung der Natur. Der orientalische Pinsel, der aus harten und weichen Haaren besteht, ist derart, daß er die Stimmung des Menschen, der ihn benutzt, und dessen wechselnde geistige Tiefe getreu widerspiegelt. Darüber hinaus müssen wir uns daran erinnern, daß die Technik der Pinselstriche in Japan und China eng verwandt ist mit der Technik der Zeichnung vergeistigter Linien, die in der Kalligraphie entwickelt wurde – dieser abstraktesten aller orientalischen Künste, deren ausschließliches Interesse der unmittelbare Ausdruck der Tiefe der geistigen Bewußtheit des Menschen ist. Indem der Maler die Dinge mit Pinselstrichen zeichnet, ist er fähig, in den ausgewählten Gegenstand seine eigene innere Energie hineinzuverlegen, genau wie er es tun würde, wenn er ideographische Schriftzeichen schreibt.

Die Pinselstriche können streng, schroff oder vehement sein. Manchmal zeichnet der Maler einen Gegenstand mit flüssig biegsamen Linien von unbeschreiblicher Lieblichkeit und Weiche. Manchmal sind seine Linien aufmerksam, schnell und feurig; manchmal gar langsam und schwer. Jede einzelne Linie hat ihre eigene Geschwindigkeit und ihre eigene Schwere. Die Schwere der Linien wird durch die Kraft, mit der der Pinsel auf das Blatt gedrückt wird, bestimmt. Der Druck des Pinsels, zusammen mit der Geschwindigkeit der Bewegung, spiegelt das geistige Auf und Ab im Maler wider.

---

20 R. H. Blyth, *Haiku*, Vol. I, *Eastern Culture*, Hokuseidō, Tokyo, 5. Aufl. 1967, Vorwort S. 8.

Was die Tonalität der Tusche betrifft, so wurde dieser weitere Faktor der monochromen Malerei schon ausreichend im vorangehenden Abschnitt dieses Essays erklärt, als wir über die vergeistigende Funktion sprachen. In diesem Sinne ist die Tuschzeichnung des Fernen Ostens letztlich doch eine geistige Kunst.

Man wird zugeben müssen, daß die Malerei als geistige Kunst äußerste Konzentration des Geistes verlangt. Diese geistige Konzentration wird erstens von der besonderen Natur des orientalischen Papiers gefordert, denn dieses ist nicht weniger empfindlich als der orientalische Pinsel, indem es das Wasser und die Tusche leicht und schnell aufsaugt. Selbst der kleinste Wassertropfen, von Tusche gar nicht zu reden, wird sofort aufgesaugt und hinterläßt auf der Oberfläche eine nicht übersehbare Spur. Strenggenommen ist hier «Malen» überhaupt nicht möglich. Anders als westliche Ölgemälde, die eine Schichtung der Farben erlauben, ist das Tuschgemälde ein Werk, das ein für allemal beendet werden muß. Jeder Pinselstrich ist der erste und letzte. Eine Verbesserung ist unmöglich. Wenn die Linie zum Beispiel in ihrem Fluß unterbrochen wird, wird sie für immer unterbrochen bleiben; sie kann nicht weitergeführt werden, denn die geistige Bewegung hat mit der Bewegung der Linie aufgehört. In diesem Prozeß gibt es deswegen keinen Raum für Überlegung, für nachträgliche Korrekturen und Änderungen. Wie Chang Yen Yüan (9. Jahrhundert) in seinem berühmten und wichtigen Buch über die Grundlagen chinesischer Malerei bemerkt: «Derjenige, der überlegt und den Pinsel bewegt mit der Absicht, ein Bild zu malen, geht an der Kunst des Malens vorbei, während der, der denkt und den Pinsel ohne solch ein Ziel bewegt, die Kunst des Malens erreicht. Seine Hand wird nicht steif, sein Herz wird nicht kalt werden; ohne zu wissen wie, vollendet er es.»[21]

Diese intensive Konzentration des Geistes wird vom Maler nicht nur von der Beschaffenheit des orientalischen Papiers gefordert. Es gibt einen noch wichtigeren Grund dafür, dessen Erläuterung uns direkt zu dem philosophischeren Aspekt unseres Themas führen wird. Ausgangspunkt und Grundlage der orientalischen Tuschzeichnung ist, wie in der westlichen Malerei, die eingehende Beobachtung der Natur, die hier jedoch nicht nur streng objektiv, wissenschaftlich und methodisch ist. Denn die Beobachtung der Dinge, die für die typische orientalische Malerei nötig ist, ist – von seiten des Künstlers – eine vollständige Durchdringung der unsichtbaren Wirklichkeit der Dinge, bis der Pulsschlag der Seele mit dem Pulsschlag des kosmischen Lebens, das alles durchdringt, sei es groß oder klein, organisch oder unorganisch, identisch wird. Eine solche Beobachtung wird nur durch eine intensive Konzentration aller inneren Seelenkräfte ermöglicht – ein Geisteszustand,

21 Zitat aus Oswald Sirén, a. a. O., S. 24 (s. oben, Fußn. 13).

in dem Beobachtung mit Introspektion identisch ist, das heißt in dem die Beobachtung der Außenwelt gleichzeitig das Eindringen in das Innere des Geistes ist.

In einem Passus der «zerstreuten Anmerkungen an einem regnerischen Fenster» *(Yü Ch'uang Man Pi)*, die als wichtigste Schrift über chinesische Ästhetik der Ch'ing-Periode angesehen werden, bemerkt der Autor Wang Yüan Ch'i folgendes:

Die Idee muß gedacht werden, bevor der Pinsel ergriffen wird – dies ist der Kernpunkt der Malerei. Wenn der Maler den Pinsel in die Hand nimmt, muß er völlig ruhig, klar, friedlich und gesammelt sein und alle gemeinen Emotionen ausschalten. Er muß sich schweigend vor die weiße Seidenrolle setzen, seine Seele konzentrieren und seine Lebensenergie beherrschen ... Wenn sein Geist eine vollkommene Vorstellung hat, sollte er den Pinsel eintauchen und die Spitze ablecken.[22]

In diesem Zusammenhang ist es wichtig zu bemerken, daß für den Maler des Fernen Ostens alles inspiriert ist: Alle Dinge dieser Welt besitzen einen Geist. Der Maler konzentriert sich hauptsächlich und zuerst darauf, den «Geist» der Dinge, die er malen will, zu durchdringen. Der «Geist» der Dinge ist die ursprüngliche Quelle ihrer phänomenalen Erscheinung, die innerste Ursache des Seins, die jenseits der äußeren Farben und Formen liegt. Es ist diese unsichtbare geistige Kraft, dieser Lebensatem, die tiefste Essenz der Dinge, die das Gemälde in ein wirkliches Meisterwerk verwandelt, wenn der inspirierte Maler es geschafft hat, dies durch Pinsel und Tusche zu vermitteln. Selbst ein einzelner Stein muß so gemalt werden, daß seine bildliche Wiedergabe den Puls des Lebensgeistes des Steins widerspiegelt.

Dieser innigste Geist der Dinge hat in verschiedenen Bereichen des Denkens in China und Japan unterschiedliche Namen. In den klassischen Theorien der Malerei wird er «Knochenstruktur» genannt. Die «Knochenstruktur» des Steins zum Beispiel ist die Tief-Form, die der Stein auf der ursprünglichen Ebene der Existenz annimmt. Es ist die Grundform des Steins, die der Maler in vielen Jahren der nahen Beobachtung/Introspektion entdekken muß, durch den gewissenhaften Prozeß der Ausschließung aller untergeordneten Elemente und äußeren Faktoren, bis er die äußerste Grenze der Vereinfachung erreicht, wo sich seinem Geist im Blitz der Erleuchtung der «Geist» des Steins offenbart.

In der Theorie der *Haiku*-Dichtkunst wird der hier erwähnte «Geist» *hon-jō*, die «wirkliche Natur» eines Dinges, genannt. Eine der zentralen Ideen Bashōs erklärend, sagt einer seiner repräsentativen Schüler:[23]

---

22 Ebenda, S. 203.

23 Doho Hattori (1657–1730), Autor der *San Zoshi* («Drei Büchlein»), in denen Bashōs Bemerkungen über *Haiku* und dessen Geist festgehalten wurden.

Unser Meister ermahnte uns, über die Fichte von der Fichte selbst und über den Bambus vom Bambus selbst zu lernen. Er meinte damit, daß wir die Überlegung, die sich auf unser Ich gründet, völlig verlassen sollten ... Der Meister meinte mit dem «Lernen» unser Eindringen in den Gegenstand selbst (sei es eine Fichte oder ein Bambus), bis die unsichtbare Essenz (das heißt sein *hon-jō*) sich uns offenbart. Dann erst kristallisiert sich die dichterische Emotion, die dadurch wachgerufen wird, in einem Vers. Wie klar wir auch ein Ding darstellen in einem Vers, das Objekt und unser Ich würden doch zwei getrennte Dinge bleiben, und die ausgedrückte dichterische Emotion würde niemals die wahre Wirklichkeit des Gegenstandes wiedergeben, wenn die Emotion nicht eine spontane Ausströmung des *hon-jō* des Objekts selbst wäre. Dies (der Bruch zwischen der Emotion und der Wirklichkeit) wird durch die überlegte Intention des Ichs verursacht.[24]

Genauso in demselben Buch:

Über die richtige Art und Weise, *Haiku* zu machen, hörte ich unseren Meister sagen: Wenn das Licht (der tiefen Wirklichkeit) eines Dinges in eurer Sicht aufblitzt, müßt ihr es sofort in einem Vers festhalten, bevor es verblaßt. Eine andere Art und Weise, *Haiku* zu machen, wurde vom Meister beschrieben als «die augenblickliche Inspiration aus dem Geist auf die äußere Form eines Verses schütteln». Diese und alle anderen Weisen, die vom Meister gelehrt wurden, haben die Idee gemeinsam, daß man in das Innere der Dinge, in den Geist des Gegenstandes dringen und sofort die wirkliche Form der Dinge festhalten sollte, bevor die Emotion erkaltet.[25]

Um auf die Kunst der Tuschzeichnung zurückzukommen, können wir sagen, das Wichtigste sei das Eindringen in die innerste Wirklichkeit eines Gegenstandes oder einer ganzen Landschaft und das Ergreifen des Lebensatems, der sie belebt. Aber das Eindringen des Künstlers in den Geist eines Dinges, von dem hier die Sprache ist, kann nicht erreicht werden, solange er das Ich zurückbehält. Dies ist der Kern dessen, was Bashō hinsichtlich der Kunst der *Haiku*-Gedichte lehrte. Man kann nur in die Tiefen eines Dinges tauchen, wenn man in seine eigenen Tiefen taucht. Und indem man in das eigene Selbst taucht, muß man sein eigenes Selbst verlieren, um völlig ichlos zu werden: Das Subjekt verliert sich völlig in dem Objekt. Dieser geistige Prozeß wird im Osten oft mit dem Ausdruck «der Mensch wird der Gegenstand» bezeichnet. Der Maler, der Bambusrohr malen will, muß es erst werden und das Bambusrohr seine eigene Form auf das Papier zeichnen lassen.

Was bis jetzt als «innere Form», «innigste Wirklichkeit», «Knochenstruktur» usw. bezeichnet wurde, entspricht in der chinesischen Philosophie dem *li*. Der Begriff des *li* spielte in der Geschichte der chinesischen Philosophie eine sehr wichtige Rolle, erst in der Entwicklung von Hua Yens Metaphysik

---

24 *Aka Zōshi*, «Rotes Büchlein» (eines der «Drei Büchlein»), zitiert aus Iwanami Series of Classical Japanese Literature Series, Nr. 66, Tokyo, 2. Aufl. 1972, S. 398f.
25 Ebenda, S. 400f.

im Buddhismus und später in der philosophischen Weltanschauung des Neu-Konfuzianismus der Sung-Periode. Die Philosophie des Chu Hsi (Chu Tzu, 1139–1200) kann zum Beispiel am besten beschrieben werden als philosophisches System, das sich auf den zentralen Begriff des *li* gründet.

Aus räumlichen Gründen kann ich hier leider nicht weiter auf die Erläuterung dieses Begriffs eingehen. Es sei genug, hier zu erwähnen, daß für Chu Tzu das *li* das ewige, unstoffliche, unvergängliche und über-sinnliche Prinzip ist, das Raum und Zeit transzendiert. An sich ist das *li* ein metaphysisches Wesen («Über-Form», *hsin êrh shang*), aber es weilt in allem Physischen («Unter-Gestalt», *hsin êrh hsia*), das heißt, es ist jedes belebte oder unbelebte körperliche Ding. Dies bedeutet, daß jeder sinnliche Gegenstand in der Welt in sich ein metaphysisches Prinzip birgt, das von innen heraus alle Manifestationen des Gegenstandes auf der Dimension der körperlichen Existenz beherrscht. Das *li* eines Dinges ist ganz einfach dessen metaphysischer Grund – die «Ist-heit» oder das «So-sein» des Dinges, wie es die Buddhisten nennen würden –, der das Ding zu dem macht, was es wirklich ist.

In einem berühmten Passus seines «Kommentars über die Große Lehre» *(Ta Hsüeh)* unterstreicht Chu Tzu die äußerste Wichtigkeit unseres Verständnisses des *li* aller Dinge durch das, was er das «Untersuchen der Dinge» nennt. Er sagt:

> Falls wir unser Wissen bis zu den äußersten Grenzen der Vollkommenheit führen wollen, müssen wir alle Dinge aufnehmen und das *li* eines jeden Dinges eins nach dem anderen ganz gründlich untersuchen. Dies ist möglich, einerseits, weil der menschliche Geist mit einer durchdringenden Erkenntniskraft versehen ist, andererseits, weil es unter dem Himmel nichts gibt, was nicht mit dem *li* versehen wäre. Unser Wissen verbleibt nur deswegen im Zustand der Unvollkommenheit, weil wir nicht tief genug in das *li* der Dinge eindringen. Deswegen besteht die hauptsächliche Anleitung der «Großen Lehre» darin, den Studenten zu ermahnen, seine Erkenntnis des *li* der Dinge zu vertiefen, wobei ihm die Erkenntnis des *li*, die er schon gesammelt hat, helfen soll, bis seine Erkenntnis des *li* die äußerste Grenze der Vollkommenheit erreicht. Nach Jahren der emsigen und unaufhörlichen Anstrengung kann der Student in einem Augenblick plötzlich erleuchtet werden. Dann wird alles völlig durchsichtig werden: Er wird das Innen und Außen aller Dinge, das Feine und Grobe aller Gegenstände in ihrer Wirklichkeit begreifen. Gleichzeitig wird ihm auch die ursprüngliche Vollkommenheit der Wirklichkeit seines eigenen Geistes und dessen herrliche Tätigkeit klarwerden.[26]

Laut Chu Tzu existiert das *li* im Inneren eines jeden Menschen, aber auch in jedem einzelnen Ding unter dem Himmel, so daß der Mensch und die Natur in der tiefsten Existenzdimension ein und dieselbe Wirklichkeit haben, obwohl in der körperlichen Dimension jedes Ding ein unabhängiges, von allen anderen getrenntes Wesen ist. Wegen dieser Wirklichkeitsstruk-

---

26 «Kommentar über die Große Leere», Kap. V.

tur kann der Mensch – wenigstens in der Theorie – zu der ursprünglichen Einheit des inneren und äußeren *li* jedes einzelnen Dinges in der Welt zurückkehren. Den Augenblick der Erkenntnis der Einheit des inneren und äußeren *li* bezeichnet Chu Tzu als Augenblick der höchsten Erleuchtung, die dem *satori* im Zen entspricht. Ein Mensch, der dies erreicht hat, wird im Neu-Konfuzianismus ein «Weiser» genannt.

In der Ming-Periode versuchte Wang Yang Ming (1472–1527), der berühmte Philosoph jener Zeit, durch die Methode Chu Tzus die «Weisheit» zu erlangen. Wang Yang Ming berichtet selbst in seinem *Ch'uan Hsi Lu*, «Niederschrift und Überlieferung der Anweisungen», über dieses interessante Vorhaben. Er und einer seiner Freunde beschlossen eines Tages, Chu Tzus Lehre zu befolgen. Die beiden Freunde kamen überein, daß sie als einfachen und praktischen Anfang versuchen sollten, das *li* des Bambus im Hinterhof zu begreifen. Sie fingen sofort damit an. Sie konzentrierten sich Tag und Nacht auf den Bambus, um in dessen innersten Geist einzudringen. Der Freund hatte nach drei Tagen einen Nervenzusammenbruch. Wang Yang Ming, der es länger aushielt als sein Freund, konnte die «Untersuchung» des *li* im Bambus auch nicht länger als sieben Tage fortführen. Sein Körper war völlig matt, seine geistige Energie erschöpft, und der Bambus hatte ihm immer noch nicht sein *li* enthüllt. In äußerster Verzweiflung gab er sein Vorhaben auf und murmelte zu sich selbst: «Leider sind wir nicht fähig, weise zu werden!»[27]

Der Gerechtigkeit halber müssen wir hinzufügen, daß Wang Yang Ming, dieser bemerkenswerte Denker, später die Erleuchtung durch Kontemplation und Meditation erlangte. Es würde jedoch zu weit führen, dies hier zu erläutern.

Es ist auf jeden Fall ganz einleuchtend, daß Wang Yang Mings Mißerfolg bei dem Versuch, in so früher Jugend die Erleuchtung zu erlangen, der Tatsache zuzuschreiben ist, daß er damals nicht fähig war, «Bambus zu werden», um nochmals diesen seltsamen Ausdruck zu benutzen. Im Bereich der Dichtkunst und Malerei wissen wir von vielen Künstlern, die diese geistige Leistung vollbrachten.

Su Tung P'o zum Beispiel, der bemerkenswerte Maler-Dichter der Sung-Periode, den wir schon früher erwähnten, hinterließ uns viele Berichte über seinen Freund Wên Yü K'o (Wên T'ung, 1018–1079), der von seinen Zeitgenossen wegen seines seltenen Genies in der Kunst der Bambusmalerei gerühmt wurde. In einem kurzen Gedicht, das dieser Dichter für ein Bambusbild von Wên Yü K'o verfaßte und daraufschrieb, sagt er:

Wenn Yü K'o Bambus malt,
Sieht er Bambusse; er sieht keinen Menschen.
Nein, nicht nur andere Menschen hat er vergessen;

---

27 *Ch'uan Hsi Lu,* Teil III.

In der Ekstase hat er sein eigenes Selbst vergessen,
Er hat sich in einen Bambus verwandelt. Dann
Tauchen aus seinem Geist unaufhörlich ewig frische und lebendige Bambusse auf.[28]

In einem Prosa-Essay über die Kunst und Persönlichkeit des Wên Yü K'o sagt er:

Um den Bambus malen zu können, muß der Maler erst die vollkommene Form des Bambus in seinem Geist verwirklichen. Dann konzentriert er sich, indem er den Pinsel in die Hand nimmt, auf den Bambus in seinem Geist. Und während das Bild dessen, was er wirklich malen will, klar auftaucht, muß er in demselben Augenblick mit der Pinselbewegung versuchen, das Bild zu verfolgen, wie ein Falke dem Hasen nachjagt, der gerade dem Pinsel entsprungen ist. Wenn die Konzentration auch nur für einen kurzen Augenblick nachläßt, ist alles verloren. Dies ist, was mich Yü K'o lehrte.[29]

Das Bild des Bambus, das der Maler laut Yü K'o mit der feurigen Schnelligkeit der Ausführung verfolgen muß, ist die wesentliche Form, die sich in dem konzentrierten Geist aus dem *li* des Bambus herausmanifestiert. Es ist sehr bedeutungsvoll, daß Su Tung P'o das Wort *li* als Schlüsselwort seiner ästhetischen Theorie benutzte. Alles in der Welt birgt in seiner unsichtbaren Tiefe ein «ewiges Prinzip» (*ch'ang li).*[30] Ein Gemälde, das sich nicht auf das intuitive Erfassen des «ewigen Prinzips» des dargestellten Gegenstandes gründet, kann nach Su Tung P'o nicht als wirkliches Kunstwerk angesehen werden, wie ausführlich und getreu das Bild auch die Gestalt und die Farben des Dinges wiedergeben mag.

Es wird verständlich geworden sein, daß in dieser Gattung der darstellenden Kunst die Ausschließung der Farbe beinahe eine Notwendigkeit geworden ist. Die Farbwahrnehmung ist die primitivste Form unserer Erkenntnis der Dinge. In den Augen eines fernöstlichen Künstlers oder Philosophen stellt die Farbe nur die Oberfläche der Natur dar. Für denjenigen, der den Schleier der körperlichen Äußerlichkeit der Dinge zerreißen will und sich auf das *li* im Inneren der Dinge und seines eigenen Geistes konzentrieren möchte, sind die verführerischen Farben ein großes Hindernis auf dem Weg zum Erfassen der innigsten Natur der Dinge und zum Verständnis seiner ursprünglichen Einheit mit allen Dingen in der tiefsten Schicht des geistigen Lebens.

---

28 Übersetzung des Textes in *So Tōba*, Shūei-sha Series of Classical Chinese Poetry, Nr. 17, Tokyo 1964, S. 249f.

29 Übersetzung des Textes aus den *So Tōba Shū* («Su Tung P'os Gesammelte Schriften»), Chikuma Series of Chinese Civilization Nr. 2, Tokyo 1972, S. 131.

30 Ebenda, S. 88.

Dies erklärt die besondere Funktion der schwarzen Farbe in der fernöstlichen Malerei. In den farbigen Gemälden stellt das Schwarz meistens nur eine Hemmung der chromatischen Farben dar. Es bezeichnet das Ende aller anderen Farben und ist daher das Ende des Lebensatems der Natur. In der Tuschzeichnung *ist* Schwarz das Leben; es ist die unendliche Möglichkeit des Ausdrucks und der Entwicklung. Schwarz ist hier nicht nur Schwarz. Denn durch die Verneinung aller Farben werden die Farben positiv bejaht.

Wenn ein roter Gegenstand rot gemalt wird, wird er unbeweglich in dieser Farbe festgehalten. Im typisch orientalischen Denken enthält Rot jedoch alle anderen Farben; und gerade weil es in sich die Möglichkeit enthält, in allen anderen Farben aktualisiert zu werden, manifestiert es sich hier als Rot. Eine solche Welt der unendlichen Farbmöglichkeiten, in der jede einzelne Farbe alle anderen Farben enthält, so daß jede Farbe als Zusammenkunft aller Farben erscheint, wird am besten in Schwarz gemalt – so sieht es wenigstens der fernöstliche Maler.

Im letzten Teil dieses Essays habe ich mich ausschließlich mit dem positiven Aspekt der Tuschzeichnung beschäftigt, das heißt mit dem Problem der positiven Darstellung der natürlichen Gegenstände in dieser Art der orientalischen Kunst. Am Ende dieses Essays möchte ich nochmals die Aufmerksamkeit auf die Wichtigkeit des negativen Aspekts des «Malens ohne etwas zu malen» lenken, des Aspekts des Ausdrucks, der durch das Nicht-Ausdrücken ausgedrückt wird.

Ike-no Taiga (1723–1776), ein repräsentativer japanischer Maler der Edo-Periode, wurde einst gefragt: «Was ist am schwierigsten zu malen?» «Einen weißen Raum zu malen, wo nichts gezeichnet wird – das ist die schwierigste Aufgabe der Malerei», war seine Antwort.

Namenregister

transformation

Alan Watts
Dies ist Es
Über Zen und spirituelle Erfahrungen
(7908)

Bruno Martin
Handbuch der spirituellen Wege
überarbeitete Neuausgabe (7909)

Gary Zukav
Die tanzenden Wu-Li Meister
Der östliche Pfad zum Verständnis der modernen Physik: vom Quantensprung zum Schwarzen Loch (7910)

Theodore Roszak
Das unvollendete Tier
Eine neue Stufe in der Entwicklung des Menschen (7913)

Norbert A. Eichler
Das Buch der Wirklichkeit
Das I Ging für das Wassermann-Zeitalter
(7921)

Janwillem van de Wetering
Ein Blick ins Nichts
Erfahrungen in einer amerikanischen Zen-Gemeinde (7936)

Morris Berman
Wiederverzauberung der Welt
Am Ende des Newtonschen Zeitalters
(7941)

Joachim-Ernst Berendt
Nada Brahma - die Welt ist Klang
(7949)

Paul Hawken
Der Zauber von Findhorn
Ein Bericht (7953)

rororo sachbuch transformation

C 2170/2